SIEGFRIED MAGIERA / KARL-PETER SOMMERMANN (Hrsg.)

Verwaltung und Governance im Mehrebenensystem der Europäischen Union

Schriften zum Europäischen Recht

Herausgegeben von

Siegfried Magiera und Detlef Merten

Band 85

Verwaltung und Governance im Mehrebenensystem der Europäischen Union

Vorträge und Diskussionsbeiträge auf dem
2. Speyerer Europa-Forum vom 26. bis 28. März 2001
an der Deutschen Hochschule
für Verwaltungswissenschaften Speyer

Herausgegeben von

Siegfried Magiera
Karl-Peter Sommermann

Duncker & Humblot · Berlin

Die Deutsche Bibliothek – CIP-Einheitsaufnahme

Verwaltung und Governance im Mehrebenensystem der Europäischen Union : Vorträge und Diskussionsbeiträge auf dem 2. Speyerer Europa-Forum vom 26. bis 28. März 2001 an der Deutschen Hochschule für Verwaltungswissenschaften Speyer / Hrsg.: Siegfried Magiera ; Karl-Peter Sommermann. – Berlin : Duncker und Humblot, 2002
(Schriften zum europäischen Recht ; Bd. 85)
ISBN 3-428-10666-0

Fremddatenübernahme: Klaus-Dieter Voigt, Berlin
Druck: Berliner Buchdruckerei Union GmbH, Berlin
Printed in Germany

ISSN 0937-6305
ISBN 3-428-10666-0

Gedruckt auf alterungsbeständigem (säurefreiem) Papier
entsprechend ISO 9706 ♾

Vorwort der Herausgeber

In der Zeit vom 26. bis 28. März 2001 fand unter der Leitung der Herausgeber an der Deutschen Hochschule für Verwaltungswissenschaften Speyer das 2. Europa-Forum statt. Die Europa-Foren widmen sich Europäisierungsphänomenen in der öffentlichen Verwaltung, wobei neben der Betrachtung einzelner Politikfelder auch grundsätzliche Fragen der europäischen Integration behandelt werden. Im 2. Europa-Forum wurden aus aktuellem Anlass zum einen die Diskussion über die Finalität der Europäischen Union, zum anderen die Frage nach den Governance-Prinzipien der Europäischen Gemeinschaft in das Programm aufgenommen. Das Weißbuch der Kommission der Europäischen Gemeinschaften zu „European Governance – Europäisches Regieren" war zu diesem Zeitpunkt freilich noch nicht erschienen[1].

Neben den Referenten, die die Veröffentlichung ihrer Beiträge in schriftlicher Form ermöglicht haben, haben die Herausgeber einer Reihe weiterer Personen zu danken: Frau Assessorin iur. Marion Weschka, Mag. rer. publ., hat den Tagungsband redaktionell betreut, Frau Gabriele Dennhardt oblag die Korrektur und Formatierung der Texte. Fachliche und logistische Unterstützung bei der Planung und Durchführung der Tagung leisteten Frau Assessorin iur. Ramona Betz, Herr Assessor iur. Holger Holzwart und Frau Elisabeth Dichtl. Ihnen allen sei herzlich gedankt.

Speyer, im Dezember 2001

Siegfried Magiera *Karl-Peter Sommermann*

[1] Es wurde am 25.7.2001 veröffentlicht, KOM (2001) 428.

Inhaltsverzeichnis

Verwaltung und Governance im Mehrebenensystem der Europäischen Union

Einführung in das Tagungsthema

Von Siegfried Magiera

„Verwaltung in der Europäischen Union" ist ein bewusst weit gespanntes Rahmenthema, das wir für unser im letzten Jahr erstmals angebotenes „Europa-Forum Speyer" gewählt haben. Es erlaubt, jeweils aktuelle Fragen des Verwaltungsrechts und der Verwaltungspraxis in Europa aufzugreifen, vorzugsweise solche Fragen, die sich aus der Berührung und Verflechtung zwischen der nationalen und der gemeinschaftlichen Ebene ergeben.

Für das diesjährige Forum, das unmittelbar im Anschluss an die Regierungskonferenz 2000 und die Unterzeichnung des Vertrags von Nizza stattfindet, haben wir uns für Themen entschieden, von denen wir annehmen, dass sie in der aufgegebenen Diskussion um die Zukunft der Europäischen Union eine wichtige Rolle spielen werden. Näher behandelt werden sollen nach den Wünschen der Regierungskonferenz bekanntlich die Kompetenzabgrenzung zwischen der Union und den Mitgliedstaaten, der Status der Grundrechtecharta, die Vereinfachung der Verträge und die Rolle der nationalen Parlamente sowie andere, nicht näher benannte, jedoch für die Zukunft der Union erhebliche Fragen.

Zusammengenommen geht es damit um die künftige Verfassung der Europäischen Union, wenn man den Begriff „Verfassung" unvoreingenommen als die Grundordnung eines Gemeinwesens versteht. Die vielfältige Verwendung des Begriffs der Verfassung in ganz unterschiedlichen, gesellschaftlichen und staatlichen Zusammenhängen stände seiner Erstreckung auf die Europäische Union nicht entgegen. Anders verhielte es sich bei seiner Verengung auf die Grundordnung von Staaten oder gar souveränen Staaten, zu denen die Europäische Union unstreitig nicht gehört.

Vielmehr ist sie ein Zusammenschluss von Staaten, der allerdings in seiner Intensität weit über die traditionelle Form von Staatenverbindungen hinausgeht und deshalb eine bisher einmalige Sonderstellung im Rahmen der zwischenstaatlichen Organisationen einnimmt. Zu den prägenden Merkmalen gehören vor allem der Vorrang des Gemeinschaftsrechts vor dem Recht der Mitgliedstaaten, das Entscheidungsverfahren, das Mehrheitsentscheidungen erlaubt, die auch die überstimmten Mitgliedstaaten binden, und die unmittelbare Wirkung des Gemeinschaftsrechts in den Mitgliedstaaten zugunsten und zu Lasten der Einzelnen. Hinzu kommt, dass die Einzelnen über ein von ihnen gewähltes Parlament an der Willensbildung beteiligt sind und eine unabhängige Gerichtsbarkeit über die Einhaltung des Gemeinschaftsrechts wacht. Insoweit entsprechen die Strukturen der Europäischen Union weniger denjenigen einer internationalen als denjenigen einer bundesstaatlichen Organisation. Dies wird unterstrichen durch die im Vertragsrecht wie im Recht der Mitgliedstaaten verankerte Begrenzung der Unionsgewalt durch die Grundsätze der Demokratie und der Rechtsstaatlichkeit sowie die Achtung der Menschenrechte und Grundfreiheiten.

Entwickelt sich damit die Europäische Union bei einem weiteren Fortschreiten des Integrationsprozesses von einem immer engeren, aber stets zwischenstaatlich begrenzten Zusammenschluss zu einem bundesstaatlich organisierten Gemeinwesen? Geschieht dies möglicherweise in einem unmerklichen Übergang ohne exakt feststellbaren qualitativen Sprung? Ist ein solcher Wandel gewollt, soll er geduldet oder soll er verhindert werden? Anders gewendet und mit Blick auf unser erstes Thema: Sollte sich die Diskussion um die Zukunft der Europäischen Union auf die Frage nach ihrer Finalität, nach ihrer endgültig angestrebten Gestalt erstrecken, wie es am Anfang des Integrationsprozesses ohne Ergebnis versucht wurde, oder sollte weiterhin pragmatisch und damit nach den jeweiligen politischen Gegebenheiten vorangegangen werden, oder gibt es noch andere, überzeugendere Alternativen? Darüber erhoffen wir uns nähere Aufklärung durch die Darlegungen unserer Referenten und die anschließende Diskussion am heutigen Nachmittag.

Ein von Anfang an schwieriger und immer noch nicht zufriedenstellend geklärter Problembereich im Verhältnis zwischen der Union und den Mitgliedstaaten ist die Umsetzung des Gemeinschaftsrechts und deren Folgen, insbesondere bei unzureichender Umsetzung. Paradebeispiel sind weiterhin die Richtlinien des Gemeinschaftsrechts. Sie sollen den Mitgliedstaaten mehr Spielraum bei der Einpassung des Gemeinschaftsrechts in ihr nationales Recht einräumen als die Verordnungen und bedürfen deshalb zu ihrer Anwendbarkeit im staatlichen Bereich eines besonderen staatlichen Rechtsakts, der jedoch vielfach nicht, nicht rechtzeitig oder nicht ordnungsgemäß erfolgt.

Die in der Rechtsprechung des Europäischen Gerichtshofs hilfsweise entwickelten Sanktionen, insbesondere die unmittelbare Anwendbarkeit von Richtlinienbestimmungen und mögliche Schadensersatzansprüche gegen den säumigen Mitgliedstaat, sind für die betroffenen Einzelnen wie für die zuständigen Verwaltungsbehörden mit erheblichen Rechtsunsicherheiten und Prozessrisiken verbunden. Auch die vertraglich eingeführten Pauschalbeträge und Zwangsgelder gegen säumige Mitgliedstaaten sind nur Hilfsmittel für die Rechtsdurchsetzung, nicht aber Ersatzmittel für die Gemeinschaftsrechtstreue der Mitgliedstaaten. Wie kann insoweit eine Verbesserung erreicht werden? Sollten die Richtlinien, die dem Subsidiaritätsprinzip entsprechen, durch Verordnungen ersetzt werden, um die Rechtssicherheit zu erhöhen, oder gibt es andere Möglichkeiten?

In Deutschland kommt das bisher noch ungeklärte Problem hinzu, wer im Innenverhältnis, insbesondere im Verhältnis zwischen Bund und Ländern, für eine Verletzung des Gemeinschaftsrechts haftet. Im Außenverhältnis zur Europäischen Union haftet allein der Bund als Gesamtstaat, auch wenn für die Durchführung und Beachtung des Gemeinschaftsrechts die Länder oder Kommunen zuständig sind. Kann der Bund, wenn er einen Pauschalbetrag oder ein Zwangsgeld an die Gemeinschaft zu zahlen hat, Rückgriff bei den für die Verletzung des Gemeinschaftsrechts verantwortlichen Ländern oder Kommunen nehmen? Finden sich dafür Anhaltspunkte im Gemeinschaftsrecht, oder ist allein das nationale Recht anwendbar, und welche Maßstäbe enthält es?

Während wir uns diesen Grundfragen am morgigen Vormittag zuwenden wollen, soll der Nachmittag einem Problemkreis gewidmet sein, der seit langem Schwierigkeiten bereitet, in letzter Zeit jedoch zusätzlich zu heftigen Kontroversen zwischen der Gemeinschaft und den Mitgliedstaaten, in Deutschland insbesondere den Ländern, geführt hat. Angesprochen ist damit das Spannungsverhältnis zwischen gemeinschaftlichem Wettbewerbsrecht, insbesondere der Aufsicht über staatliche Beihilfen, und der mitgliedstaatlichen Wirtschaftspolitik.

Konkret geht es zum einen um die sog. Daseinsvorsorge, vor allem durch die öffentlich-rechtlichen Landesbanken und Sparkassen sowie die kommunalen Versorgungsbetriebe, und zum anderen um die Abgrenzung zwischen gemeinschaftsrechtlich zulässiger Wirtschaftsförderung, insbesondere durch Infrastrukturmaßnahmen, und gemeinschaftsrechtlich unzulässigen staatlichen Beihilfen. Wie schwierig die Abgrenzung ist, zeigt etwa der vor wenigen Tagen vom Europäischen Gerichtshof entschiedene Fall zur Zwangsabnahme alternativ erzeugten Stroms zu nicht auf dem Markt erzielbaren Preisen nach dem deutschen Stromeinspeisungsgesetz.

Die europäische Zusammenarbeit in den Bereichen Justiz und Inneres, die wir am letzten Tag unseres Forums näher betrachten wollen, gehört zu den interessantesten und erstaunlichsten Entwicklungen des Integrationsprozesses. Bis weit in die achtziger Jahre blieben die Innen- und die Justizpolitik als sog. Kernbereiche staatlicher Hoheitsgewalt nahezu vollständig aus dem Integrationsprozess ausgeklammert. Erst mit der Vollendung des Binnenmarkts und dem damit verbundenen Abbau der Binnengrenzkontrollen änderte sich die traditionelle Sichtweise, wonach Recht und Sicherheit am besten eigenständig und durch Grenzschutz zu wahren sind.

Erste zögerliche Schritte zur Überwindung der erfolglosen Abschottung durch gemeinsames Handeln erfolgten noch außerhalb des Gemeinschaftsrahmens und unter Beteiligung nur einiger Mitgliedstaaten; bekanntestes Beispiel dafür ist das Schengen-Übereinkommen. Mit dem Unionsvertrag von Maastricht gelang dann die Ankopplung an das Gemeinschaftswerk, aber noch außerhalb des Gemeinschaftsrechts im Rahmen der neu geschaffenen intergouvernementalen Zusammenarbeit. Diese erbrachte in der Folgezeit nur äußerst mäßige Erfolge und zeigte damit deutlich die Unterlegenheit der traditionellen völkerrechtlichen gegenüber der neuartigen gemeinschaftlichen Methode.

Die davon betroffenen Aufgabenbereiche, wie Asyl, Einwanderung, internationale Kriminalitätsbekämpfung und ganz allgemein das grenzüberschreitende Zivil- und Strafrecht, verlangten jedoch nach wirksamen Instrumenten. Durch den Änderungsvertrag von Amsterdam wurde deshalb die Zusammenarbeit in den Bereichen Justiz und Inneres weitgehend in das Gemeinschaftsrecht transferiert und in einem eigenen Titel unter der Sammelbezeichnung „Visa, Asyl, Einwanderung und andere Politiken betreffend den freien Personenverkehr" verankert. Im Vergleich zu dem allgemein erreichten Stand des Gemeinschaftsrechts finden sich in dem neuen Titel allerdings noch erhebliche Vorbehalte zugunsten einseitigen staatlichen Handelns, und der Bereich der strafrechtlichen Zusammenarbeit bleibt weiterhin grundsätzlich im Rahmen der intergouvernementalen Vertragssäule.

Die nähere Ausgestaltung des angestrebten europäischen Raums der Freiheit, der Sicherheit und des Rechts, der durch das gemeinschaftliche und das intergouvernementale Sekundärrecht geschaffen werden soll, schreitet seit Inkrafttreten des Amsterdamer Vertrags sichtbar voran. Die Ausgestaltung bereitet angesichts der unterschiedlichen staatlichen Traditionen und der geringen Erfahrungen mit einer solchen Zusammenarbeit allerdings auch erhebliche Schwierigkeiten. Wir sind deshalb gespannt auf die näheren Erkenntnisse, die uns die Referate und die Diskussion zu diesem Themenbereich bringen werden.

Zum Abschluss unseres Forums steht das Thema „Governance im europäischen Mehrebenensystem" auf dem Programm. Das Wort „Governance" ist gegenwärtig in aller Munde, wenn es um die Frage nach der bestgeeigneten Form von Regierung und Verwaltung in einer zunehmend zusammenwachsenden und verflochtenen Welt geht. Die Europäische Kommission beschäftigt sich seit ihrer kritischen Phase vor rund zwei Jahren mit dem Problem guter „Governance" für sich selbst, aber auch für ihre Zusammenarbeit mit den anderen Organen der Union und den Mitgliedstaaten. Ein Grundsatzpapier soll dazu in Kürze vorgelegt werden. Berührungspunkte ergeben sich insoweit auch mit der begonnenen Debatte um die Zukunft der Europäischen Union. Am Ende des Forums, so hoffen wir, schließt sich damit der Kreis, den wir heute eröffnen.

Nizza-Vertrag: Der fehlende Zusammenhang zwischen Finalität und institutioneller Entwicklung der EU

Von Dimitris Th. Tsatsos

Dieser Beitrag beschäftigt sich mit der Entwicklung der Europäischen Union, wie sie der Verfasser vor, während und nach der Regierungskonferenz 2000 als Repräsentant des Europäischen Parlamentes erfahren hat. Insofern sollen hier nicht nur theoretische, sondern vor allem erfahrungsgebundene Informationen aus der Regierungskonferenz erläutert werden, die vielleicht ein neues Licht auf die Problematik Europa werfen könnten.

1. Wir haben ein Jahr in der Regierungskonferenz gearbeitet und über Einzelfragen der institutionellen Ordnung Europas diskutiert, aber nie über das Ziel der Regierungskonferenz, nie über das, was wir erreichen wollen, sondern nur darüber, wie wir etwas erreichen können. Das war nicht unbewusst. Denn sowohl *Elmar Brok* als auch ich – in unserer Funktion als die beiden Repräsentanten des Europäischen Parlamentes in der Regierungskonferenz – haben des öfteren versucht, die Diskussion in der Regierungskonferenz auf das Grundsätzliche zu bringen, um vorgeschlagene Lösungen zu rechtfertigen oder abzulehnen. Da dies jedoch gar nicht im Sinne der Regierungskonferenz war, ist es uns auch nicht gelungen, das Grundsätzliche in das Hauptfeld der Diskussion einzubringen. Ich spreche hier gerne von der „verbotenen Frage" der Regierungskonferenz, die auch weiterhin die „verbotene Frage" in der Europäischen Union bleibt: „Wohin wollen wir und was wollen wir?"

2. Dass man über Grundsätzliches nicht sprechen wollte, ist jedoch kein Wunder, denn in der Union der 15 Mitgliedstaaten herrscht ein konzeptioneller Pluralismus. Der Pluralismus besteht allerdings nicht nur in der Konzeption, sondern bereits in der Sprache, nicht im eigentlichen Sinne, sondern als Prozess der institutionellen Kommunikation, also im Verständnis von Grundbegriffen. Anders ausgedrückt: Es gab keinen gemeinsamen, einheitlichen Diskurs. Mein verehrter Herr Kollege *Magiera* führte zuvor aus, dass man den Begriff Verfassung für Europa anwenden könne. Nach unserem Verfassungsverständnis vielleicht ja, aber unter bestimmten, im Voraus zu klärenden Bedingungen. Versuchen Sie aber, etwa mit den Briten oder den Schweden über diese Thematik zu sprechen! Diesbezüglich ist eher mit einer ablehnenden – wenn nicht sogar allergischen – Reaktion zu rechnen,

wenn nur das Wort „Europäische Verfassung“ ausgesprochen wird. Wir haben ein gänzlich anderes Verständnis – auch dank *Peter Häberle* mit allen seinen Vorarbeiten über ein gemeineuropäisches Verfassungsrecht. Es existieren also nicht nur konzeptionelle Differenzen, sondern ganz grundsätzliche Unterschiede im Vorverständnis, die gerade auch in der Sprache ihren Ausdruck finden. Die Tatsache, dass wir Dolmetscher hatten, hat nicht dazu beigetragen diese Probleme zu lösen. Die Übersetzung, auf die wir angewiesen sind, kann die Unterschiedlichkeiten im Diskurs nicht aus der Welt schaffen. Man kann nur von einem Rahmenverständnis sprechen. Die Übersetzung kann sogar noch zusätzlich inhaltliche Verständnisschwierigkeiten schaffen, die möglicherweise nicht entstanden wären, wenn man die andere Sprache direkt gehört und in all ihren facettenreichen Begrifflichkeiten verstanden hätte.

3. Aber darüber hinaus gibt es ein unterschiedliches Maß an Integrationsbereitschaft. Wollen wir zu einem Bundesstaat kommen, ja oder nein? Dieses Problem stand sofort im Raum, als wir über die Frage sprachen, was im Rat in der Einstimmigkeit bleiben, und was in die qualifizierte Mehrheit übergehen kann. Formal waren alle für die qualifizierte Mehrheit, die in einem Europa der 27 Länder unabdingbar ist, aber jedes Land hatte gleichzeitig einzelne Punkte, die es von der Mehrheitsregel ausgeschlossen wissen wollte. Und wenn natürlich jedes Land mit der Abschaffung des Vetos bis auf einige wenige Punkte einverstanden ist, ergibt sich am Ende doch ein riesiger Katalog von Ausnahmen.

4. Ich habe große Probleme mit der Bundesstaat-Staatenbund-Diskussion. Bundesstaat und Staatenbund sind zwei Begriffe, mit denen man die Souveränitätsordnung in multistaatlichen Gebilden erfassen will. Wo ist der Souverän, bei der Union oder bei den Mitgliedsländern? Mit Bundesstaat und Staatenbund können wir wenig anfangen, wenn wir die Frage der Europäischen Union ansprechen. Staatenbund sind wir in gewissem Sinne auch heute, aber noch viel mehr als das, denn wir haben darüber hinaus eine autonome Unionsgewalt mit unmittelbarer Wirkung in den Staaten. Ein Bundesstaat hingegen bedeutet die Entstaatlichung der Mitglieder. Wir können grundsätzlich nicht über Europa diskutieren, wenn wir Begriffe verwenden, die wir im nationalen Verfassungsrecht gelernt haben, die auf dieses angewendet werden und durch dieses geprägt wurden. Denn Staat, Verfassung, Bundesstaat und Staatenbund sind Begriffe aus der europäischen Geschichte des Staates und der Verfassung. Die Europäische Union ist jedoch etwas wesentlich anderes und in dieser Form historisch noch nicht Dagewesenes. Wenn man aber versucht, mit historisch geprägten und definierten Begriffen zu arbeiten, um die Konstruktion „Europäische Union“ zu beschreiben und ihre weitere Entwicklung zu entwerfen, so muss dies zu Missverständnissen führen, keinesfalls aber zu Lösungen.

5. Wie weit kann die Diskussion über die Finalität der Europäischen Union gehen? Ich habe vorher hervorgehoben, dass die Regierungskonferenz nicht über das Grundsätzliche sprechen wollte. Eine andere Frage ist, wie weit man die Finalität der Union in dieser Generation angesichts der Probleme der Legitimität und des tiefen Wandels, in dem sich die Union befindet, „endgültig" definieren kann. Denken Sie nur an die Erweiterung. Mit der Erweiterung fängt eine neue Epoche an. Man weiß ja gar nicht, wie die Europäische Union funktionieren wird, ob als einheitliche Union oder als die Avantgarde von Herrn *Fischer*. Funktioniert sie in einer Spaltung zwischen einem Kern und den „Anderen", die lediglich zuschauen werden? Ich weiß es nicht. Es ist verfrüht, über eine endgültige Finalität zu sprechen. Die Europäische Union kann im Augenblick nur als ein noch fortwährender Entwicklungsprozess begriffen werden, dessen Ende sich heute weder zeitlich noch strukturell abzeichnet. Worüber man sprechen kann und auch sprechen sollte ist, welche Spielregeln wir für die zukünftige Entwicklung jetzt aufstellen können. Wir können über Spielregeln sprechen, aber nicht über das Ergebnis des Spieles. Das ist ein geschichtlicher Prozess, und es ist ganz schwierig, jetzt vor der Erweiterung eine Entscheidung zu treffen, die ein (vermeintliches) Endergebnis definiert.

6. Warum gibt es eigentlich so oft Regierungskonferenzen? Es hat ja gerade erst eine in Amsterdam stattgefunden. Die Antwort darauf lautet, dass die Regierungskonferenzen gerade deshalb häufiger stattfinden müssen als die Revision von nationalen Verfassungen, weil wir uns in einem Wandel befinden, der nach seiner Widerspiegelung im institutionellen Gefüge verlangt. Jetzt, vor der Erweiterung, zeichnet sich ab, dass es auch in Nizza, wie schon zuvor in Amsterdam, sogenannte „left-overs" gibt. Ohne eine weitere Regierungskonferenz wird eine Erweiterung, meiner Meinung nach, nicht funktionieren. Es ist zu hoffen, dass im Jahr 2003 die Ergebnisse erzielt werden können, die zu erreichen die Regierungskonferenz in Nizza nicht in der Lage war.

7. Ich möchte jetzt einige Worte zur Frage des politisch-geschichtlichen Raumes der europäischen Unionsgrundordnung und seinen zwei erkennbaren Dimensionen sagen und gleich mit einer These beginnen, die das Europäische Parlament sich zu eigen gemacht hat. Das Europäische Parlament stellt fest, dass die Europäische Union sowohl eine Union von Völkern als auch eine Union von Staaten ist. Man würde sich sicher fragen, wo die praktische Anwendung jener Formel bleibt. Die Aufgabe liegt hierbei darin, mit Institutionen eine geschichtliche Wirklichkeit zu erfassen, die eine Dualität aufweist. Das unitarische Moment in Europa ist im Hinblick auf Wirtschaft, Kultur, Geschichte und Religion vorhanden. Wir können von *einem* Europa sprechen, in dem aber eine Vielzahl von Staaten existieren. Es ist auch heute noch so, dass die Völker im jeweiligen Staat ihre Identität erkennen.

Staaten und Völker, das heißt souveräne Staaten und eine autonome Unionsgewalt müssen kombiniert werden. Die schwierige Aufgabe dabei ist es, die Institutionen für ein Europa, das sowohl den Charakter einer Union von Völkern als auch einer Union von Staaten widerspiegelt, zu gestalten. Wie schaffen wir es, das Prinzip der dualen Legitimation in institutionelle Strukturen umzusetzen? Man hat in der Regierungskonferenz sehr deutlich erlebt, dass es Bereiche gab, wo die Staaten sofort dazu bereit waren, die Einstimmigkeitsregel im Rat aufzugeben, aber es gab auch Bereiche, die so sehr die eigene Identität der Staaten berührten, dass es indiskutabel war, jene Einstimmigkeit aus der Hand zu geben. Man hat also bei der Regierungskonferenz sowohl das Europa der Staaten als auch das der Völker sozusagen „live" erlebt. Deshalb sollte auch das Europäische Parlament das Organ der Völker sein, in dem das Mehrheitsprinzip gilt, der Rat dagegen das Organ der Staaten, in dem das Prinzip der Gleichwertigkeit der Staaten gilt. Wir werden sehen, wie Nizza die Probleme angegangen ist. Der Ausgangspunkt für uns im Europäischen Parlament war jedenfalls die institutionelle Form, die der dualen Legitimation dient.

8. Nun zum Nizza-Vertrag. Was ist die Philosophie des Nizza-Vertrags? Die Grundphilosophie, die wir als Vertreter des Europäischen Parlaments bei der Regierungskonferenz erlebt haben, zeigte sich in der Diskussion über den Ausbau der Mitentscheidungsbefugnisse des Europäischen Parlaments. Nach der Meinung des Parlaments sollte die Mitentscheidung des Europäischen Parlaments bei jedem legislativen Akt erforderlich sein. Dies ist jedoch mit Argumenten abgelehnt worden, die zwar nicht ausdrücklich, sondern lediglich sinngemäß darauf hinauslaufen, dass die Mitwirkung eines Parlamentes zu viel Zeit kosten würde. Daher sei von Fall zu Fall zu entscheiden. Hier sieht man den Scheideweg, an dem wir angelangt sind. Wollen wir die Europäische Union als einen effektiven, administrativen Apparat aufbauen oder als eine politische Union? Politisch heißt in diesem Zusammenhang, demokratisch voll legitimiert in jeder einzelnen Aktion. Der zweite Weg ist zweifellos langsamer, der erste erlaubt schnellere Schritte. Es stellt sich aber die Frage, was wir wollen und welche Spielregeln wir aufstellen wollen. Soll das administrative Effektivitätsprinzip oder die politische Legitimation im Vordergrund stehen? Natürlich sollten weitestgehend beide Ziele verfolgt werden, aber da wo dies nicht möglich ist, stellt sich die Frage, wie wir weiter aufbauen, welches Prinzip den Vorrang hat. In der Regierungskonferenz war ein administratives Verständnis der Effektivität vorherrschend und das, was wir als Europäisches Parlament verlangt haben, nämlich mehr Beachtung des Prinzips der dualen Legitimation, stieß auf wenig Resonanz. Die Frage ist, wie weit die Menschen in den europäischen Staaten eine Entwicklung akzeptieren und mittragen, die sie nicht verstehen. Wie lange dauert es, bis Reaktionen auftreten? Sie sind schon sichtbar; denken Sie nur an die Beteiligung bei den Europawahlen,

die unter 50 Prozent lag. Und wenn wir so weitermachen, wird die Wahlbeteiligung noch weiter absinken. Kann man aber eine solche Ordnung, die aus Staaten besteht, mit vielen unitarischen Elementen, mit einer eigenen Unionsgewalt, die unmittelbare Wirkung auf jeden Einzelnen hat, ohne die Zustimmung, geschweige denn das Verständnis der Völker weiter aufbauen? Das ist keine ideologische, das ist eine pragmatische, politische und existentielle Frage.

9. Wenn es stimmt, dass die Europäische Union eine duale Legitimation braucht und wenn die Institutionen sich dieser Logik anpassen müssen, dann ist das Parlament doch das Organ der Völker und der Rat das Organ der Staaten. Was jedoch sagt Nizza hierzu? Nizza gestaltet das Entscheidungsverfahren im Rat so, dass nun das herrschende Element das demographische ist. Wir haben drei Abstimmungen im Rat, wenn der Nizza-Vertrag in Kraft tritt. Erstens muss die Mehrheit der einzelnen Staaten dafür sein, zweitens die Mehrheit der gewichteten Stimmen der Staaten gemessen an ihrer Bevölkerungszahl und drittens die Mehrheit der Bevölkerungszahl der Union selbst. Also zweimal das demographische Element der Bevölkerungszahl. Das führt natürlich zum Übergewicht der großen Staaten und auch zum Verlust einer Balance, die vorher zwischen großen und kleinen Staaten bestand. Andererseits ist das Parlament auch nicht absolut repräsentativ gestaltet, denn wir haben, um eine wirksame Partizipation der kleinen Staaten im Europäischen Parlament zu gewährleisten, diesen Staaten mehr Sitze gegeben, als ihnen aufgrund der Größe ihrer Bevölkerung zustehen würden. Auch hier besteht ein Widerspruch, an dem Sie sehen, dass es Momente in Nizza gab, in denen wir den Eindruck gewinnen konnten, in der Regierungskonferenz fände ein „Kuhhandel“ statt. Man hat nach dem Prinzip *do ut des* verhandelt. Damit ist die Logik der institutionellen Ordnung beeinträchtigt, denn bei einer solchen Vorgehensweise geht es natürlich gar nicht um eine duale Legitimation, eine rational aufgebaute Ordnung, in der Völker und Staaten in gleicher Weise das Geschehen zu bestimmen haben, sondern um eine Machtfrage. In dieser Art und Weise kann die Diskussion nicht weitergeführt werden.

10. Der Nizza-Vertrag hat natürlich auch Positives gebracht, wie z.B. Art. 191 EGV über die europäischen politischen Parteien. Das Statut ist schon von der Kommission vorgelegt worden und wird zur Zeit im Parlament bearbeitet. Das ist eine Ermutigung für die Entstehung und das Funktionieren von europäischen politischen Parteien. Außerdem sind als positive Elemente Art. 7 EGV, der die Absicherung von bestimmten demokratischen und rechtsstaatlichen Qualitäten der Rechtsordnungen der Mitgliedstaaten statuiert und mit vorbeugenden Maßnahmen stärkt, sowie die vorgenommene Stärkung der Stellung des Kommissionspräsidenten zu erwähnen. Trotz dieser Reihe von positiven Bestimmungen bin ich der Ansicht, dass

das Effektivitätsverständnis das Legitimationsverständnis empfindlich verdrängt. Das hat zur Folge, dass auch das institutionelle Gerüst nicht die Logik aufweist, die funktional für eine demokratische Europäische Union notwendig ist.

11. Nun zu meiner vorletzten Bemerkung. Es geht um die „Bankrott-Erklärung der Methode der Regierungskonferenz". Ich glaube, dass die Regierungskonferenz als ein administratives und exekutives Verfahren nicht geeignet ist, einen Text zu entwerfen, den ein Bürger ohne Spezialkenntnisse verstehen kann. Wir haben vorgeschlagen, dass wir in der Post-Nizza-Entwicklung einen Konvent einberufen, in dem Politiker entweder Grundsätze oder einen Text entwerfen, den dann natürlich eine Regierungskonferenz korrigieren, ergänzen und auch beschließen wird. Nur so kann die Europäische Union zur Sache der Völker gemacht werden, nämlich wenn das Europäische Parlament und die nationalen Parlamente gemeinsam daran mitwirken, einen Urtext zu entwickeln, der auch für die Bürger in allen Staaten verständlich ist. Und nur in einer solchen Diskussion werden auch die Probleme der Begriffe, die ja in jedem Staat geschichtlich anders belastet und geprägt sind, geklärt, so dass eine Verständigung möglich ist, um Gemeinsames zu erreichen. Das Gemeinsame kann nicht die Exekutive und die Verwaltung des Rates erreichen, es müssen sich Parlamentarier bemühen. Ergebnisse werden zwar nicht von heute auf morgen sichtbar werden, aber es könnte ein Prozess beginnen, der zu einer neuen europäischen Verfassungssprache führen könnte. Deshalb ist das Europäische Parlament dafür, dass nach Nizza ein Konvent geschaffen wird, der mit der Diskussion über Europa beginnt und der erste Prinzipien aufstellt, so dass Arbeitsgrundlage der neuen Regierungskonferenz nicht ein Papier der europäischen Verwaltung, sondern ein Papier der europäischen Politik ist, das dann durch die Regierungskonferenz selber weiter entwickelt wird.

12. Abschließend möchte ich einige Bemerkungen zur Frage einer Verfassung der Europäischen Union machen. Man kann natürlich die Verträge mit dem Wort „Verfassung" bezeichnen. Die Europäische Union hat eine Verfassung, sie besteht auch aus Prinzipien, die man dem gemeineuropäischen Verfassungsrecht zuordnen kann. Nur muss eines klar sein: Bleibt die Europäische Union eine Union von Völkern und eine Union von Staaten, dann ist das Völkerrecht damit überfordert, dass es allein die neue Grundlage schafft. Allerdings geht es auch nicht ohne Völkerrecht, weil die Europäische Union eben auch eine Union von Staaten ist, so dass letzten Endes auch ein völkerrechtlicher Vertrag erforderlich ist. Aber zugleich müssen auch alle Verfassungselemente, die in den Verträgen enthalten sind, durch einen Konvent Eingang finden. Wir brauchen also einen Verfassungsvertrag, der nicht das Werk einer Verwaltung sein kann, sondern das Werk der Politik sein muss.

Die Finalität der Europäischen Union aus französischer Sicht

Von David Capitant

Die Frage der Finalität der Europäischen Union bzw. der Europäischen Integration wurde in den letzten Monaten erneut aufgeworfen. Im Jahre 2000 wurde der Nizza-Gipfel vorbereitet, der im Dezember 2000 stattfand. Dort sollte im Rahmen der Ost-Erweiterung der Europäischen Union, die Ende 1999 beim Helsinki-Gipfel beschlossen worden war, die Reform der europäischen Einrichtungen besprochen werden. Die unterschiedliche Art und Weise, wie man die Regierungsorgane der Union aufbauen wollte, entsprach den Vorstellungen jedes Landes über die Finalität der Union in Richtung Föderation oder zwischenstaatliches Gebilde, in Richtung Bundesstaat oder Staatenbund.

Im Hinblick auf diese aktuelle Diskussion über die Zukunft Europas möchte ich zunächst versuchen, die französische Haltung zu präzisieren. Dies ist umso mehr von Interesse, als wegen der zurückhaltenden Ergebnisse des Nizza-Gipfels ein neuer Gipfel 2004 die Reformprojekte der Organisation der Europäischen Union weiter ausarbeiten soll (I). Danach möchte ich einige Informationen über Rechtselemente geben, die vielleicht nicht so leicht in den politischen Debatten auftauchen, aber dennoch sehr wichtig erscheinen, um sich ein richtiges Bild vom praktischen Grad der Integration zu verschaffen. Einerseits gibt es Verfassungselemente, die Hindernisse für die europäische Integration darstellen (II), andererseits gibt es viele bemerkenswerte Öffnungsmomente hinsichtlich der Gemeinschaftsrechtsordnung, die die französische Rechtsordnung charakterisieren (III).

I. Die Debatte über die Finalität der Europäischen Union

Beim Helsinki-Gipfel am 10. und 11. Dezember 1999 wurden die Kandidaturen von zwölf neuen Staaten plus der Türkei angenommen. Um die technischen Probleme zu lösen, die bei einer solchen Erweiterung der Union auf 27 oder sogar 30 Mitgliedstaaten auftauchen, wurde entschieden, eine Regierungskonferenz einzuberufen, die in Nizza Ende 2000 tagen sollte. Die Lösung solcher Fragen wie der des Entscheidungsprozesses innerhalb der Union, der Zahl der Kommissare und der Stimmenverteilung in den verschiedenen Gemeinschaftsorganen setzt – wie bereits gesagt – voraus, dass man sich über die Finalität der Union im Klaren ist, was eine sehr weit reichende Frage ist. In Frankreich blieb die Debatte darüber sehr lange ohne Schwung. Zwar hatte *Jacques Delors* im Januar 2000 anlässlich eines Interviews in „Le Monde" die Bildung einer Avantgarde innerhalb der Union in der Form einer Föderation der nationalen Staaten (Fédération d'Etats-Nations) angemahnt, die im Stande sei, die Vertiefung der Union weiterzuführen. So plädierte er für eine föderalistische Lösung, den aktuellen Trend bedauernd, der darin besteht, sich eher dem zwischenstaatlichen Europäischen Rat zuzuwenden, auf Kosten des von den gemeinschaftlichen Organen Ministerrat, Parlament und Kommission gebildeten Dreiecks. Diese klare Stellungnahme *Delors'* fand bei ihrer Veröffentlichung am 9. Januar 2000 aber wenig Anklang in Frankreich. Insgesamt wurde in Frankreich die Frage der Finalität der Europäischen Union in dieser Zeit sehr selten erörtert. Das lag zum einen daran, dass die politische Debatte auf die Verfassungsreform konzentriert war, die die Dauer der Amtszeit des Staatspräsidenten von sieben auf fünf Jahre herabsetzen sollte. Auch die Tatsache, dass Frankreich schon in dieser Zeit die „Cohabitation" eines Präsidenten der Rechten und eines Premierministers der Linken erlebte, spielte eine große Rolle. Dieser Zustand ist im internationalen Bereich besonders bedauerlich, da der Staatspräsident weiter eine wichtige Rolle in den Außenangelegenheiten spielt, obwohl er nicht mehr über eine Mehrheit im Parlament verfügt und deshalb in den meisten Bereichen eher machtlos bleibt. Das liegt zunächst an der Tradition, die dem Staatspräsidenten schon unter der III. und IV. Republik, als er noch nicht die starke Position genoss, die er seit Inkrafttreten der Verfassung der V. Republik 1958 hat, in dem Bereich der internationalen Beziehungen als Staatsoberhaupt eine herausragende Kompetenz zumaß. Das liegt aber heute auch an Artikel 52 der Verfassung, wonach der Staatspräsident die internationalen Verträge verhandelt und ratifiziert. Auf dieser verfassungsrechtlichen Basis behält der Staatspräsident auch während der „Cohabitation" wichtige Befugnisse im Rahmen der internationalen Verhandlungen und tritt deshalb mit dem Premierminister, der Regierungschef ist, zusammen auf der internationalen Szene und besonders bei den europäischen Räten auf. Das führt aber dazu, dass sich der Premierminister wie auch der Präsident jeglicher Stellungnahmen enthalten sollen, die eine Diskrepanz in ihren Sichtweisen und daher einen Bruch innerhalb der französischen Position zu Tage treten lassen. Es kommt noch dazu, dass Frankreich die Präsidentschaft der Europäischen Union innehatte, und sich deshalb solcher Aussagen enthalten sollte, die die anderen Verhandlungspartner im Voraus hätten erschrecken können. Dennoch brachte dieses Schweigen auf französischer Seite auch Nachteile im Rahmen einer Verhandlung, die die Zukunft Europas bestimmen würde. Ausgangspunkt für die Debatte, die letztlich doch stattfand, wurde die von

Joschka Fischer am 12. Mai 2000 an der Humboldt-Universität Berlin gehaltene Rede. Diese Rede wurde in „Le Monde" am 14. und 15. Mai 2000 veröffentlicht und fand einen großen Anklang in Frankreich – anscheinend mehr als in den anderen europäischen Ländern. Obwohl die Rede von deutscher Seite als die persönliche Auffassung des deutschen Außenministers dargestellt wurde, wurde sie als Ausdruck der öffentlichen Stellungnahme Deutschlands in Frankreich aufgenommen. Die Vorschläge *Joschka Fischers* waren relativ präzise. Den Vorschlag *Delors'* aufnehmend plädierte er für die Bildung einer Föderation der nationalen Staaten. Das bedeutete schon aus französischer Sicht eine wichtige Entwicklung im Vergleich mit den Vorschlägen von *Lamers* und *Schäuble,* die 1994 für die Bildung eines harten Kerns einiger Staaten mit Verschwinden der einzelnen Staaten plädiert hatten. Im institutionellen Bereich sprach sich *Joschka Fischer* für ein Parlament mit Zwei-Kammer-System aus, ohne hinsichtlich der Exekutive eine bestimmte Lösung zu bevorzugen.

Insgesamt wurden diese Vorschläge eher positiv aufgenommen. Im rechten Lager der politischen Szene zeigt Präsident *Chirac,* obwohl er sich auf das Erbe *De Gaulles* beruft, eine sehr pragmatische Art und Weise, die europäische Integration ins Auge zu fassen. Dazu muss gesagt werden, dass die Trennung zwischen Souveränisten und Föderalisten quer durch die politischen Parteien verläuft. Das wurde schon bei der Kampagne zum Referendum 1992 sehr klar, als die französische Verfassung reformiert werden sollte, um die Ratifizierung des Maastrichter Vertrags zu ermöglichen.

Sicherlich bleibt der Ausdruck „Föderation der Nationalstaaten" sehr zweideutig. Die Föderalisten betonen das Wort Föderation, während die Souveränisten sich mit der Anspielung auf die Nationalstaaten zufrieden zeigen können. So konnte Präsident *Chirac,* der sonst auch kein eifriger Verteidiger der Nationalstaaten ist, auch als Gaullist diese Idee problemlos übernehmen und sich Anfang Juni 2000 in Mainz, später erneut in Berlin vor dem Reichstag, für die Ausarbeitung einer europäischen Verfassung aussprechen.

Auf der linken Seite der politischen Szene wurde die Rede *Fischers* auch positiv bewertet. Zwar freute sich der französische Außenminister *Hubert Védrine,* dass zum ersten Mal ein deutscher Vorschlag nicht die Kommission als die natürliche Exekutive eines integrierten Europas beinhaltete. Aber während sich der Premierminister im ersten Moment jeder Aussage enthielt, hat er sich vor kurzem am 20. Mai 2001 in Brüssel unmittelbar vor dem Stockholm-Gipfel, nachdem die Kommunalwahlen Anfang März 2001 vorüber waren, für dieses Modell einer Föderation der nationalen Staaten ausgesprochen. Mitte 2001 wird so in der französischen Presse die enge Übereinstimmung zwischen Deutschland und Frankreich, was den Weg der Europäischen Gemeinschaft betrifft, in den Vordergrund gestellt.

Eine strittige Meinung fehlte zwar nicht, stammte aber nicht von Regierungsseite, sondern vom ehemaligen französischen Innenminister *Chevènement* in einer Debatte mit *Joschka Fischer,* die am 21.6.2000 in „Le Monde“ veröffentlicht wurde. *Chevènement* war gerade einige Monate zuvor zugunsten der Souveränität des französischen Staates aus der Regierung zurückgetreten, als ein Autonomie-Statut für Korsika ausarbeitet wurde. Für ihn ist die Europäische Union Mittel einer liberalen Globalisierung, und die Sozialpolitik kann nur innerhalb der Staaten durchgeführt werden, was voraussetzt, dass diese nicht in einer Föderation aufgehen.

Während sich der Nizza-Gipfel näherte, verschwand aber diese Übereinstimmung zwischen Deutschland und Frankreich, die sich um das Konzept der Föderation der Nationalstaaten herausgebildet hatte. Dies geschah meines Erachtens nicht deshalb, weil die Verhandlungen das richtige Ziel jedes Partners ans Licht gebracht hätten, das heißt ein föderalistisches Europa für die deutsche Regierung und ein nur zwischenstaatliches Gebilde für die französische Regierung, sondern weil ohne an einem bestimmten Modell festzuhalten, jedes Land die eigenen Interessen hat verteidigen wollen. So hat Deutschland während des Gipfels, was die Stimmenverteilung betraf, das Modell eines integrierten Europas verteidigt, da es in Anlehnung an seine Bevölkerungszahl möglicherweise die eigene Position verstärken wollte. Frankreich ist im Gegensatz dazu in diesem Bereich der Stimmenverteilung eher einem zwischenstaatlichen Modell gefolgt, in dem es eine Koppelung an Deutschland unbedingt vermeiden wollte. Das ist ihm nicht ganz gelungen, da nach den neuen Mehrheitsregeln von nun an mindestens 62% der Bevölkerung in die Entscheidungen miteinbezogen sein müssen, was Deutschland eine wichtigere Position zumisst. Im Gegenteil, als es darum ging, die Bereiche zu bestimmen, in denen nach dem Mehrheitsprinzip zu entscheiden war – und dies war eine der größten Erwartungen an den Nizza-Gipfel –, sträubte sich zwar das Vereinigte Königreich gegen die Erweiterung des Mehrheitsprinzips im Steuerbereich, aber auch vor allem Deutschland verhinderte die Anwendung dieses Entscheidungsprozesses in den Bereichen Sozialpolitik und Einwanderungspolitik. Unter diesem Blinkwinkel war es eher Frankreich, das sich für das föderalistische Modell einsetzte, während Deutschland in diesem besonderen Punkt, indem es das Einstimmigkeitsprinzip verteidigte, das zwischenstaatliche Modell befürwortete.

Diese ausführliche Darstellung des Nizza-Gipfels und seiner Vorbereitung verfolgte den Zweck zu zeigen, dass es schwierig ist, die vereinfachende Auffassung zu vertreten, dass Deutschland seine Zukunft in einem integrierten und föderalistischen Europa sehe, wogegen Frankreich die Europäische Union eher als einen Multiplikator der eigenen Außenpolitik betrachte und deshalb, heute ebenso wie in den 60er Jahren, nur das zwischenstaatliche

Modell befürworte[1]. Im Folgenden möchte ich mich kurz mit zwei Fragen beschäftigen und damit die politische Auseinandersetzung der Verhandlungspartner auf internationaler Ebene verlassen, um juristischen französischen Grund zu betreten. Diese beiden Punkte werden zeigen, wie die interne Rechtsordnung die europäische Integration begleiten oder im Gegenteil behindern kann.

II. Verfassungsrechtliche Hindernisse für den Prozess der europäischen Integration

Zunächst ist festzustellen, dass die zentralstaatliche Tradition Frankreichs der Bildung einer europäischen Föderation eher entgegensteht. Das kann man schon sehr einfach an der vom Conseil constitutionnel (dem französischen Verfassungsgericht) entwickelten Auffassung der Souveränität als unteilbares Bündel von Staatskompetenzen zeigen. Das Prinzip der Volkssouveränität wird im französischen Verfassungstext zweimal ausdrücklich

---

[1] Seitdem haben Bundeskanzler *Gerhard Schröder* und der französische Ministerpräsident *Lionel Jospin* ihre Auffassungen zur Entwicklung der Europäische Union geäußert. Beide Erklärungen bestätigen die vorigen Erwägungen. In seiner am 30. April 2001 vor der SPD gehaltenen Stellungnahme hat sich der Bundeskanzler noch stärker als sein Außenminister ein Jahr zuvor zugunsten einer Föderalisierung der Europäischen Einrichtungen ausgesprochen, insbesondere indem er die zukünftige Regierung der EU klar aus der Kommission herleiten möchte. Im Gegensatz dazu sieht der französische Ministerpräsident in seiner Rede vom 28. Mai 2001 keine Notwendigkeit, das heutige Dreieck Ministerrat/Kommission/Parlament aufzugeben. Ebenso will er dem Europäischen Rat eine Hauptrolle lassen. Er schlägt jedoch einige Anpassungen dieser Einrichtungen vor: eine zweimal im Jahr stattfindende Konferenz der nationalen Parlamente, die Wahl des Präsidenten der Kommission aus der Mehrheit des Europäischen Parlaments und die Möglichkeit für den Europäischen Rat wie für die Staaten, die Kommission aufzulösen. So zeigt sich die Vorliebe Frankreichs, ein zwischenstaatliches Moment in der Führung der Unionsangelegenheiten beizubehalten. Was die Zuständigkeitsverteilung anbelangt, sieht die Sache ganz anders aus, da die föderalistischste Lösung eher auf französischer Seite liegt. Lionel Jospin hat in seiner Rede sehr stark die Notwendigkeit betont, die Zuständigkeiten der Europäischen Union im Bereich der Wirtschaft noch mehr zu erweitern, insbesondere im Bereich des sozialen Schutzes und der internationalen Angelegenheiten. Für den Bundeskanzler besteht im Gegensatz dazu die erste Aufgabe darin, eine klarere Zuständigkeitsverteilung auszuarbeiten, die dazu beitragen könnte, die Zuständigkeiten der Mitgliedstaaten besser zu schützen. So wird zum Beispiel die Renationalisierung der Agrarpolitik zu einem wichtigen Punkt der deutschen Europapolitik.

Es stehen sich also zwei Begriffe der Föderalisierung gegenüber: Der eine sieht in der Unabhängigkeit der Gemeinschaftsorgane die erste Etappe, der andere bevorzugt die Erweiterung der Gemeinschaftszuständigkeiten. Deutschland sieht in dem ersten Begriff ein Mittel, sein seit der Wiedervereinigung größeres Gewicht durch die Unionsorgane auszuüben, wohingegen Frankreich im zwischenstaatlichen Spiel weiter seine eigene Politik in den meisten Bereichen durchsetzen möchte.

geschützt: in der Menschenrechtserklärung von 1789 (Art. 3)[2] und im Text der Verfassung von 1958 (Art. 3)[3].

Dieses Prinzip hätte man als Ausdruck des Demokratieprinzips auslegen können. Der Conseil constitutionnel aber hat aus diesen Bestimmungen das Verbot von Kompetenzübertragungen in Richtung jeder unabhängigen Organisation hergeleitet. Zwar hat seine Rechtsprechung verschiedene Formen angenommen, sie bleibt aber grundsätzlich gleich. 1976 hat der Conseil constitutionnel anlässlich der Ratifizierung des Vertrages, der die direkte Wahl des Europäischen Parlaments vorsah, entschieden, dass nur Souveränitätsbegrenzungen verfassungsmäßig seien, wogegen jede Souveränitätsübertragung verfassungswidrig sei[4]. Später hat der Conseil constitutionnel diese Gegenüberstellung von Souveränitätsbegrenzungen und Souveränitätsübertragungen seit 1985[5] allmählich aufgegeben und lässt heute Kompetenzübertragungen unter der Bedingung zu, dass sie die „wesentlichen Bedingungen der Ausübung der Souveränität" nicht antasten[6]. Deswegen wurden z. B. 1992 die Bestimmungen des Maastrichter Vertrags, die die Europäische Währungsunion vorsahen und die Visapolitik der Gemeinschaft übertrugen, für verfassungswidrig erklärt. Der Vertrag konnte daher nur nach einer Verfassungsänderung ratifiziert werden. Obwohl sich die Rechtsprechung des Conseil constitutionnel in ihrem Ausdruck entwickelt und etwas gemildert hat, beharrt sie auf der strengen Kontrolle, die über Zuständigkeitsübertragungen zugunsten der EU ausgeübt wird. Natürlich bleibt eine solche Rechtsprechung weitgehend wirkungslos, da Verfassungsänderungen immer verabschiedet wurden, um die Ratifizierung der Verträge zu erlauben, die der Europäischen Union Zuständigkeiten übertrugen. Eine solche Lösung ist auch unter verfassungssystematischen Erwägungen problematisch, da sie ein Prinzip einerseits weiter gelten lässt, andererseits aber derartige Durchbrechungen zulässt, dass es allmählich aufgeweicht wird.

---

2 Artikel 3: Der Ursprung aller Souveränität liegt wesenhaft in der Nation. Keine Körperschaft und kein einzelner darf eine Gewalt ausüben, die nicht ausdrücklich von ihr ausgeht.

3 Artikel 3: (1) Die nationale Souveränität liegt beim Volke, das sie durch seine Vertreter und durch Volksentscheid ausübt. (2) Weder ein Teil des Volkes noch ein einzelner darf ihre Ausübung an sich ziehen.

4 CC 76-71 DC vom 30. Dezember 1976. Schon in diesem Sinn: CC 70-39 DC vom 19. Juni 1970 (Ressources propres de la CEE).

5 CC 85-188 DC vom 22. Mai 1985 (Protocole additionnel n°6 à la CEDH relatif à l'abolition de la peine de mort). Gleich: CC 91-294 DC vom 25. Juli 1991 (Schengen).

6 CC 92-308 DC vom 9. April 1992 (Maastricht I). Gleich: CC 97-394 DC vom 31. Dezember 1997 (Amsterdam).

III. Momente der Offenheit der französischen Rechtsordnung gegenüber der Gemeinschaftsrechtsordnung

Auf der anderen Seite sollte man nicht übersehen, dass sich die französische Rechtsordnung hinsichtlich der gemeinschaftsrechtlichen Bestimmungen weit geöffnet hat, was nicht von Anfang an der Fall war. Herbeigeführt wurde diese Öffnung durch die Rechtsprechung, was manchmal zu seltsamen Konstellationen führen kann. Die die Öffnung der französischen Rechtsordnung gegenüber den europäischen Normen bewirkende Zentralbestimmung ist Artikel 55 der Verfassung, der besagt, dass die internationalen Verträge eine höhere Stellung als die Gesetze einnehmen[7]. Diese Bestimmung wurde so ausgelegt, dass die Gesetze, die gegen internationales Recht verstoßen (sei es gegen die originären Verträge oder auch gegen sekundäres Gemeinschaftsrecht) nicht ganz außer Kraft gesetzt werden, sondern von allen Gerichten unangewandt bleiben. Diese Rechtsprechung wird seit 1989 nach der berühmten Nicoló-Entscheidung[8] des Conseil d'Etat (des obersten französischen Verwaltungsgerichts) generell angewandt. Sie betrifft Gemeinschaftsrichtlinien genauso wie Verordnungen oder Bestimmungen der Verträge. Diese Offenheit der internen Rechtsordnung ist bemerkenswert in einem Land, das meistens als jedes föderalistische Element ablehnend vorgestellt wird. Sie kann jedoch manchmal zu erstaunlichen Situationen führen, wie z. B. im Fall der Festsetzung der Jagdzeiten für besondere Zugvögel. Die von der Gemeinschaft festgesetzten Jagdperioden sind viel kürzer als die in Frankreich traditionell eingehaltenen Jagdperioden. Um der in Frankreich starken Jägerlobby entgegenzukommen, ließ die Regierung ein Gesetz verabschieden, das den zuständigen Verwaltungsorganen ausdrücklich die Möglichkeit eröffnete, die herkömmlichen Jagdperioden weiterhin zu genehmigen. Dieses Gesetz war jedoch eigentlich nur ein Scheingesetz, da die Verwaltungsverordnungen, die diesen Gesetzesbestimmungen folgten, ganz schnell und einfach von den Verwaltungsgerichten wegen Verstoßes gegen die Gemeinschaftsrichtlinien für nichtig erklärt wurden[9].

Die politischen Auseinandersetzungen verstecken sich oft hinter dem Gewand der juristischen Argumentation. Die Benutzung der Rechtsbegriffe vor diesem Hintergrund bleibt aber oft unbefriedigend und der Rechtswirklichkeit etwas fremd. Die Frage der Finalität der Europäischen Union ent-

---

[7] Artikel 55: Bei ordnungsgemäßer Ratifizierung oder Zustimmung gehen Verträge oder Abkommen mit ihrer Veröffentlichung den Gesetzen vor, vorbehaltlich der jeweiligen Anwendung des Abkommens oder des Vertrages durch die andere Partei.

[8] CE, Plenum, 20. Oktober 1989 (Nicoló), Lebon, S. 190 ff.

[9] Ganz neu noch zu diesem Punkt: „Le Monde", 22. und 23. Juli 2001, 12. und 13. August 2001, 18. August 2001.

kommt dieser Problematik nicht, und die scheinbare Übereinstimmung über den inhaltslosen Begriff der Föderation der Nationalstaaten (Fédération d'Etats-Nations) zeigt die Vergeblichkeit einer solchen Übung.

Die Untersuchung der französischen Lage zeigt, dass Frankreich, obwohl es das deutsche Organisationsmodell der gemeinschaftlichen Einrichtungen nicht vertritt, eine weitere Annäherung der Mitgliedstaaten innerhalb einer gemeinsamen Entscheidungsstruktur föderalistischer Art und insbesondere eine weitreichende Zuständigkeitsübertragung zugunsten der Unionsbehörden in ihrer aktuellen Gestalt befürwortet. Außerdem zeigt die innere Rechtsordnung Frankreichs eine breite Offenheit hinsichtlich der gemeinschaftlichen Rechtsordnung, was beweist, dass ihm trotz seiner Tradition eines zentralisierten Nationalstaates die föderalistische Rechtsorganisation nicht mehr fremd ist. Die Frage, die heute zu stellen ist, betrifft also nicht den Punkt, ob die Union zu einer Föderation, von der sie bereits viele Züge trägt, werden soll oder nicht, sondern nach welchem Muster sie zu entwickeln, welcher Grad an Mitwirkung der Mitgliedstaaten an dem Entscheidungsprozess ihrer Organe vorzusehen und welcher Grad an Autonomie den Mitgliedstaaten zuzumessen ist.

Anmerkungen zur Verfassungsdebatte nach Nizza: Verfassung als Zweck oder Mittel, Verfassungsfähigkeit und Verfassungsentstehung

Von Jörg Monar

I. Einleitung

Die Debatte über eine Verfassung für die Europäische Union hat im Anschluss an die Einigung auf den Vertrag von Nizza im Dezember 2000 neuen Auftrieb gewonnen. Die Gründe hierfür sind jedoch nicht in den Inhalten des Vertrages selbst zu suchen, gehen diese doch kaum über Minimalreformen im Hinblick auf die Notwendigkeiten der nächsten Erweiterung hinaus. Es sind vielmehr gerade grundlegende Fragen, die in der Regierungskonferenz 2000 aufgrund der bewusst weitgehend auf institutionelle Fragen beschränkten Agenda nicht behandelt wurden, die nun in der neu entfachten Verfassungsdebatte wieder zum Durchbruch kommen. Einige hiervon sind ausdrücklich zu Gegenständen des sogenannten „Prozesses von Laeken" erhoben worden, der gemäß der „Erklärung zur Zukunft der Union" im Anhang des Vertrages von Nizza sich bis zum Europäischen Rat von Laeken im Dezember 2001 unter anderem mit der Abgrenzung der Zuständigkeiten zwischen der Union und den Mitgliedstaaten, dem Status der Charta der Grundrechte, der Vereinfachung der Verträge und der Rolle der nationalen Parlamente beschäftigen soll. Alle diese Fragen sind – freilich in unterschiedlichem Ausmaß – von potentieller Bedeutung für die Gestaltung einer möglichen Verfassung der Union.

Es sind aber nicht nur die Themen des Laeken-Prozesses, die die neu entfachte Verfassungsdebatte in der Union nähren. Bereits nach dem Ende der Verhandlungen über den Vertrag von Amsterdam 1997 hatte sich die Zahl der kritischen Stimmen gemehrt, die statt weiterer Runden zumeist minimalistischer und beständig die Komplexität der bestehenden Verträge erhöhender intergouvernementaler Vertragsreformen einen qualitativen Sprung zu einem auf einer breiteren Legitimationsgrundlage beruhenden und sich auf grundlegende Prinzipien und Verfahrensweisen der Union als politisches Gemeinwesen beschränkenden Verfassungstext forderten. Die Verfassungsdebatte muss auch vor dem Hintergrund des unter anderem mit der Einführung einer Gemeinsamen Außen- und Sicherheitspolitik, der

Wirtschafts- und Währungsunion und des Raumes der Freiheit, der Sicherheit und des Rechts im vergangenen Jahrzehnt abermals erheblich ausgeweiteten Aufgaben- und Tätigkeitsbereichs der Union und der teilweise parallel hierzu in den 90er Jahren erheblich gewachsenen Kritik an der mangelnden Transparenz und Bürgernähe der Union gesehen werden. Schließlich ist auch der Faktor der nahenden Erweiterung(en) zu berücksichtigen, der – auch in einigen nationalen Regierungskreisen – dem Argument Auftrieb verliehen hat, dass der qualitative Sprung zu einer Verfassung aufgrund des mit jeder Aufnahme neuer Mitgliedstaaten unvermeidlich einhergehenden Imports weiterer Interessendivergenzen zugleich schwieriger und – als zusätzlicher Bindungsfaktor und Instrument zur Bewältigung möglicher erweiterungsbedingter interner Spannungsfaktoren – notwendiger werde. Der Gedanke einer Verfassungsordnung als Element oder gar Ziel des Integrationsprozesses hat zwar das europäische Einigungswerk seit seinen Anfängen begleitet, aber nie zuvor ist er auch auf Regierungsebene – zumindest in einigen Hauptstädten – ähnlich intensiv thematisiert worden.

Gerade wegen der durchaus ernst zu nehmenden Motive für die gegenwärtige Verfassungsdebatte erscheint es bedauerlich, dass sich diese nach wie vor auf sehr ungesichertem Boden hinsichtlich der Fragen der Rolle einer möglichen Unionsverfassung als Zweck oder Mittel, der Verfassungsfähigkeit der Union sowie der möglichen Wege der Verfassungsentstehung bewegt. Im Folgenden sollen einige der sich in diesen Zusammenhängen stellenden Fragen beleuchtet und abschließend auf die Probleme einer leichtfertigen Verwendung des Verfassungsbegriffs hingewiesen werden. Um Missverständnisse zu vermeiden, sei eingangs sogleich deutlich gemacht, dass der Begriff „Verfassung" hierbei im Sinne eines die grundlegende Kompetenz-, Legitimations- und Organstruktur der Europäischen Union verändernden Textes verwendet wird und sich damit qualitativ von den verschiedenen in der gegenwärtigen Debatte oft irreführend auch mit dem Begriff einer Verfassung in Zusammenhang gebrachten Modellen im Wesentlichen rein redaktioneller Umgestaltungen der gegenwärtigen Verträge[1] abhebt.

[1] *Peter-Christian Müller-Graff* hat in diesem Zusammenhang zu Recht und in sehr luzider Weise zwischen eigentlichem Verfassungsmodell und anderen Reformmodelltypen wie dem redaktionellen Vereinfachungsmodell der Verträge, dem Fusionsmodell der Verträge, dem wesentliche Elemente des bisherigen Vertragsgefüges beibehaltenden Grundvertragsmodell und dem (vor allem von der Dehaene-Gruppe vertretenen) Zweiteilungsmodell unterschieden; siehe *Peter-Christian Müller-Graff*, Der Post-Nizza-Prozess. Auf dem Weg zu einer neuen europäischen Verfassung?, in: Integration Bd. 24 (2001), S. 214–215.

II. Eine Verfassung für die Union: Mittel oder Zweck?

Ein Aspekt, der im Rahmen der gegenwärtigen Verfassungsdebatte nicht immer mit der notwendigen Klarheit behandelt wird, ist die Rolle, die einer Unionsverfassung im Rahmen des Integrationsprozesses zukommen soll. Wünschenswert wäre hierbei eine intensivere Diskussion der Frage, inwieweit eine Verfassung als bloßes Mittel zur Erreichung bestimmter integrationspolitischer Ziele oder aber als Zweck an sich, als *telos* des europäischen Einigungswerkes, betrachtet werden sollte.

Traditionell galt die Einführung einer formalen Verfassung föderalistischen Integrationsansätzen als vollendendes Element einer bundesstaatlichen Organisation Europas. Insofern kam ihr wesentlich eine Zielfunktion und der Status eines letztendlichen Zwecks der Weiterentwicklung des Integrationsprozesses zu. In dieser Tradition einer Verfassung als Krönung und finale Grundlegung eines europäischen Bundesstaates standen beispielsweise die Gedanken, die *Walter Hallstein* zu einer Europäischen Unionsverfassung in „Der unvollendete Bundesstaat" in den siebziger Jahren entwickelte[2]. Diese Tradition der europäischen Verfassung als ein eigenständiges *telos* der europäischen Integration kommt auch in der gegenwärtigen Debatte immer wieder durch und hat ihre Spuren unter anderem in *Joschka Fischers* Gedanken eines auf einem Grundvertrag basierenden Gravitationszentrums[3] und in *Gerhard Schröders* Hinweis auf die „verfassungsmäßige Grundlage" des neuen, durch den Vertrag von Nizza vorbereiteten Europas[4] hinterlassen.

Der Gedanke einer Verfassung als eigenständiges Integrationsziel und Zweck an sich ist allerdings höchst kontrovers, gilt er doch vielen – und dies nicht nur in Großbritannien und euroskeptischen Kreisen in den skandinavischen Mitgliedstaaten – als extremer Ausdruck föderalistischer Ideologie und gleichbedeutend mit dem Ziel der Transformation der Union in ein staatsähnliches Gebilde. Dies ist fraglos einer der Gründe, warum auch erklärte Anhänger des Verfassungsgedankens als Zielvorstellung des Integrationsprozesses diesen in den 90er Jahren zunehmend mit Vorstellungen von einer Verfassung als Mittel zur Erreichung konkreter mittel- und langfristiger Ziele verknüpft haben. Die zunehmend stärkere Betonung der Mit-

---

[2] *Walter Hallstein,* Der unvollendete Bundesstaat, Düsseldorf 1979 (insbesondere Kapitel 7).

[3] Rede des Bundesministers des Auswärtigen *Joschka Fischer* am 12. Mai 2000 in der Humboldt-Universität (Berlin), im Internet unter http://www.politik-digital.de/text/europa/dossier/fischer/rede1205.shtml.

[4] Regierungserklärung von Bundeskanzler *Gerhard Schröder* vor dem Deutschen Bundestag am 19. Januar 2001, im Internet unter http://www.dgap.org/IP/ip0102/regierungserkl190101_p.html.

telfunktion einer Unionsverfassung muss allerdings auch vor dem Hintergrund der in den 90er Jahren aus hier nicht zu erläuternden Gründen erfolgten Erosion des „permissive consensus“ hinsichtlich des europäischen Integrationsprozesses verstanden werden, die auch in den Gründerstaaten Fragen nach dem konkreten Nutzen weiterer Integrationsschritte gegenüber der generellen Akzeptanz und Befürwortung des Integrationsprozesses an Boden haben gewinnen lassen.

Tatsächlich erscheint eine mögliche künftige Unionsverfassung in der Post-Nizza-Debatte in vielfacher Weise als Mittel zum Zweck der Erreichung bestimmter integrationspolitischer Ziele. Dies liegt zum einen an den Themen des Laeken-Prozesses. Die Frage der Kompetenzabgrenzung hat sich zweifellos zu einem Schlüsselthema für die Weiterentwicklung der Union entwickelt, und ein wie auch immer gearteter Verfassungstext könnte als Rahmen für die Kodifizierung eines auf Dauer angelegten Kompromisses in dieser Frage dienen. Denjenigen, die eine Aufwertung des Status' der Charta der Grundrechte anstreben, bietet sich ein Verfassungstext ebenfalls als geradezu idealer Rahmen für eine rechtsverbindliche Konsolidierung der Charta an. Ein Verfassungstext könnte auch – unter anderem durch die Aufnahme der kompetenz-, organ- und verfahrensrechtlichen Bestimmungen – die bestehenden Verträge entlasten und vereinfachen sowie eventuelle neue Formen der Beteiligung der nationalen Parlamente festschreiben.

Doch die Möglichkeiten einer Verfassung als Mittel zur Erreichung bestimmter mittel- oder langfristiger integrationspolitischer Ziele gehen weit über die Laeken-Themen hinaus. Nahezu alle jüngsten Beiträge zur Verfassungsdiskussion von hoher politischer Ebene – unter Einschluss der Pariser Rede von *Lionel Jospin* vom 28. Mai 2001[5] – haben in der einen oder anderen Form eine Verfassung als Mittel zur politischen, rechtlichen und institutionellen Konsolidierung einer erweiterten Europäischen Union dargestellt. Die der Verfassung als Mittel zur Konsolidierung zugewiesenen Funktionen reichen hierbei weit, von der Kompetenzverteilung zwischen Union und Mitgliedsstaaten über die Regelung zulässiger Formen der differenzierten Integration bis hin zur Stärkung der Union als Wertegemeinschaft und außenpolitischem Akteur. Verstärkte Bedeutung hat in den letzten Jahren auch der Gedanke gewonnen, dass die Einführung einer Verfassung einen wesentlichen Beitrag zu größerer Transparenz und Sichtbarkeit der Union als politisches Gemeinwesen in den Augen der Bürger leisten könne. Das Ziel vermehrter Sichtbarkeit der Fortschritte und der Werte des Integrationsprozesses hat in einer Phase, in der in vielen Mitgliedstaaten

---

[5] Intervention de Monsieur *Lionel Jospin,* Premier ministre, sur „L'avenir de l'Europe élargie“, Paris, le 28 mai 2001, im Internet unter http://www.premier-ministre.gouv.fr/fr/p.cfm?ref=24927&d=61, deutsche Übersetzung unter http://www.premier-ministre.gouv.fr/de/p.cfm?ref=24934.

politische Eliten integrationspolitische Ziele in zunehmender Abkopplung von der breiten Mehrheit der Bürger verfolgen, was sich gelegentlich in „Unfällen", wie der Ablehnung des Vertrages von Nizza in der irischen Volksbefragung niederschlägt, erheblich an Stellenwert gewonnen und hat als solches auch ausdrücklich in die Präambel der Charta der Grundrechte Eingang gefunden[6]. Auch in diesem Kontext – als Mittel zur Sichtbarmachung eines grundlegenden weiteren Fortschritts des Integrationsprozesses – bietet sich die Verfassung in offenkundiger Weise als Mittel zum Zweck an.

Die Proliferation der verschiedenen möglichen Rollen einer Verfassung als Mittel zur Erreichung bestimmter integrationspolitischer Ziele hat zweifellos wesentlich dazu beigetragen, dass eine Unionsverfassung nun auch von zumindest einigen Regierungen als eine echte in der einen oder anderen Form realisierbare politische Option betrachtet wird. Das Thema ist in den letzten Jahren eindeutig über seine vormalige Beschränkung auf ein Steckenpferd des Europäischen Parlaments und akademische Entwürfe hinausgelangt. Dennoch birgt die zunehmende Konzentration der Debatte auf eine Verfassung als Mittel zur Erreichung verschiedener Zwecke zu Lasten des ursprünglichen Gedankens einer Verfassung als Zweck an sich und *telos* des Integrationsprozesses auch Gefahren:

Zum einen lenkt die Vielzahl der mittel- und langfristigen Ziele, denen die in Aussicht genommene Unionsverfassung mittlerweile als Mittel dienen soll, davon ab, dass eine Verfassung immer zunächst Ausdruck eines in sich schlüssigen und einer einheitlichen Leitidee folgenden Projekts einer politischen Gemeinschaft sein muss. Die normative Relevanz, Glaubwürdigkeit, Legitimität, Beständigkeit und nicht zuletzt auch die Funktionalität einer Verfassung hängen letztendlich davon ab, ob ihre einzelnen Elemente wie grundlegende Prinzipien und Zielvorgaben, Kompetenzregelungen und Organvorschriften einem einheitlichen politisch-rechtlichen Entwurf entsprechen und sich nahtlos in diesen einfügen. Wer eine Verfassung nur als Auffangbecken für Kompromisspakete zur Kompetenzabgrenzung, zu erweiterungsrelevanten institutionellen Reformen, zur Regelung differenzierter Integrationsmöglichkeiten oder neuer, die nationalen Parlamente einbindender Legitimationsverfahren sieht, setzt die in Aussicht genommene Verfassung dem Risiko aus, zu einem dysfunktionalen Flickenteppich lückenhafter Teilkompromisse zu werden, der nicht nur keinerlei legitimations- und gemeinschaftsstiftende Wirkungen entfalten, sondern – im Gegenteil – auch zum Ursprung massiver zukünftiger Konflikte innerhalb der so geschaffenen Verfassungsordnung werden kann. Eigentlich sinnvoll wäre

---

6 In Absatz vier der Präambel heißt es, dass es Zweck der Charta sei, „den Schutz der Grundrechte zu stärken, indem sie in einer Charta sichtbarer gemacht werden" (ABl. 2000 C 364).

nur die umgekehrte Vorgehensweise: Zunächst die Einigung auf ein in sich schlüssiges und einer einheitlichen Leitidee folgendes Projekt der zu konstituierenden Union herbeizuführen und dann zu fragen, wie auf der Grundlage dieses Projekts eine entsprechende Verfassung am besten auch der Erreichung für relevant erachteter Einzelziele dienen könnte. Dies würde freilich bedeuten, eine mögliche Unionsverfassung doch bis zu einem gewissen Grade als Zweck an sich und *telos* des Integrationsprozesses – und insofern allen Teilzielen zunächst einmal übergeordnet – zu betrachten, ein Ansatz, für den es allerdings in den meisten politisch verantwortlichen Kreisen einstweilen an der notwendigen Vision und/oder politischen Courage zu mangeln scheint.

Zum anderen – und dies ist die zweite Gefahr der wachsenden Liste dessen, was mit einer Verfassung erreicht werden soll – kann eine Verfassung durch die Vielzahl der Zwecke, denen sie dienen soll, auch überlastet werden. Gewiss gibt es einige Fragen – wie etwa die der Kompetenzaufteilung zwischen Union und Mitgliedstaaten – die in einer Unionsverfassung in der einen oder anderen Form behandelt werden müssten, um diese zu einer tragfähigen Grundlage einer verfassten Union zu machen. Andere bereits in die Diskussion eingebrachte Zwecke gehen allerdings über das unbedingt Notwendige und auch über das in vielen nationalen Verfassungen Geregelte deutlich hinaus. Dies gilt beispielsweise für die Forderung, eine Unionsverfassung solle auch die außenpolitische Identität der Union fixieren und alle grundlegenden Aspekte des Verhältnisses zu Beitrittskandidaten, Assoziierungspartnern und internationalen Organisationen regeln[7] oder für die in der bereits erwähnten Rede *Lionel Jospins* angelegten umfangreichen sozial- und wirtschaftspolitischen Zielsetzungen einer eventuellen Unionsverfassung[8]. Grundsätzlich gilt, dass je mehr Zwecken eine Verfassung dienen soll, desto schwieriger nicht nur der Verfassungsgebungsprozess wird, sondern auch die Wahrung der internen Kohärenz und der einheitlichen konzeptuellen Ausrichtung der Verfassung selbst. Auch in diesem Zusammenhang wäre für die gegenwärtige Verfassungsdebatte von Vorteil, sich zunächst auf die Leitideen für das zu verfassende Projekt einer politischen Gemeinschaft zu konzentrieren und erst dann zu fragen, welche weiteren Zwecke in dieses unbedingt Eingang finden sollten.

Insgesamt wäre es daher durchaus wünschenswert, wenn die Debatte über eine Unionsverfassung zumindest teilweise wieder zu dem ursprünglichen Gedanken einer Verfassung (und eines verfassunggebenden Aktes) als

---

[7] Letzteres wird beispielsweise vertreten in *Thomas Läufer,* Zur künftigen Verfassung der Europäischen Union – Notwendigkeit einer offenen Debatte, in: Rudolf Hrbek/Mathias Jopp/Barbara Lippert/Wolfgang Wessels (Hrsg.), Die Europäische Union als Prozess, Bonn 1998, S. 570–571.

[8] Deutlich vor allem in Teil I der Rede (siehe oben Fußnote 5).

Zweck an sich und *telos* des Integrationsprozesses zurückkehren würde und die Definition von konkreten Inhalts- und Konstruktionsforderungen, die eine solche Verfassung als Mittel zur Erreichung diverser Zwecke erfüllen sollte, diesem nachgeordnet werden würde. Dies würde allerdings bedeuten, zunächst auf Unionsebene in aller Klarheit die Finalitätsfrage des Integrationsprozesses anzugehen, ein Schritt, zu dem auch im Rahmen des Laeken-Prozesses kaum eine Regierung in letzter Konsequenz bereit sein dürfte.

III. Ist die Europäische Union verfassungsfähig?

An Einwänden gegen die Sinnhaftigkeit oder gar Möglichkeit einer Verfassung für das europäische Einigungswerk hat es nie gefehlt. In vorderster Linie steht hierbei traditionell das Argument, dass eine Verfassung notwendig der Existenz und Zustimmung eines durch eine „kollektive Identität" bestimmten Staatsvolkes bedürfe und die Union aufgrund der Nichterfüllung dieser Bedingungen in fundamentaler Weise nicht verfassungsfähig sei (sogenannte „No Demos"-These). Dieses Argument ist wiederholt auf – hier nicht weiter auszuführende – berechtigte Kritik gestoßen, unter anderem weil es genügend historische Beispiele für nicht aus einem konstituierenden Akt eines Staatsvolkes hervorgegangene Verfassungen gibt und weil sich auch die Auffassung vertreten lässt, dass eine legitimierende „kollektive Identität" durch den Integrationsprozess bereits entstanden sei bzw. durch einen Verfassungsgebungsprozess geschaffen werden könnte[9]. Tatsächlich erscheint die „No Demos"-These heute einer sowohl empirisch als auch theoretisch ungenügend abgesicherten einseitig nationalstaatlich orientierten Interpretation des Verfassungsgedankens verhaftet und hat von daher erheblich an Überzeugungskraft eingebüßt.

Andere Fragen hinsichtlich der Verfassungsfähigkeit der Union sind weit weniger ausführlich diskutiert worden, obwohl sie in der Sache gravierendere Einwände ermöglichen. Sie lassen sich unter den Oberbegriffen Verfassungskonsens, Solidarität und Erweiterung zusammenfassen:

Eine Verfassung ist immer die Verfassung eines bestimmten politischen Gemeinwesens und als solche abhängig von einem Grundkonsens dieses Gemeinwesens hinsichtlich der in der Verfassung niedergelegten Grundprinzipien und Ordnungsstrukturen. Dieser Verfassungskonsens wird gewiss nie alle Mitglieder des Gemeinwesens umfassen, sollte aber breit genug sein, um zumindest eine das Gemeinwesen stabilisierende Akzeptanz sicherzustellen. In der Union ist ein solcher „Verfassungskonsens" bislang nicht einmal ansatzweise vorhanden. Zum einen kann kaum ein Zweifel daran

---

[9] Eine Zusammenfassung der Argumente bietet *Paul Craig,* Constitutions, Constitutionalism, and the European Union, in: European Law Journal Bd. 7 (2001), S. 136–139.

bestehen, dass die Auffassungen der Regierungen der Mitgliedstaaten hinsichtlich der Aufgaben und der Finalität der Union – ganz abgesehen von der Notwendigkeit einer Verfassung – nach wie vor weit auseinander klaffen. Dies gilt bei weitem nicht nur für traditionelle Sonderpositionen wie die des Vereinigten Königreiches und Dänemarks. Nach den Stellungnahmen von *Joschka Fischer, Gerhard Schröder, Jacques Chirac* und *Lionel Jospin* ist deutlich geworden, dass substanzielle Unterschiede hinsichtlich der Zielsetzungen und der Organisation einer verfassten Union auch zwischen den Auffassungen der beiden wichtigsten Gründerstaaten bestehen. Die vorerst gescheiterte rechtliche Kodifizierung der Charta der Grundrechte ist nur ein Beleg von vielen dafür, wie eng die Grenzen für einen Konsens in Grundsatzfragen des Integrationsprozesses immer noch gezogen sind. Auf dieser Grundlage eine Verfassung errichten zu wollen, kann nur bedeuten, entweder am Ende des Prozesses einen in wesentlichen Punkten substanzlosen von allen Mitgliedstaaten unterstützten Text oder aber eine massive Differenzierung des Integrationsprozesses in Gestalt der Herausbildung eines einen weitergehenden Verfassungsrahmen tragenden „Gravitationszentrums“[10] zu akzeptieren.

Damit aber ist man dann auch bereits bei dem anderen Problem des mangelnden Verfassungskonsenses angelangt, der unter den Mitgliedstaaten offenkundig zunehmenden Bereitschaft, in Grundsatzfragen verschiedene Wege zu gehen. Die in den Verträgen von Maastricht und Amsterdam formell geregelte Nichtteilnahme einiger Mitgliedstaaten an der Wirtschafts- und Währungsunion und am Schengen-System sollte als das begriffen werden, was sie ist: nicht als eine bloße temporäre Ausnahmeregelung, sondern als ein aufgrund fundamentaler Auffassungsunterschiede hinsichtlich der Natur und Reichweite des Integrationsprozesses bis auf weiteres vollzogener Austritt aus dem unter den anderen Mitgliedstaaten bestehenden und im Prinzip in den Verträgen auch zu diesen Fragen (gemeinsame Währung und Außengrenzkontrollen) angelegten Grundkonsens. Die Frage erscheint gerechtfertigt, wie verfassungsfähig ein politisches System ist, das sich gerade anschickt, eines der weitreichendsten Integrationsprojekte seiner Entwicklung – die Währungsunion – unter Nichtteilnahme eines Fünftels seiner Mitglieder zu realisieren. Es bedarf einer gehörigen Portion integrationspolitischen Optimismus', vor diesem Hintergrund noch Grundlagen für einen von allen Mitgliedstaaten getragenen Verfassungskonsens zu sehen.

---

[10] Der von *Joschka Fischer* in seiner bereits erwähnten Rede (siehe oben Fußnote 3) entwickelte Gedanke eines von einer Avantgarde der Mitgliedstaaten gebildeten „Gravitationszentrums“ war bereits 1999 im Bericht der „Quermonne-Gruppe“ des französischen Commissariat Général au Plan – mit unterschiedlichen Akzenten – in ausführlicher Weise entwickelt worden. Siehe *Commissariat Général au Plan,* L'Union européenne en quête d'institutions légitimes et efficaces, Paris 1999 (La documentation française), S. 75–78.

Spätestens an dieser Stelle werden sich die Advokaten der „Flexibilität" angesprochen fühlen. Die mit dem Vertrag von Amsterdam geschaffenen und durch den Vertrag von Nizza erleichterten Möglichkeiten zur Errichtung von Formen der „engeren Zusammenarbeit" zwischen einer Mehrheit der Mitgliedstaaten schreibt diese Tendenz zur Aufgabe eines von allen Mitgliedstaaten getragen Konsenses hinsichtlich fundamentaler Ziele und Politiken der Union fort. Der von Joschka Fischer entwickelte Gedanke eines nur ein Teil der Mitgliedstaaten zusammenführenden Gravitationszentrums mit eigenem Grundvertrag dehnt im Grunde die Logik der „engeren Zusammenarbeit" konsequent auf den Verfassungsbildungsprozess aus. In letzter Konsequenz würde dies allerdings einen „verfassten" Kern in einer nach wie vor „unverfassten" Union bedeuten, und man könnte – es sei denn, man ließe sich auf einen Etikettenschwindel ein (siehe unten) – nicht von einer Unionsverfassung reden. Die zahlreichen möglichen Spannungen zwischen „verfasstem" Kern und „unverfasster" Peripherie im Innern der Union können hier nicht erörtert werden, würden aber fraglos die Existenz der Union als politische Solidargemeinschaft in Frage stellen.

Wesentliches Element eines jeden verfassten politischen Gemeinwesens ist ein Mindestmaß an Solidarität unter seinen Mitgliedern, das seinen Ausdruck unter anderem in der Gewährleistung sozialer Rechte, der Möglichkeit steuerfinanzierter sozialer und wirtschaftlicher Ausgleichsmaßnahmen sowie möglicher Sonderhilfen in Notsituationen finden kann. Bislang gibt es jedoch kaum Anzeichen dafür, dass die Mitgliedstaaten bereit wären, das Solidaritätsprinzip im Hinblick auf die in Aussicht genommene neue Verfassungsordnung zu stärken. Die Gelegenheit, auf Unionsebene gewisse soziale Solidaritätsrechte zu gewährleisten, wurde mit der gescheiterten rechtlichen Kodifizierung der Charta der Grundrechte verpasst. Die Ausstattung und Reform der Strukturfonds sind unter dem Druck der nahenden Erweiterung noch mehr zum Schlachtfeld nationaler Interessengegensätze geworden, als sie dies schon früher waren, und die Berliner Kompromisse vom März 1999 zum Finanzrahmen der Strukturpolitik bis 2006 (d.h. nach der erwarteten ersten Erweiterung) entbehrten nicht nur aus Sicht der Beitrittskandidaten jeglichen Zeichens großzügiger Solidarität. In der Gemeinsamen Agrarpolitik, die trotz ihrer unleugbaren Schattenseiten als das am weitesten entwickelte Instrument wirtschaftlicher und sozialer Solidarität der Union betrachtet werden kann, sind im Rahmen der Verhandlungen über die Agenda 2000 deutlich Renationalisierungstendenzen – wie etwa der deutsche Vorschlag einer nationalen Kofinanzierung der Ausgleichszahlungen – an den Tag getreten. Kennzeichnend für das bislang vorherrschende sehr begrenzte Solidaritätsverständnis ist auch Artikel 103 EGV, der den Haftungsausschluss der Gemeinschaft und der Mitgliedstaaten für die Verbindlichkeiten einzelner Mitgliedstaaten verfügt, unabhängig davon, auf welcher staatlichen Ebene die Verschuldung eingegangen wurde. Die Gemeinschaft ist damit hinsichtlich der Erfüllung nationaler Verbindlichkeiten jeder Art kein Solidarverbund. Die Möglichkeit finanziellen Beistands der Gemeinschaft ist zudem in Artikel 100 EGV ausdrücklich auf „Naturkatastrophen oder außergewöhnliche Ereignisse, die sich [der] Kontrolle [des betreffenden Mitgliedstaates] entziehen“, beschränkt. All dies mag die Leser der britischen Massenblätter beruhigen, die in regelmäßigen Abständen die Horrorvision von britischen Steuerzahlern heraufbeschwören, die im Falle eines Beitritts zur Wirtschafts- und Währungsunion angeblich eines Tages die Löcher maroder „kontinentaler“ Rentenkassen zu stopfen haben werden, macht aber auch deutlich, dass dem Prinzip der Solidarität im Rahmen des europäischen Einigungswerks bislang sehr enge Grenzen gezogen sind. Hier erscheint doch die Frage gerechtfertigt, ob es sinnvoll ist, eine Verfassung für ein politisches System in Aussicht zu nehmen, dessen Mitglieder sich noch nicht wirklich als Teile eines solidarischen „Gemeinwesens“ entdeckt haben.

Von den bevorstehenden Erweiterungen wird die Verfassungsfähigkeit der Union in gleich mehrfacher Hinsicht überschattet: Zunächst ist festzustellen, dass die gegenwärtige Verfassungsdebatte in der Union ohne nennenswerte Beteiligung der Beitrittskandidaten geführt wird. Zwar wird immerfort auf die Herausforderungen der erweiterten Union verwiesen und das Bild einer Union der 27 (oder gar mehr) beschworen, aber in Beiträgen wie jüngst die *Gerhard Schröders* und *Lionel Jospins* erscheinen die potenziellen neuen Mitgliedstaaten immer noch wie eine anonyme Kollektivität ohne eigene Präferenzen und Prioritäten für die in Aussicht genommene Verfassungsordnung. Die Vorstellungen der Beitrittskandidaten sind bislang weder systematisch sondiert noch in ernsthafter Form in der Union diskutiert worden. Dahinter mag der – allerdings uneingestandene und zunehmend unrealistische – Wunsch stehen, die Grundlinien der Verfassung noch rasch vor der ersten Erweiterungsrunde unter den gegenwärtigen Mitgliedstaaten festlegen zu können. Im Hinblick auf den wünschenswerten Verfassungskonsens (siehe oben) ist diese Vorgehensweise jedoch äußerst problematisch. Selbst wenn sich unter den gegenwärtigen 15 ein solcher Verfassungskonsens herstellen ließe, was aus den angeführten Gründen fraglich ist, könnte keinesfalls vorausgesetzt werden, dass dieser quasi selbstverständlich auch von den neuen Mitgliedstaaten mitgetragen würde. Es ist vielmehr wahrscheinlich, dass neue Mitgliedstaaten eine noch kurz vor ihrem Beitritt weitgehend ohne ihre Beteiligung eingeführte Verfassung als oktroyiert betrachten und früher oder später ihre Revisionsansprüche anmelden würden. Dies würde nicht nur die Legitimität der Unionsverfassung in den neuen Mitgliedstaaten reduzieren, sondern könnte auch in Form fortwährender Revisionsversuche zu potenziellen Problemen für die Stabilität der Verfassungsordnung führen.

Akzeptiert man diesen Aspekt als Einwand gegen die gegenwärtige Verfassungsfähigkeit der Union, so liegt das Argument nahe, den verfassunggebenden Prozess erst nach der erfolgten ersten Erweiterungsrunde in Gang zu bringen. Dem ist jedoch entgegen zu halten, dass mit jedem neuen Mitgliedstaat die Verfassungsfähigkeit der Union zusätzlich belastet wird. Zum einen ergibt sich dies aus der einfachen Tatsache, dass jeder neue Mitgliedstaat seine eigenen Interessen und Prioritäten in die Union mitbringt, die – wie immer auch ein Verfassungsgebungsverfahren aussehen könnte – berücksichtigt werden und in den zu erzielenden Konsens zumindest bis zu einem gewissen Grade Eingang finden müssen. Mit zunehmender Mitgliederzahl und Interessenvielfalt wird der Verfassungsgebungsprozess notwendig komplexer, schwieriger und potenziell auch langwieriger. Zum anderen aber – und dies ist ein weiter reichender Einwand – sollte man auch den Zusammenhang zwischen Verfassungsfähigkeit und Ausdehnung der Union bedenken, der von Staatsphilosophen in unterschiedlichem Kontext immer wieder betont worden ist:

Der vielleicht prägnanteste Ausdruck dieses Zusammenhangs findet sich in *Rousseaus* „Contrat social", wo es warnend heißt, dass „das soziale Band [eines republikanischen Gemeinwesens] um so lockerer wird, je weiter es sich ausdehnt"[11] und dass „die gleichen Gesetze nicht für so viele verschiedene Provinzen geeignet sein können, die unterschiedliche Sitten haben"[12]. Nun kann man zwar argumentieren, dass in den Zeiten des Internets und des „global village" zu verfassende politische Gemeinwesen ein höheres Maß an Ausdehnung verkraften können als zu Zeiten der Postkutsche und der unsicheren Briefverbindungen, aber im Kern gilt die Rousseausche Warnung auch für die zur Zeit anscheinend für unbegrenzt erweiterungsfähig erachtete Union. Mit jeder Erweiterung um neue Mitgliedstaaten wird es für den einzelnen Bürger schwieriger, sich ein klares Bild von einer so viele verschiedene nationale (und regionale) Identitäten und politische Interessen aufnehmenden Union zu machen, und zunehmend verwirrende Vielfalt und Größe eines Gemeinwesens reduzieren unweigerlich das Identifizierungspotenzial mit diesem. Da die „Verfassung" eines Gemeinwesens jedoch ein beträchtliches Maß an Identifizierung mit diesem (ein hinreichend starkes „soziales Band" im Sinne *Rousseaus*) voraussetzt, erscheint die Frage gerechtfertigt, ob die Verfassungsfähigkeit der Union nicht in umgekehrtem Verhältnis zu ihrer Ausdehnung steht. Kaum weniger bedenkens-

---

[11] „Plus le lien social s'étend, plus il se relâche", *Jean-Jacques Rousseau,* Du contrat social, in: Oeuvres complètes, Bd. 3, Paris 1964, S. 386. Mit teilweise abweichender Zielrichtung findet sich der Gedanke bereits bei *Plato* (Nomoi, 737), *Aristoteles* (Politik, IV, 4) und *Montesquieu* (De l'esprit des lois, VIII, 16).

[12] „Les mêmes lois ne peuvent convenir à tant de provinces diverses qui ont des moeurs différentes", ibid. S. 387.

wert ist das Argument *Rousseaus,* dass die Eignung von Gesetzen – in unserem Zusammenhang verfassungsähnliche Regelungen – aufgrund unterschiedlicher „Sitten“ (wir würden heute wohl von historisch und kulturell geprägten Einstellungen reden) durchaus auf nationale und kulturelle Grenzen stoßen kann. Diese können hier im einzelnen nicht weiter erörtert werden, es sei aber auf das Beispiel Großbritanniens verwiesen, das sich nach seinem Beitritt 1973 immer wieder schwer mit wesentlichen rechtlichen und politischen Grundprinzipien des europäischen Einigungswerkes tat und insofern *Charles de Gaulles* gegen den Beitritt Großbritanniens vorgebrachtes Argument von der mangelnden Beitrittsreife des Landes nachträglich zumindest teilweise rechtfertigte. Das Rousseausche Argument spricht für eine auf einen Kern der Mitgliedstaaten (das Gravitationszentrum *Joschka Fischers*) beschränkte Verfassung, doch dann sieht man sich mit dem bereits erwähnten Problem der Koexistenz „verfasster“ und „unverfasster“ Staaten innerhalb derselben Union gegenüber.

Die Notwendigkeit einer Verfassung wird in der Debatte nach Nizza oft mit den Herausforderungen einer erweiterten Union begründet. Hierbei wird übersehen, dass in der Kombination einer postulierten Verfassungsfähigkeit mit einer angenommenen anscheinend unbegrenzten Erweiterungsfähigkeit ein nicht unbeträchtliches Element der Hybris liegt. Nichts aber kann große politische Projekte mehr gefährden als Hybris.

IV. Wege der Verfassungsentstehung: Fortschreitende Konstitutionalisierung oder verfassunggebender Akt?

Die jüngste Verfassungsdebatte hat zwangsläufig auch wieder die Frage nach dem für die Union geeignetsten Weg der Verfassungsentstehung aufgebracht. Die Befürworter einer Unionsverfassung befinden sich dabei in der angenehmen Lage, dass sich nach der Auffassung vieler die Union bereits auf einem Weg zu einer Verfassung befindet, dem sogenannten Prozess der „Konstitutionalisierung“. Der Gedanke der fortschreitenden Konstitutionalisierung des Unionssystems gründet sich im Wesentlichen auf zwei durch die Verträge und die bisherige Entwicklung der Union weitgehend gerechtfertigte Annahmen: Zum einen ist dies die auch vom Europäischen Gerichtshof[13] selbst vertretene Auffassung, dass die Verträge bereits eine Reihe verfassungsähnlicher Elemente – wie z.B. die Regelungen zu den Kompetenzen und Entscheidungsverfahren der Organe, zur Höherrangigkeit des Gemeinschaftsrechts, der richterlichen Kontrolle durch den Europäischen Gerichtshof und das Diskriminierungsverbot – enthalten, zum an-

[13] So vor allem im Gutachten 1/91 („EWR-Abkommen“) des Gerichtshofes vom 14. Dezember 1991, Slg. 1991-I, S. 6079 ff.

deren die Annahme, dass sich nicht zuletzt aufgrund dieser vorhandenen verfassungsähnlichen Elemente die zunächst vornehmlich vertragliche Rechtsordnung der ursprünglichen Gemeinschaften aufgrund der Rechtsprechung des Europäischen Gerichtshofs und nachfolgender Vertragsreformen zunehmend in eine verfassungsmäßige Rechtsordnung verwandelt habe[14]. Auch der Vertrag von Nizza erscheint aus der Perspektive der Konstitutionalisierung nur als ein weiterer (obzwar bescheidener) Zwischenschritt auf dem Weg zu einer umfassend ausgebildeten Verfassungsordnung. Zumindest implizit liegt dem Konstitutionalisierungsansatz dabei die Erwartung zugrunde, dass am Ende des Prozesses – über welche Umwege auch immer – eine solche Verfassungsordnung auch tatsächlich erreicht werden wird. Der Prozess der Konstitutionalisierung als Weg zu einer Unionsverfassung hat jedoch sowohl seine Grenzen als auch seine Gefahren:

Die Grenzen der Konstitutionalisierung als Methode ergeben sich aus ihren beiden wesentlichen Instrumenten: Der Rechtsprechung des Gerichtshofes und den Vertragsrevisionen. Welchen Grad an transformatorischer Kraft die Rechtsprechung des Gerichtshofes auch immer entfalten mag, sie wird immer auf bestimmte Aspekte einer Verfassungsordnung der Union beschränkt bleiben. Der Gerichtshof wird beispielsweise nie einen Kompetenzkatalog der Union und/oder der Mitgliedstaaten oder etwa die Grundlagen der Finanzverfassung der Union definieren können. Hinzu kommt, dass gewisse Grenzen überschreitendes richterlich entwickeltes Verfassungsrecht sich leicht dem Einwand mangelnder demokratischer Legitimation aussetzen kann, was im Falle des Europäischen Gerichtshofes nicht nur solchermaßen entstandenes Verfassungsrecht, sondern auch die Position des Gerichtshofes selbst unterminieren könnte. Die Grenzen der verfassungsbildenden Leistungsfähigkeit des bisherigen Verfahrens der Vertragsrevisionen hingegen ergeben sich aus dem ihm zugrunde liegenden Prinzip intergouvernementaler Verhandlungen. Diese führen zu weitgehend unter Ausschluss der Öffentlichkeit mühsam verhandelten Kompromisslösungen, die in den meisten Fällen Einigungen auf den kleinsten gemeinsamen Nenner in der jeweiligen Frage unter weitgehender Aufgabe jeglicher übergreifender, einer einheitlichen Verfassungsordnung förderlichen Leitideen darstellen. Nicht nur nehmen die erzielten Teilreformen oft eine monströse rechtliche Gestalt an – der reformierte Artikel 133 EGV (Gemeinsame Handelspolitik) des Vertrages von Nizza ist ein gutes Beispiel hierfür –, sie fügen sich mit jeder neuen Vertragsrevision auch wie ein immer unübersichtlicherer Fli-

---

[14] Die wesentlichen Argumente für den konstitutionellen Transformationsgedanken finden sich in *Federico Mancini,* The making of a constitution for Europe, in: Common Market Law Review Bd. 26 (1989), S. 595–614, und *Joseph Weiler,* The transformation of Europe, in: Yale Law Journal Bd. 100 (1991), S. 2403–2483.

ckenteppich ineinander, der den an eine Verfassung zu stellenden Ansprüchen einheitlicher Ordnungsprinzipien und Transparenz Hohn spricht.

Damit ist man auch schon bei den Gefahren der Konstitutionalisierung als Methode der Verfassungsentstehung angelangt. Ein wesentliches – vielleicht sogar das wesentliche – Charakteristikum der Konstitutionalisierung ist ihr Prozesscharakter, womit implizit vorausgesetzt wird, dass sich alle verfassungsrelevanten Elemente des Unionsgefüges fortwährend wandeln können oder sogar notwendig wandeln müssen. Die seit Mitte der 80er Jahre erheblich beschleunigte Folge der Vertragsrevisionskonferenzen (1986/87, 1990/91, 1996/97, 2000, 2004 ...) entspricht dieser Sicht der Dynamik der Konstitutionalisierung. Wie *Heinrich Schneider* jedoch jüngst unter Hinweis auf die nach Nizza von einem Vertreter des Auswärtigen Amtes entwickelte Idee der Einrichtung einer „permanenten Regierungskonferenz" deutlich gemacht hat, birgt die starke Betonung des Prozesscharakters der Konstitutionalisierung die Gefahr einer „Prozessualisierung" der Verfassungsordnung selbst, die dann ihrer Funktion, der politischen Entwicklung der Union Grundlage und Rahmen zu bieten, nicht mehr gerecht werden kann[15]. Tatsächlich ist es eine der Grundfunktionen einer Verfassung, den politischen Prozessen innerhalb des Gemeinwesens eine gewisse Stabilität hinsichtlich ihrer prinzipiellen Grundlagen, Möglichkeiten und Grenzen der Gestaltungsmöglichkeiten und Verfahrensregeln zu sichern. Eine fortwährenden Revisionen durch sich aneinanderreihende Regierungskonferenzen ausgesetzte Verfassungsordnung kann diese notwendige Stabilität nicht gewährleisten und könnte – wie *Heinrich Schneider* auch andeutet – eine sich aus der Konstitutionalisierung entwickelnde Verfassung ihrer notwendigen normativen Bindekraft berauben.

Obwohl der Prozess der Konstitutionalisierung somit gewiss einen wesentlichen Beitrag zur Ausbildung verfassungsrelevanter Elemente des Unionssystems leisten kann, muss es äußert fragwürdig erscheinen, ob sich auf diesem Wege eine Unionsverfassung realisieren lässt. Am Ende des Prozesses – wenn ein solches denn jemals zu erreichen wäre – müsste in der einen oder anderen Form doch ein formaler verfassungsschaffender Akt stehen. Man könnte sich zwar vorstellen, dass die Mitgliedstaaten zu gegebener Zeit im Rahmen einer Regierungskonferenz einfach alle verfassungsrelevanten Bestimmungen der Verträge in einem neuen Text zusammenfügen und diesem – unter welcher Bezeichnung auch immer – Verfassungscharakter zuweisen könnten, aber dies ginge in der Substanz kaum über einen neuen intergouvernementalen Dachvertrag der Union hinaus und würde von den Bürgern gewiss auch nur als solcher wahrgenommen.

---

[15] Siehe *Heinrich Schneider,* Der Post-Nizza-Prozess: ein direkter Anlauf zur Konstitutionalisierung der Europäischen Union?, in: Integration Bd. 24 (2001), S. 202.

All dies bedeutet, dass es für die Union als Methode der Verfassungsentstehung letztendlich keine Alternative zu einem jenseits der intergouvernementalen Vertragsrevisionen zu vollziehenden besonderen Akt der Verfassungsgebung gibt. Das bei der Erarbeitung der Grundrechte-Charta zur Anwendung gelangte Konvents-Verfahren kann als ein Zeichen dafür gewertet werden, dass sich in den Regierungen die Einsicht durchzusetzen beginnt, dass das Vertragsrevisionsverfahren gemäß Artikel 48 EUV den Anforderungen an verfassunggebende Akte nicht (mehr) genügt. Das in der Zusammensetzung des Konvents berücksichtigte Prinzip der doppelten Legitimation – durch Vertreter des Europäischen Parlaments einerseits und Vertreter der nationalen Parlamente und der nationalen Regierungen andererseits – wäre gewiss auch als Grundlage für eine verfassunggebende Versammlung (Konstituante) denkbar. Die Möglichkeit einer direkten Wahl der Mitglieder einer Konstituante sollte allerdings auch nicht gänzlich ausgeschlossen werden. In beiden Fällen wäre es mehr als fraglich, ob die Konstituante genügend Legitimation beanspruchen könnte, um einen Verfassungstext zu beschließen. Im Sinne einer Maximierung der politischen Legitimation des aus dem Verfassungsgebungsprozess hervorgehenden Textes müsste sich eine Konstituante wahrscheinlich auf die Ausarbeitung eines Entwurfs beschränken, der dann von den Regierungen und den Parlamenten finalisiert und einem unionsweiten Referendum unterworfen werden könnte.

Das erfolgreich durchlaufene Verfahren des Konvents sollte allerdings nicht zu übertriebenem Optimismus Anlass geben. Der Abstand zwischen der Annahme einer (unverbindlichen) Charta der Grundrechte und der Annahme einer (verbindlichen) Verfassung ist ein so gewaltiger, dass man sich – sollten sich die Mitgliedstaaten zu letzterem Schritt im Prinzip durchringen – auf schwierige Verhandlungen zu den Verfahrensweisen eines verfassunggebenden Aktes einstellen sollte.

V. Abschließende Betrachtung: Gegen eine leichtfertige Verwendung des Verfassungsbegriffs

Die formelle Einführung einer Verfassung gehört zu den wichtigsten Akten, die ein politisches Gemeinwesen vollziehen kann und definiert in beträchtlichem Maße seine Identität und seine weiteren Entwicklungsmöglichkeiten. Einer Verfassung kommt daher die Qualität eines gemeinschaftsstiftenden Aktes zu. Eben darum sollte der Begriff der Verfassung in der gegenwärtigen Debatte nicht leichtfertig verwendet werden. Eine bloße Vereinfachung oder Fusion der bestehenden Verträge macht ebenso wenig bereits eine Verfassung aus, wie die vertragsrechtliche Regelung einiger verfassungsrelevanter Fragen – wie z. B. eines Kompetenzkatalogs – in einem einzigen Dokument. Wer bloße Vertragsrevisionen und die Aneinanderreihung von Teilreformen fortwährend mit dem Begriff der Verfassung in Zusammenhang bringt, läuft Gefahr, den Wert und die Funktion einer Verfassung als eines sich auf einheitliche Leitideen gründenden und die Kompetenz-, Legitimations- und Organstruktur definierenden Rahmens der zu konstituierenden politischen Gemeinschaft zu verdecken. Ein zur billigen Kurantmünze abgewerteter Verfassungsbegriff kann nur zur Aushöhlung einer trotz der oben ausgeführten Probleme hinsichtlich der Verfassungsfähigkeit der Union sinnvollen und notwendigen Debatte über die weitere Entwicklung des europäischen Einigungswerks führen.

Auch die Regierungen der Mitgliedstaaten als „Herren der Verträge" wären gut beraten, bei der Verwendung des Verfassungsbegriffes Vorsicht walten zu lassen. Es hat sich in den 90er Jahren in der Union eine ungesunde Tendenz entwickelt, irreführende Etiketten zu verwenden. Ein Beispiel hierfür ist die 1993 eingeführte „Gemeinsame Außen- und Sicherheitspolitik", die nie als „gemeinsame Politik" im Sinne der Gemeinschaftsverträge konzipiert war, ein anderes der 1999 eingeführte „Raum der Freiheit, der Sicherheit und des Rechts", der bislang viel mit „Sicherheit" und fast gar nichts mit „Freiheit" zu tun hat. Jüngstes Beispiel hierfür ist die Charta der Grundrechte, deren Doktrin des „als ob" der rechtlichen Verbindlichkeit sich im Gebrauch verbindliche Rechte suggerierender Begriffe wie „wird geschützt", „hat das Recht", „wird gewährleistet" oder „wird anerkannt" niedergeschlagen hat, obwohl tatsächlich keines der aufgeführten Rechte verbindlich und einklagbar ist. Die Fähigkeit einer europäischen Themen heute deutlich kritischer gegenüberstehenden Öffentlichkeit, derartige Formen des Etikettenschwindels zu durchschauen, sollte auch von den „Herren der Verträge" nicht unterschätzt werden. Dem europäischen Einigungswerk würde bleibender Schaden hinsichtlich seiner Glaubwürdigkeit zugefügt, wenn den Bürgern in einigen Jahren am Ende einer weiteren Regierungskonferenz eine inkohärente Mischung von einzelnen aus den Verträgen herausgenommenen Artikeln und halbherzigen intergouvernementalen Kompromissen als „Verfassung" präsentiert würde. Sollten die jetzigen Bemühungen um eine Unionsverfassung am Ende auf eine solche Verfassung, die keine ist, hinauslaufen – wofür es leider einige Anzeichen gibt –, dann wäre der Union sehr viel besser damit gedient, die Post-Nizza-Debatte über eine Verfassung baldmöglichst zu beenden und sich ganz auf die nicht wenigen und sehr viel konkreteren Herausforderungen der nächsten Jahre zu konzentrieren.

Bericht über die Diskussion im Anschluss an die Beiträge von Dimitris Th. Tsatsos, David Capitant und Jörg Monar

Leitung: Karl-Peter Sommermann

Von Benedikt Speer

Professor Dr. *Karl-Peter Sommermann* fasste zunächst die Kernthesen der vorangegangenen drei Referate zusammen. So habe Professor Dr. *Dimitris Th. Tsatsos* eine gewisse Skepsis gezeigt, inwieweit zum gegenwärtigen Zeitpunkt sinnvoll über die Finalität der EU gesprochen werden könne. Angesichts der Osterweiterung und der damit verbundenen Reformzwänge solle man sich nicht auf ein bestimmtes Ziel festlegen, sondern zunächst eine Einigung über gewisse „Spielregeln" erzielen, um das weitere Vorgehen zu strukturieren. Dabei müsse beachtet werden, dass die EU gleichermaßen eine Union der Völker und der Staaten sei.

Professor Dr. *David Capitant* habe darauf hingewiesen, dass die momentan geführte Auseinandersetzung über Begrifflichkeiten, die zur Beschreibung einer Finalität der EU herangezogen würden, weitgehend fruchtlos bleibe. Als Beispiel habe er den von *Jacques Delors* und Außenminister *Fischer* benutzten Begriff der „Fédération d'Etats-nations" bzw. der „Föderation von Nationalstaaten" angeführt, der in den einzelnen Mitgliedstaaten Anlass zu kontroversen Diskussionen gegeben habe. Im Gegensatz dazu stelle sich die politische und verfassungsrechtliche Praxis wesentlich differenzierter dar und müsse näher untersucht werden, um aussagekräftige Annahmen über die zukünftige Entwicklung der EU machen zu können.

Professor Dr. Dr. *Jörg Monar* habe dann über die Einbeziehung immer weiterer Politikbereiche in den europäischen Integrationsprozess referiert, mit der die institutionelle Regelung der Verfahren nicht Schritt halte. Zudem stelle sich gerade aus britischer Sicht zunehmend die Frage nach dem konkreten Sinn und Nutzen dieser Entwicklung.

Professor Dr. *Siegfried Magiera* eröffnete die Diskussion mit der Anmerkung, dass die Referenten aus seiner Sicht sowohl Grundsatzdiskussionen über die Finalität der EU als auch der Verwendung umstrittener Begriffe wie „Föderation" oder „europäische Verfassung" sehr distanziert gegenüberstünden. Es seien aber bereits bestimmte Punkte erkennbar, welche die Diskussion über die Weiterentwicklung der EU nicht vernachlässigen könne.

Dazu zähle die Frage nach der rechtlichen Zukunft der Charta der Grundrechte der EU, die bislang nur eine politische Willenserklärung sei. Die 23. Erklärung zum Vertrag von Nizza enthalte daneben aber auch einen Auftrag an die nächste Regierungskonferenz, einerseits die Kompetenzabgrenzung zwischen der EU und den Mitgliedstaaten zu regeln und andererseits über eine verstärkte Beteiligung der nationalen Parlamente in europäischen Angelegenheiten nachzudenken. Während man sich im ersten Fall einer Diskussion aufgrund des Drucks der Bundesrepublik Deutschland und der Bundesländer nicht entziehen könne, sei die zweite Frage noch völlig ungeklärt. Es scheine dabei nicht um eine Stärkung der innerstaatlichen Beteiligungsrechte der nationalen Parlamente zu gehen. Vielmehr werde wohl eine direkte Beteiligung auf der Gemeinschaftsebene angestrebt, wodurch sich die Gefahr einer Ausdehnung der Gremien- und Verfahrensvielfalt zu Lasten der Transparenz vergrößere. Insgesamt gesehen stelle sich jedenfalls die Frage, ob der Vertrag von Nizza nicht zwangsläufig die Debatte über eine EU-Verfassung nach kontinentaleuropäischem Muster angestoßen habe.

Tsatsos antwortete bezüglich der Forderung nach einer verstärkten Beteiligung der nationalen Parlamente, dass deren institutionalisierte Einbeziehung in den allgemeinen Willensbildungsprozess auf der Gemeinschaftsebene nur zu Lasten des Europäischen Parlaments erfolgen könne. Einen entsprechenden Zuwachs an demokratischer Kontrolle oder Legitimität könne er nicht erkennen. Hingegen sei eine verstärkte Beteiligung der nationalen Parlamente bei der Vorbereitung und Revision der Gemeinschaftsverträge durchaus wünschenswert. Der Konvent, der unter dem Vorsitz von *Roman Herzog* die Charta der Grundrechte der EU entworfen habe, sei ein Beispiel dafür, dass nationale und europäische Abgeordnete sowie Regierungsvertreter unter bestimmten Voraussetzungen erfolgreich zusammenarbeiten könnten. Gerade die Abgeordneten aus den Parlamenten der Mitgliedstaaten hätten zur Überwindung national vorgeprägter „Weltbegriffe" beigetragen. Während z.B. die Grundsätze der Unantastbarkeit der Menschenwürde oder des Anspruchs auf rechtliches Gehör zur gemeinsamen europäischen Rechtskultur gehörten, sei deren konkrete Ausgestaltung in den Mitgliedstaaten teilweise unterschiedlich geregelt. Die wichtige Funktion nationaler Abgeordneter in diesem Bereich lasse sich allerdings nicht auf eine ständige Beteiligung auf der Gemeinschaftsebene übertragen. So sei der Vorschlag von Außenminister *Fischer,* eine zweite Kammer des Europäischen Parlaments aus nationalen Abgeordneten zu bilden, schon aufgrund der daraus resultierenden zeitlichen Doppelbelastung dieser Parlamentarier nicht realisierbar. Zudem stelle sich die Frage, inwieweit dann noch ein funktioneller Unterschied zwischen europäischen und nationalen Abgeordneten bestehe, der einen getrennten Wahlmodus sowie ein Zwei-Kammer-System rechtfertige. Die institutionalisierte Beteiligung der nationalen Parlamente müsse sich folglich auf den innerstaatlichen Bereich bzw.

auf Gemeinschaftsvertragsverhandlungen beschränken, sei dort jedoch sinnvoll und ausbaufähig.

Regierungsrat *Wolfgang Rausch,* Referent in der Verwaltung des Sächsischen Landtags, bezog sich auf den Vortrag von *Tsatsos,* der die EU an einem Scheideweg gesehen habe. *Tsatsos* habe gesagt, dass nun entschieden werden müsse, ob entweder der langfristigen vollständigen Demokratisierung oder der kurzfristig angelegten Steigerung der administrativen Effizienz der Verfahren Vorrang gegeben werde. *Rausch* vertrat diesbezüglich die Ansicht, dass die Präferenz der Bürger für den „längeren Weg" eindeutig sei. Aus seiner Sicht stelle sich daher vorrangig die Frage nach möglichen Schritten zur Stärkung des Europäischen Parlaments.

Tsatsos führte aus, dass er auf diese komplexe Frage nur in Form notwendigerweise verkürzender Thesen eingehen könne, wobei er drei Kriterien besondere Bedeutung zumesse. Erstens müsse in allen Fällen, in denen der Ministerrat mit Mehrheit entscheide, ein Mitentscheidungsrecht des Europäischen Parlamentes eingeführt werden.

Zweitens besäßen Parlamente traditionell vor allem bezüglich schwerwiegender politischer Probleme und Grundsatzfragen eine Entscheidungskompetenz. Hier müssten die Rechte des Europäischen Parlaments deutlich erweitert werden. Als Beispiel könne die Möglichkeit einer verstärkten Zusammenarbeit zwischen den Mitgliedstaaten angeführt werden. Das „gruppenmäßige" Vorgehen stelle gerade am Anfang eine große Gefahr für den institutionellen Zusammenhalt der EU dar, vielleicht auch eine Chance. Angesichts der potentiellen Risiken bedürfe ein entsprechender Antrag aber in jedem Fall der Zustimmung des Europäischen Parlaments.

Drittens müsse eine stärkere Abhängigkeit der EU-Kommission vom Europäischen Parlament angestrebt werden. Der Grund für diese Forderung sei nicht primär der Wunsch, das Parlament zu stärken, sondern vor allem die Notwendigkeit, die Unabhängigkeit der Kommission und der Kommissare gegenüber den Mitgliedstaaten zu sichern. Ähnlich habe sich das Europäische Parlament auch während der Regierungskonferenz 2000 geäußert, sei jedoch auf Unverständnis gestoßen. Tatsächlich könne die faktisch bestehende Rückbindung der Kommissare an die Mitgliedstaaten aber nur durch Maßnahmen wie die Wahl des Kommissionspräsidenten durch das Parlament, die Möglichkeit, die Vertrauensfrage auch gegenüber einzelnen Kommissaren zu stellen, sowie insgesamt transparentere Entscheidungsprozesse durchbrochen werden.

Auf das Problem, wie die Arbeitsfähigkeit des Europäischen Parlaments mit 730 Abgeordneten zu gewährleisten sei, könne aus Zeitgründen nicht eingegangen werden, es sei jedoch keinesfalls zu unterschätzen.

Studienrat *Thomas Gildemeister,* Verwaltungsschule Hamburg, richtete an die Referenten die Frage, ob nicht eine neue „europäische Vision" notwendig sei. Die ursprünglichen Beweggründe der Väter der europäischen Einigung, nämlich die Friedenssicherung und die Einbindung Deutschlands, hätten sich für die jetzige Generation überlebt. Eine neue Vision könne vielleicht auch die Dominanz der Wirtschaft abschwächen, welche den Integrationsprozess gerade aufgrund eines Mangels an visionären Ideen bestimme.

Regierungsrat Dr. *Sven Pache,* Hessisches Ministerium der Finanzen, gab zu bedenken, dass eine Diskussion über die Finalität der EU den einzelnen Bürger nicht vernachlässigen dürfe. Dieser müsse mit seinem Status als Unionsbürger besondere Rechte verbinden, mit denen er sich identifiziere und die ihm gegenüber Drittstaatenangehörigen spezifische Vorteile böten. Anderenfalls bestehe die Gefahr, dass sich die EU noch weiter von den Bürgern entferne. Die Folge wäre eine wachsende Politikverdrossenheit auf der europäischen und der nationalen Ebene. Zudem dürfe man nicht vergessen, dass der Mensch generell Zeit benötige, um sich Veränderungen anzupassen. Bei der Weiterentwicklung der EU müsse folglich auch der zeitliche Aspekt berücksichtigt werden, um die Skepsis der Bürger gegenüber dem europäischen Integrationsprozess nicht zu verstärken.

Ministerialrat Dr. *Hermann Franz,* Europareferent im Ministerium des Innern und für Sport Rheinland-Pfalz, führte aus, dass er als Mitglied der Europa-Union, einer überparteilichen Bürgerbewegung für ein vereintes Europa, bislang das Ziel einer europäischen Föderation vertreten habe. Nach den vorangegangenen Vorträgen stelle sich die Frage, ob dies eine realistische Haltung gewesen sei. Zum jetzigen Zeitpunkt sei es vielleicht sinnvoller, im Sinne von *Tsatsos* zunächst die weitere Vorgehensweise zu diskutieren, anstatt eine vorab definierte Finalität des europäischen Integrationsprozesses anzustreben.

Oberamtsrätin *Monika Offermann,* Behörde für Arbeit, Gesundheit und Soziales der Freien und Hansestadt Hamburg, stellte fest, dass bislang vor allem der Gedanke einer europäischen Föderation von Nationalstaaten diskutiert worden sei. Die Idee eines Europas der Regionen habe man hingegen vernachlässigt. In Verbindung mit einer umfassenden Vision für die Zukunft stelle sich ihr die Frage, ob die beiden Konzeptionen miteinander vereinbar seien oder sich gegenseitig ausschlössen.

Sommermann gab die gesammelten Fragen an die Referenten weiter, indem er zuerst *Monar,* dann *Capitant* und *Tsatsos* um eine Stellungnahme bat.

Monar ging zunächst auf die eingangs gestellte Frage von *Magiera* nach der Kompetenzabgrenzung zwischen EU, Mitgliedstaaten und subnationalen

Gebietskörperschaften ein. Dabei handele es sich um ein Thema, das den europäischen Integrationsprozess seit langem begleite. Im Bereich der Außenhandelspolitik seien bereits in den 70er Jahren zahlreiche Verfahren vor dem EuGH geführt worden, um Inhalt und Reichweite dieser ausschließlichen Gemeinschaftskompetenz zu klären. In den 80er Jahren habe es eine Diskussion über das Subsidiaritätsprinzip gegeben, so dass die Forderung nach einer Kompetenzabgrenzung letztlich nur die logische Fortschreibung eines alten Problems sei. Ein entsprechender Kompetenzkatalog weise jedoch den entscheidenden Nachteil auf, dass er die dynamische Weiterentwicklung der EU gefährden könne. Die Erfahrung habe gezeigt, dass die EU aufgrund von Sachzwängen häufig auf Gebieten tätig werden müsse, auf denen ihr die Gemeinschaftsverträge ursprünglich keine Handlungsbefugnis zugebilligt hätten. Angesichts des immer schnelleren Wandels, dem das internationale System unterliege, und der notwendigen Anpassungen der nationalen Sozial- und Wirtschaftssysteme an neue Entwicklungen, könne der Versuch, die Kompetenzverteilung in eine „eiserne Form" zu gießen, negative Auswirkungen haben. Allerdings hätten Meinungsumfragen in einigen Mitgliedstaaten wie Großbritannien, Dänemark und Schweden gezeigt, dass viele Bürger die EU als „kompetenzhungriges Wesen" sähen, das seine „Tentakel" in alle Bereiche des privaten Lebens vorstrecke. Solche Befürchtungen könnten durch einen Kompetenzkatalog, welcher den Tätigkeiten der EU eine definitive Grenze ziehe, gemildert werden. Es gelte folglich, eine Balance zwischen den negativen und positiven Aspekten einer neuen Kompetenzabgrenzung zu finden. Persönlich, so *Monar,* halte er eine Dauer von fünf bis zehn Jahren für eine solche Diskussion für angemessen, da dann vielleicht absehbar sei, welche Kompetenzen die EU tatsächlich benötige. Er bezweifele aber, dass insbesondere die deutschen Länder so viel Geduld aufbrächten.

Die ebenfalls von *Magiera* angesprochene Forderung nach einer verstärkten Beteiligung der nationalen Parlamente auf der Gemeinschaftsebene müsse in einem breiteren Kontext gesehen werden. Alle nationalen Parlamente hätten seit den 50er Jahren zunehmend Kontrollmöglichkeiten gegenüber der Exekutive eingebüßt. Die Schwierigkeiten bezüglich der adäquaten Kontrolle europäischer Angelegenheiten würden durch massive Informations- und Partizipationsprobleme auf der nationalen Ebene verschärft, so dass die Forderungen der Parlamente nach einer stärkeren Einbeziehung insgesamt als Defensivreaktion zu werten seien. Dabei dürften ihr Druckpotential und ihre Handlungsfähigkeit nicht überschätzt werden. Das Beispiel der Konferenz der Europaausschüsse (COSAC) habe gezeigt, dass eine Zusammenarbeit der nationalen Parlamente auf europäischer Ebene aufgrund unterschiedlicher Strukturen und Kompetenzen kaum erfolgreich sei. Ein zusätzliches europäisches Kontrollorgan mit rechtlich bindenden Entscheidungsbefugnissen, in dem Abgeordnete der nationalen Parlamente vertreten wären, sei daher für die europäische Integration kontraproduktiv. Ein solches Organ wäre ineffizient und müsse die Bedeutung des Europäischen Parlaments mindern sowie sich negativ auf die Transparenz der Entscheidungsprozesse auswirken.

Hinsichtlich der Notwendigkeit einer neuen europäischen Vision sei auffallend, dass diese Debatte in allen Mitgliedstaaten geführt werde, wenn auch in unterschiedlichem Maß. In Frankreich spreche man vom „manque d'un projet" und selbst in Großbritannien gebe es eine föderalistische Bewegung, die das Fehlen einer europäischen Vision beklage. Dabei werde meist vergessen, dass das europäische Integrationsprojekt bislang so erfolgreich gewesen sei, dass zahlreiche „visionäre" Ziele hätten verwirklicht werden können. Die große Zahl von Bewerberstaaten belege die damit verbundene Anziehungskraft der EU. Die bisherigen Erfolge bedeuteten aber nicht, dass man zukünftig ohne Zielsetzungen auskommen könne. Die Osterweiterung stelle eine Herausforderung dar, welche die EU politisch, administrativ und finanziell zu überfordern drohe. Die Entwicklung von Ideen zur Vermeidung einer nachhaltigen Beschädigung des europäischen Integrationsprozesses sei ohne weiterführende Zielsetzungen und Visionen kaum möglich.

In Übereinstimmung mit *Pache* betonte auch *Monar* die Gefahr einer Überforderung der Bürger durch eine zu schnelle Fortentwicklung der EU. Nach den traumatischen Erfahrungen zweier Weltkriege sei es erstaunlich gewesen, dass die Bürger den Gedanken der europäischen Integration und deren kontinuierliches Fortschreiten akzeptiert hätten. Die Grenzen dieser Bereitschaft seien erstmals durch die unzureichende Vorbereitung der Öffentlichkeit auf den Vertrag von Maastricht und die ablehnenden Reaktionen in vielen Mitgliedstaaten aufgezeigt worden. Ein „Mentalitätswandel" erfordere Zeit und könne nicht erzwungen werden. Er ließe sich jedoch u. a. durch das Bewusstsein fördern, dass die Unionsbürgerschaft mit spezifischen Vorteilen verknüpft sei. In ihrem Alltag machten die Bürger allerdings überwiegend entgegengesetzte Erfahrungen. So seien z. B. die Warteschlangen von EU-Bürgern im Flughafen von Brüssel häufig erheblich länger als diejenigen von Angehörigen aus Drittstaaten, was zu erheblichem Unmut führe. Ein anderes Beispiel sei die Abschaffung des zollfreien Einkaufs innerhalb der EU mit dem Hinweis auf den gemeinsamen Binnenmarkt. Die EU-Beamten bezögen hingegen für ihre Tätigkeit in Brüssel i. d. R. weiterhin hohe Auslandszulagen und verteidigten diese – nach derselben Logik ungerechtfertigten – Privilegien erfolgreich. In beiden Fällen sei für die Bürger nicht erkennbar, welcher Nutzen mit der Zugehörigkeit zur EU verbunden sei, so dass auf diesem Gebiet insgesamt noch dringender Handlungsbedarf bestehe.

Capitant merkte zur Diskussion um eine europäische Föderation von Nationalstaaten an, dass es vielleicht der von *Monar* bestätigte spezifische

Pragmatismus gewesen sei, der diese Idee in Frankreich populär gemacht habe. Während in Großbritannien nicht über das Thema einer europäischen Verfassung diskutiert werden könne, stünden die Franzosen dem ihnen weitgehend unbekannten Föderalismus ablehnend gegenüber. Mit dem Nationalstaat verbänden sie traditionell positive Assoziationen und könnten diese auf den ansonsten problematischen Begriff einer Föderation von Nationalstaaten übertragen. Angesichts der aktuellen Schwierigkeiten, mit denen sich die EU konfrontiert sähe, sei es seiner Meinung nach verfrüht, über eine Finalität des europäischen Integrationsprozesses zu sprechen. Es stelle sich aber die Frage, ob die bisherige Fokussierung auf den Intergouvernementalismus einerseits bzw. den Föderalismus in seiner kooperativen Ausprägung andererseits sinnvoll sei. Stattdessen müsse man überlegen, ob nicht vielmehr das in Deutschland diskutierte Modell des Konkurrenzföderalismus auf die europäische Entwicklung angewendet werden könne. Während die aktuelle Debatte über ein Europa unterschiedlicher Geschwindigkeiten keinerlei Entsprechung im klassischen Föderalismus finde, sei der Konkurrenzföderalismus z. B. eher mit der Vorstellung einer Föderation von Nationalstaaten vereinbar. Abschließende Antworten könne er nicht geben, so *Capitant,* er sehe aber in dieser Richtung ein Potential für zukünftige Diskussionen.

Tsatsos ergänzte zunächst seine Ausführungen zu den Möglichkeiten einer Stärkung des Europäischen Parlaments. Insbesondere müsse auch die Förderung der europäischen politischen Parteien ausgedehnt sowie ein spezielles Abgeordnetenstatut der Europaparlamentarier und ein europaweit einheitliches Wahlrecht eingeführt werden.

Bezüglich der Forderung nach einer neuen europäischen Vision habe er ein Begriffsproblem. Aus seiner Sicht seien Visionen als Tendenz einer Verabsolutierung von Tugenden oder Institutionen grundsätzlich nicht erreichbar. Dies bedeute nicht, dass sie nicht als Handlungsorientierung dienen und zur Entwicklung beitragen könnten, indem man sich ihnen anzunähern suche. Begriffe man Visionen aber als erreichbares Ziel, dann müsse man – gleichsam mit *Francis Fukuyama* – auch das „Ende der Geschichte" akzeptieren. Die notwendigerweise vorhandene Distanz zwischen dem Ziel, das sich mit einer wie auch immer gearteten europäischen Vision verbinde, und der Möglichkeit seiner Verwirklichung müsse stärker berücksichtigt werden.

Für das verbreitete Desinteresse der Bürger gegenüber der EU machte *Tsatsos* nur zum Teil die komplizierte Sprache der Gemeinschaftsverträge, die institutionelle Komplexität und den administrativen Charakter des europäischen Integrationsprozesses verantwortlich. Ausschlaggebend seien daneben die faktische Nichtexistenz europaweit organisierter Parteien und die Vernachlässigung europäischer Fragen durch die nationalen Parlamente. Nur eine Selbstorganisation der Völker Europas mit dem Ziel, auf der politischen Ebene Einfluss zu nehmen und in europäischen Angelegenheiten eine wirkliche Kontrolle auszuüben, könne eine Änderung der bisherigen Situation herbeiführen. Ansonsten werde sich der Graben zwischen der EU und den Bürgern in Zukunft weiter vertiefen.

In Erwiderung auf *Franz* bekräftigte *Tsatsos,* dass er eine Diskussion über die Finalität des europäischen Integrationsprozesses für verfrüht halte. Insbesondere sei der Rückgriff auf geschichtlich – auch im positiven Sinn – „vorbelastete" Begrifflichkeiten wie Staatenbund, Bundesstaat, etc. problematisch. Deren spezifische Inhalte und im jeweiligen nationalen Verständnis unterschiedliche Bedeutungszusammenhänge ließen sich nicht wirklich auf die EU anwenden. Aus diesem Grund habe er den neutralen Begriff einer „Europäischen Unionsgrundordnung" vorgeschlagen, der nicht staatsbezogen sei und der EU als einem Gebilde sui generis gerecht zu werden versuche.

Für die Zukunft sei vor allem entscheidend, ob die „duale demokratische Legitimität" von Europäischem Parlament und Ministerrat gestärkt werden könne. In diesem Sinn müsse der europäische Demokratiebegriff neu bestimmt werden, da die EU als demokratische Grundordnung sowohl auf der Beachtung der Rechte der Mitgliedstaaten als auch auf der Anerkennung des Mehrheitsprinzips supranationaler Entscheidungen beruhe. Diese Dualität präge auch die Unionsbürgerschaft, indem der einzelne Bürger gleichermaßen gegenüber seinem Nationalstaat und der EU Rechte geltend machen könne und Verpflichtungen nachkommen müsse.

Sommermann dankte den Referenten und Diskussionsteilnehmern. Insgesamt scheine Einigkeit darüber zu bestehen, dass eine Weiterentwicklung der EU ohne eine gewisse Zielvorstellung kaum denkbar sei. Bezeichnenderweise habe *Robert Schuman* die EGKS in den 50er Jahren noch als einen Schritt auf dem Weg zu einer europäischen Föderation begriffen und damit eine institutionelle Finalität des Integrationsprozesses umschrieben. Inzwischen betone man jedoch vor allem die materielle Finalität, die sich in den Zielen der Gemeinschaftsverträge konkretisiere. Zwar müsse eine kontinuierliche Anpassung an die jeweilige Entwicklung erfolgen, die EU und die Mitgliedstaaten könnten einer Zieldiskussion aber nicht dauerhaft ausweichen. In dieser Hinsicht sei auch die aus britischer Perspektive leidenschaftslos gestellte Frage nach dem konkreten Nutzen der Integration oder einer Art von „cost-benefit-analysis" letztlich nur die pragmatische Forderung nach einer Zielbestimmung. Im Zusammenhang mit der Diskussion über eine mögliche Finalität der EU könne auch auf eine neuere Tendenz in der deutschen Politikwissenschaft hingewiesen werden. Hier sei u. a. die Forderung aufgestellt worden, sich von der „bequemen" Vorstellung zu lösen, die EU sei ein Gebilde sui generis. Vielmehr habe man vorgeschlagen, anhand von Kategorisierungen offensiv zu diskutieren, ob die Entwicklung der EU faktisch nicht bereits auf eine europäische Föderation hinauslaufe. Angesichts der Beiträge von *Tsatsos, Capitant* und *Monar* sowie der anschließenden Debatte sei allerdings deutlich geworden, so *Sommermann,* dass diesbezüglich vor vereinfachenden Annahmen und national vorgeprägten Begrifflichkeiten gewarnt werden müsse.

Verfahren der Umsetzung des Gemeinschaftsrechts in den Mitgliedstaaten

Von Sven Hölscheidt

Der wichtigste Fall der Umsetzung von Gemeinschaftsrecht ist die Richtlinienumsetzung, die in der Praxis der Bundesrepublik oft erhebliche Schwierigkeiten bereitet. In diesem Beitrag werden die Rechtsgrundlagen für die Umsetzungsverpflichtung von Bund und Ländern behandelt sowie die Frage, welche gemeinschaftsrechtlichen Anforderungen für die Umsetzung bestehen und wie das innerstaatliche Umsetzungsverfahren abläuft. Durch den Vertrag von Nizza ergeben sich keine Änderungen.

I. Einleitung

Das Gemeinschaftsrecht sieht in Art. 249 Abs. 3 EGV vor, dass die Richtlinie für jeden Mitgliedstaat, an den sie gerichtet wird, hinsichtlich des zu erreichenden Ziels verbindlich ist; sie überlässt jedoch den innerstaatlichen Stellen die Wahl der Form und der Mittel; zu ergänzen ist: „für die Umsetzung". Richtlinien sind spezielle, zweistufige Rechtsakte des Gemeinschaftsrechts: Auf der ersten Stufe werden Richtlinien nach den Regeln des Gemeinschaftsrechts erlassen; auf der zweiten Stufe werden sie nach den Regeln des nationalen Rechts in nationales Recht umgesetzt. Die Umsetzung von Richtlinien geschieht dadurch, dass nationale Hoheitsgewalt ausgeübt wird[1]. Richtlinien gelten vor der Umsetzung für die Mitgliedstaaten und nicht wie Verordnungen (Art. 249 Abs. 2 S. 2 EGV) in den Mitgliedstaaten. Im deutschen Recht sind sie am ehesten mit den Rahmenvorschriften im Sinn von Art. 75 GG zu vergleichen[2]. Nach der Umsetzung gelten sie auch in den Mitgliedstaaten.

Die folgenden Zahlen verdeutlichen, dass die Umsetzung der Richtlinien von den innerstaatlichen Stellen einen erheblichen Arbeitseinsatz erfordert und in einer erheblichen Zahl von Fällen misslingt[3]: Ende 1999 waren im EG-Durchschnitt von 1.508 geltenden Richtlinien 94,53 Prozent ordnungs-

---

1 *Hans-Werner Rengeling,* Europäische Normgebung und ihre Umsetzung in nationales Recht, in: DVBl. 1995, S. 945, 949.

2 *Thomas Oppermann,* Europarecht, 2. Aufl., München 1999, Rn. 547, 555.

gemäß umgesetzt; damit wurde der Prozentsatz von 1998 (95,70) leicht unterschritten. Die Bundesrepublik belegt mit einem Prozentsatz von 95,49 Prozent Platz 6 auf der Umsetzungsskala, die von Dänemark (97,13 Prozent) angeführt und von Griechenland (92,02 Prozent) abgeschlossen wird[4]. Im Jahr 1999 sind 101 Richtlinien verabschiedet und 19 Richtlinienvorschläge im Amtsblatt der EG veröffentlicht worden. 9 Vertragsverletzungsklagen (Art. 226 EGV) waren 1999 gegen die Bundesrepublik Deutschland anhängig, 8 neue Klagen sind zu verzeichnen[5]. Mit allen 5 Klagen gegen die Bundesrepublik Deutschland, die 1999 entschieden worden sind, war die Kommission zumindest zum Teil erfolgreich[6]. Von den gesamten Vertragsverletzungsverfahren betreffen über 80 Prozent Probleme bei der Umsetzung von Richtlinien.

Die sehr hohe Zahl geltender Richtlinien ist ein wichtiger Grund für die zunehmende Europäisierung der nationalen Rechtsordnungen. Bereits 1988 hat *Jacques Delors,* damals Kommissionspräsident, prognostiziert: „In zehn Jahren werden 80% der Wirtschaftsgesetzgebung, vielleicht auch der steuerlichen und sozialen, gemeinschaftlichen Ursprungs sein“[7]. Ob sich diese Prognose bewahrheitet hat, ist nur schwer festzustellen[8]. Richtlinien werden in der Regel durch Artikelgesetze umgesetzt, so dass sie in nicht klar erkennbarer Form Eingang in die nationalen Rechtsordnungen finden. Nur ausnahmsweise erfolgt die Umsetzung in einem gesonderten Gesetz[9].

---

3 Siehe auch *Klaus Winkel,* Die Umsetzung von EG-Richtlinien in deutsches Recht unter besonderer Berücksichtigung der Erfahrungen in der Praxis, in: ZG 1997, S. 113, 115; *Thomas Oppermann* (Anm. 2), Rn. 549.

4 Siebzehnter Jahresbericht über die Kontrolle der Anwendung des Gemeinschaftsrechts – 1999; ABl. 2001 C 30/6.

5 60. Bericht der Bundesregierung über die Integration der Bundesrepublik Deutschland in die Europäische Union (Berichtszeitraum: 1. Januar bis 31. Dezember 1999); BT-Drs. 14/3434 (neu), S. 91 ff.

6 BT-Drs. 14/3434 (neu), S. 10 f.

7 *Jacques Delors,* Verhandlungen des Europäischen Parlaments, ABl. 1988, Anhang Nr. 2-367/157.

8 Einen Versuch der Quantifizierung der europäischen Impulse für die Gesetzgebung des Bundestags unternimmt *Annette Elisabeth Töller,* Europapolitik im Bundestag. Eine empirische Untersuchung zur europapolitischen Willensbildung im EG-Ausschuss des 12. Deutschen Bundestages, Frankfurt a.M. u.a. 1995, besonders S. 45 ff.

9 Eine solche Umsetzung war nach Auffassung der Bundesregierung im Fall des Umweltinformationsgesetzes vom 8.7.1994 (BGBl. I S. 1490) erforderlich; BT-Drs. 12/7138, S. 2.

II. Rechtsgrundlagen für die Umsetzungsverpflichtung in Deutschland

Die Pflicht der Mitgliedstaaten, eine Richtlinie in nationales Recht umzusetzen, ergibt sich aus Art. 249 Abs. 3 EGV i. V. m. der Richtlinie. Eine weitere Rechtsgrundlage wird von einigen Autoren in Art. 10 Abs. 1 S. 1 EGV gesehen[10], wonach die Mitgliedstaaten alle geeigneten Maßnahmen treffen, um die Verpflichtungen zu erfüllen, die sich aus dem EG-Vertrag oder aus Handlungen der Organe der Gemeinschaft ergeben. Diese zusätzliche Legitimation ist jedoch nicht erforderlich[11].

Die Umsetzungspflicht kann ausnahmsweise aufgrund des Regelungsgegenstands einer Richtlinie entfallen[12]. Dies hat der EuGH für einen Fall entschieden, in dem eine Richtlinie vorsah, Einrichtungen für Elektrizitätszähler zu schaffen, es in einem Mitgliedstaat aber keine einschlägigen Vorschriften für solche Zähler gab[13].

In drei wohl theoretischen Fällen kann die Umsetzungsverpflichtung der Bundesrepublik beschränkt sein oder ganz entfallen. Das Bundesverfassungsgericht gewährleistet, dass ein wirksamer Grundrechtsschutz für die Einwohner der Bundesrepublik auch gegenüber der Hoheitsgewalt der Gemeinschaften generell sichergestellt wird. Der Wesensgehalt der Grundrechte (Art. 19 Abs. 2 GG) ist deshalb garantiert[14]. Soweit fest steht, dass die Umsetzung einer Richtlinie den Wesensgehalt der Grundrechte beeinträchtigen würde, entfällt daher die Umsetzungsverpflichtung. Gleiches gilt, wenn die Umsetzung die Struktursicherungsklausel des Art. 23 Abs. 1 GG verletzen würde, wenn – anders ausgedrückt – also selbst der deutsche Verfassunggeber die Richtlinie nicht umsetzen könnte[15]. Drittens ist die Rechtsprechung des Bundesverfassungsgerichts zu beachten, nach der Rechtsakte „im deutschen Hoheitsbereich nicht verbindlich" sind, die daraus hervorgehen, dass Gemeinschaftsorgane das europäische Vertragsrecht in einer Weise handhaben oder fortbilden, die von den Verträgen nicht mehr gedeckt ist, wie sie dem deutschen Zustimmungsgesetz zugrunde gelegen haben. Rechtsakte der europäischen Organe müssen sich in den Grenzen der Ho-

---

10 Z.B. von *Hans-Werner Rengeling* (Anm. 1), S. 948; *Hans Georg Fischer,* Europarecht, 2. Aufl., München 1997, § 7 Rn. 1; *Albert Bleckmann,* Europarecht, 6. Aufl., Köln u.a. 1997, Rn. 441.

11 *Armin von Bogdandy,* in: Eberhard Grabitz/Meinhard Hilf (Hrsg.), Das Recht der Europäischen Union, München 2000, Art. 5 EGV, Rn. 41.

12 *Rolf Wägenbaur,* Die Umsetzung von EG-Recht in deutsches Recht und ihre gesetzgeberische Problematik, in: ZG 1988, S. 303, 311.

13 EuGH, Rs. 211/81, Slg. 1982, S. 4547, 4561 – Dänemark.

14 BVerfGE 89, S. 155, 174 f.

15 *Hans-Werner Rengeling* (Anm. 1), S. 949.

heitsbefugnisse halten, die ihnen eingeräumt sind[16]. Richtlinien, die in diesem Sinn kompetenzwidrig erlassen worden sind, dürfen also von den innerstaatlichen Stellen nicht umgesetzt werden[17].

Der EuGH könnte und dürfte ein solches Problem der Umsetzungsverpflichtung lösen: Entweder weil er von der Bundesrepublik im Weg der Nichtigkeitsklage gegen die Richtlinie (Art. 230 EGV) angerufen wird oder weil die Kommission ein Vertragsverletzungsverfahren (Art. 226 EGV) wegen der Nichtumsetzung der Richtlinie anstrengt. Denkbar ist außerdem, dass sich Bürger in einem Rechtsstreit vor deutschen Gerichten auf eine nicht umgesetzte Richtlinie berufen. Ob sie zu Recht nicht umgesetzt worden ist, könnte der EuGH in einem Vorabentscheidungsverfahren gemäß Art. 234 EGV aussprechen.

Wird eine Richtlinie umgesetzt, obwohl sie gegen das Gemeinschaftsrecht verstößt, so entsteht gemeinschaftsrechtswidriges staatliches Recht. Diesem Recht gegenüber haben die Verwaltung und die Gerichte die Verwerfungskompetenz. Die Kompetenz resultiert aus der Pflicht der Mitgliedstaaten gemäß Art. 10 EGV, dem Gemeinschaftsrecht zur vollen Wirksamkeit zu verhelfen sowie aus der Gesetzesbindung gemäß Art. 20 Abs. 3 GG[18]. Letztlich kann die Frage der Gemeinschaftsrechtswidrigkeit auch in dieser Konstellation vom EuGH geklärt werden, und zwar im Weg der Vorabentscheidung gemäß Art. 234 EGV.

III. Gemeinschaftsrechtliche Anforderungen an die Umsetzung

1. Adressat der Richtlinie, Veröffentlichung, Bekanntgabe, Inkrafttreten und Frist für die Umsetzung

Richtlinien müssen von den Mitgliedstaaten umgesetzt werden, an die sie gerichtet sind (Art. 249 Abs. 3 EGV). In der Praxis sind die Richtlinien fast immer (ausdrücklich) an alle Mitgliedstaaten adressiert[19]; Art. 24 der E-Commerce Richtlinie[20] lautet z. B.: „Diese Richtlinie ist an die Mitglied-

---

[16] BVerfGE 89, S. 155, 188.

[17] *Hans-Werner Rengeling* (Anm. 1), S. 950.

[18] *Ingolf Pernice,* in: Horst Dreier (Hrsg.), Grundgesetz-Kommentar, Band II, Tübingen 1998, Art. 23, Rn. 30. Ausführlich *Dieter H. Scheuing,* Rechtsprobleme bei der Durchsetzung des Gemeinschaftsrechts in der Bundesrepublik Deutschland, in: EuR 1985, S. 229, 251 ff.

[19] *Thomas Oppermann* (Anm. 2), Rn. 550.

[20] Richtlinie 2000/31/EG des Europäischen Parlaments und des Rates vom 8. Juni 2000 über bestimmte rechtliche Aspekte der Dienste der Informationsgesellschaft, insbesondere des elektronischen Geschäftsverkehrs, im Binnenmarkt („Richtlinie über den elektronischen Geschäftsverkehr"); ABl. 2000 L 178/1.

staaten gerichtet." Ende 1999 galt in Finnland mit 1.498 die geringste Zahl der insgesamt im EG-Durchschnitt geltenden 1.508 Richtlinien[21].

Veröffentlichung, Bekanntgabe und Inkrafttreten von Richtlinien sind in Art. 254 EGV geregelt. Demgemäß sind fast alle Richtlinien im Amtsblatt der EG zu veröffentlichen (siehe Art. 254 Abs. 1 S. 1, Abs. 2 S. 1 EGV); nur Richtlinien des Rates und der Kommission, die nicht an alle Mitgliedstaaten gerichtet sind, werden mit der Bekanntgabe an den Adressaten wirksam (Art. 254 Abs. 3 EGV). Das Datum der Veröffentlichung ist grundsätzlich das Datum, das die Ausgabe des Amtsblatts (Teil L) trägt, in dem die Richtlinie abgedruckt wird[22]. Die Veröffentlichung ist die Voraussetzung dafür, dass die Richtlinie Rechtswirkungen entfalten kann; vor der Veröffentlichung ist sie noch im Entwurfsstadium[23]. In diesem Stadium kann sie noch keine Kompetenzsperre erzeugen, die es den Mitgliedstaaten untersagen würde, den Gegenstand des Richtlinienentwurfs selbst durch Gesetz zu regeln[24]. In der Praxis treten Richtlinien zu dem Zeitpunkt in Kraft, der durch sie festgelegt ist (Art. 254 Abs. 1 S. 2, Abs. 2 S. 2 EGV). Beispielsweise lautet Art. 23 der E-Commerce Richtlinie: „Diese Richtlinie tritt am Tag ihrer Veröffentlichung im Amtsblatt der Europäischen Gemeinschaften in Kraft."[25] Ist (ausnahmsweise) kein Zeitpunkt festgesetzt, treten Richtlinien am zwanzigsten Tag in Kraft, nachdem sie veröffentlicht worden sind (Art. 254 Abs. 1 S. 2, Abs. 2 S. 2 EGV). Wenn eine Richtlinie in Kraft getreten ist, dürfen die Mitgliedstaaten keine Vorschriften mehr erlassen, die gefährden können, dass das Ziel der Richtlinie erreicht wird[26]. Richtlinien wirken also bereits, bevor die Umsetzungsfrist abgelaufen ist (so genannte Vorwirkung).

Die Umsetzung muss von sämtlichen Mitgliedstaaten in der Frist erfolgen, die in der Richtlinie vorgesehen ist, um deren einheitlichen Vollzug in der gesamten Gemeinschaft zu gewährleisten[27]. In der E-Commerce Richtlinie vom 8. Juni 2000 (Art. 22 Abs. 1 S. 1) ist die Frist wie folgt bestimmt: „Die Mitgliedstaaten setzen die erforderlichen Rechts- und Verwal-

---

21 Siehe Anm. 4.

22 *Heinz Hetmeier,* in: Carl Otto Lenz (Hrsg.), EG-Vertrag, 2. Aufl., Köln 1999, Art. 254, Anm. 3.

23 EuGH, Rs. 185/73, Slg. 1974, S. 607, 617 – Hauptzollamt Bielefeld.

24 Ausführlich *Klaus Meßerschmidt,* Begründen Richtlinienvorschläge der EG-Kommission eine Stillhaltepflicht für den deutschen Gesetzgeber?, in: ZG 1993, S. 11 ff.; *Meinhard Hilf,* Die Richtlinie der EG – ohne Richtung, ohne Linie?, in: EuR 1993, S. 1, 7.

25 Der Tag ist der 17.7.2000.

26 EuGH, Rs. C-129/96, Slg. 1997-I, S. 7411, 7449 – Wallonie; *Heinz Hetmeier* (Anm. 22), Art. 249, Anm. 11.

27 EuGH, Rs. 10/76, Slg. 1976, S. 1359, 1365 – Kommission/Italien; *Thomas Oppermann* (Anm. 2), Rn. 553.

tungsvorschriften in Kraft, um dieser Richtlinie vor dem 17. Januar 2002 nachzukommen." Die Frist beträgt in der Regel zwischen 12 und 24 Monaten. Sie ist häufig unrealistisch kurz und bildet deshalb einen Grund für die verspätete Richtlinienumsetzung[28]. Unklar ist, wieso der Rat angesichts dieses Befunds keine längeren Fristen setzt.

Der Rat hat 1990 ein Zitiergebot beschlossen[29], aufgrund dessen es beispielsweise in Art. 22 Abs. 2 der E-Commerce Richtlinie heißt: „Wenn die Mitgliedstaaten die in Absatz 1 genannten Vorschriften erlassen, nehmen sie in den Vorschriften selbst oder durch einen Hinweis bei der amtlichen Veröffentlichung auf diese Richtlinie Bezug. Die Mitgliedstaaten regeln die Einzelheiten der Bezugnahme." Das deutsche Umweltinformationsgesetz wurde z. B. verkündet als Art. 1 des „Gesetzes zur Umsetzung der Richtlinie 90/313/EWG des Rates vom 7. Juni 1990 über den freien Zugang zu Informationen über die Umwelt".

2. Verbindlichkeit hinsichtlich des Ziels und Wahlfreiheit hinsichtlich der Form und der Mittel

Ziel im Sinn von Art. 249 Abs. 3 EGV meint das Ergebnis, das die Richtlinie bewirken soll[30]. Dass die Richtlinien nur hinsichtlich des zu erreichenden Ziels verbindlich sind, sollte ursprünglich den Mitgliedstaaten einen merklichen Umsetzungsspielraum belassen[31]. Entgegen dieser Absicht und dem Wortlaut des Art. 249 Abs. 3 EGV wird es seit langem als zulässig angesehen, dass Richtlinien Ziele sehr detailliert vorgeben, wodurch den Mitgliedstaaten faktisch nur noch ein sehr geringer oder gar kein Spielraum mehr belassen wird[32]. Ein extremes Beispiel ist die achte Sommerzeit-Richtlinie[33], in der es unter anderem heißt, dass die Sommerzeit in allen Mitgliedstaaten am 28. Oktober 2001 endet. Der Unterschied zwischen Richtlinie und Verordnung wird dadurch nivelliert: Es entsteht eine „Richtlinienverordnung".

Form und Mittel bezeichnen die Wege, auf denen das Ziel der Richtlinie erreicht werden kann[34]. Auch die Wahlfreiheit hinsichtlich der Form und

---

[28] *Dieter H. Scheuing* (Anm. 18), S. 232; *Klaus Winkel* (Anm. 3), S. 114, 123.

[29] *Meinhard Hilf* (Anm. 24), S. 13; *Klaus Winkel* (Anm. 3), S. 118.

[30] *Gudrun Schmidt,* in: Hans von der Groeben/Jochen Thiesing/Claus-Dieter Ehlermann (Hrsg.), Kommentar zum EU-/EG-Vertrag, 5. Aufl., Baden-Baden 1997, Art. 189 EGV, Rn. 37.

[31] *Thomas Oppermann* (Anm. 2), Rn. 551.

[32] *Gudrun Schmidt* (Anm. 30), Art. 189 EGV, Rn. 37.

[33] Achte Richtlinie 97/44/EG des Europäischen Parlaments und des Rates vom 22. Juli 1997 zur Regelung der Sommerzeit; ABl. 1997 L 206/62.

[34] *Gudrun Schmidt* (Anm. 30), Art. 189 EGV, Rn. 39.

der Mittel der Umsetzung sollte der ursprünglichen Absicht zufolge den Mitgliedstaaten einen Spielraum belassen, um es ihnen zu ermöglichen, nationalen Besonderheiten bei der Umsetzung Rechnung zu tragen[35]. Diese Absicht lässt sich im Fall der soeben genannten „Richtlinienverordnung" kaum verwirklichen. Die Rolle des nationalen Umsetzungsgesetzgebers wird daher nicht zu Unrecht als die eines „Befehlsempfängers der EG"[36], „Umsetzungsautomaten"[37] bzw. „Notars"[38] charakterisiert.

Im Übrigen ist der Spielraum der Mitgliedstaaten beschränkt, weil der EuGH strenge Anforderungen an die Richtlinienumsetzung stellt.

Danach sind die Mitgliedstaaten verpflichtet, in ihrer nationalen Rechtsordnung alle erforderlichen Maßnahmen zu ergreifen, damit gewährleistet ist, dass die Richtlinie vollständig wirksam wird[39]. Sie müssen die Form und die Mittel wählen, „die sich zur Gewährleistung der praktischen Wirksamkeit (effet utile) der Richtlinien unter Berücksichtigung des mit ihnen verfolgten Zwecks am besten eignen"[40]. Diese Grundsatzanforderung hat der EuGH in zahlreichen Entscheidungen präzisiert:

Die volle Anwendung einer Richtlinie muss in rechtlicher und in tatsächlicher Hinsicht gewährleistet sein[41]. Besonders strenge Maßstäbe gelten für die Umsetzung von Richtlinienbestimmungen, die Rechte und Pflichten von Einzelnen begründen sollen. Sie müssen sich in den Umsetzungsnormen „so genau und eindeutig wiederfinden, wie es notwendig ist, um dem Erfordernis der Rechtssicherheit in vollem Umfang zu genügen"[42]. Dazu gehört auch, dass Richtlinien selbst dann umgesetzt werden, wenn ihnen die nationalen Vorschriften bereits in vollem Umfang entsprechen. Denn nur durch dieses Vorgehen wird erkennbar, „zu welchem Zeitpunkt welches Recht in Umsetzung welcher Richtlinie gelten soll."[43] Innerstaatliche Umsetzungsnormen müssen grundsätzlich denselben rechtlichen Rang haben wie die innerstaatlichen Normen, die zu ändern sind (Grundsatz der Gleichrangig-

---

[35] *Eberhard Grabitz,* in: Eberhard Grabitz/Meinhard Hilf (Anm. 11), Art. 189 EWGV (1992), Rn. 59.

[36] *Albert Bleckmann,* Die Umsetzung von Gemeinschaftsbeschlüssen in nationales Recht im Licht der Beziehungen zwischen dem nationalen Parlament und dem Europäischen Parlament, in: ZParl 1991, S. 572, 575.

[37] *Meinhard Hilf* (Anm. 24), S. 13.

[38] *Klaus Winkel* (Anm. 3), S. 120.

[39] EuGH, Rs. 14/83, Slg. 1984, S. 1891 ff. – Colson und Kamann; *Gudrun Schmidt* (Anm. 30), Art. 189 EGV, Rn. 38.

[40] EuGH, Rs. 48/75, Slg. 1976, S. 496, 517 – Royer.

[41] EuGH, Rs. C-131/88, Slg. 1991-I, S. 825, 868 – Grundwasser; *Steffen Himmelmann,* Gemeinschaftsrechtliche Vorgaben für die Umsetzung von EG-Recht, in: DÖV 1996, S. 145, 146.

[42] EuGH, Rs. C-131/88, Slg. 1991-I, S. 825, 878 – Grundwasser.

[43] *Meinhard Hilf* (Anm. 24), S. 13.

keit der Umsetzungsnormen)[44]. Fest steht, dass eine Verwaltungspraxis, die von der Verwaltung beliebig geändert werden kann und die nur unzureichend bekannt ist, keine ordnungsgemäße Umsetzung darstellt[45]. Auch Verwaltungsvorschriften reichen in der Regel nicht aus[46].

Nach ständiger Rechtsprechung „verlangt die Umsetzung einer Richtlinie in innerstaatliches Recht nicht notwendigerweise, dass ihre Bestimmungen förmlich und wörtlich in einer ausdrücklichen besonderen Gesetzesvorschrift wiedergegeben werden; je nach dem Inhalt der Richtlinie kann ein allgemeiner rechtlicher Rahmen genügen, wenn er tatsächlich die vollständige Anwendung der Richtlinie in so klarer und bestimmter Weise gewährleistet, dass – soweit die Richtlinie Ansprüche des Einzelnen begründen soll – die Begünstigten in der Lage sind, von allen ihren Rechten Kenntnis zu erlangen und diese gegebenenfalls vor den nationalen Gerichten geltend zu machen“[47]. In Einzelfällen kann es aber erforderlich sein, dass Richtlinienbestimmungen wortgetreu übernommen werden[48].

IV. Umsetzung von Richtlinien in Deutschland

Eine umzusetzende Richtlinie wird den innerstaatlichen Stellen nicht erst bekannt, wenn sie in Kraft getreten ist. Im Gemeinschaftsrecht schreibt das „Protokoll über die Rolle der einzelstaatlichen Parlamente in der Europäischen Union“ vor, dass die Parlamente im Regelfall über eine Mindestfrist von sechs Wochen verfügen zwischen dem Zeitpunkt, zu dem ein Vorschlag für einen Rechtsakt unterbreitet wird und dem Zeitpunkt, zu dem der Rechtsakt zur Beschlussfassung auf die Tagesordnung des Rats gesetzt wird. Für den Bundestag hat diese Norm kaum Bedeutung, denn in Art. 23 Abs. 2 S. 1 GG ist festgelegt, dass der Bundestag und durch den Bundesrat die Länder in Angelegenheiten der Europäischen Union mitwirken. Zu diesen Angelegenheiten gehören in erster Linie Richtlinien und Verordnungen, daneben z.B. auch Abkommen der EG mit Drittstaaten (Art. 300 EGV)[49]. Die Bundesregierung muss Bundestag und Bundesrat umfassend

---

[44] EuGH, Rs. 168/85, Slg. 1986, S. 2945, 2960 f. – Journalisten; *Ingolf Pernice,* Kriterien der normativen Umsetzung von Umweltrichtlinien der EG im Lichte der Rechtsprechung des EuGH, in: EuR 1994, S. 325, 333.

[45] EuGH, Rs. 102/79, Slg. 1980, S. 1473, 1486 f. – Kraftfahrzeuge; Rs. C-131/88, Slg. 1991-I, S. 825, 879 – Grundwasser; *Steffen Himmelmann* (Anm. 41), S. 149.

[46] EuGH, Rs. C-361/88, Slg. 1991-I, S. 2567 ff. – Schwefeldioxid; Rs. C-59/89, Slg. 1991-I, S. 2607, 2632 – Blei.

[47] EuGH, Rs. C-361/88, Slg. 1991-I, S. 2567, 2600 f. – Schwefeldioxid; Rs. C-59/89, Slg. 1991-I, S. 2607, 2630 f. – Blei; Rs. C-131/88, Slg. 1991 I, S. 825, 867 – Grundwasser.

[48] EuGH, Rs. 252/85, Slg. 1988, S. 2243, 2263 f. – Vogeljagd; *Ingolf Pernice* (Anm. 44), S. 336 f.

und zum frühestmöglichen Zeitpunkt unterrichten (Art. 23 Abs. 2 S. 1 GG), und zwar gemäß § 3 EUZBBG[50] „über alle Vorhaben im Rahmen der Europäischen Union, die für die Bundesrepublik Deutschland von Interesse sein könnten". Diese einfachgesetzliche Einschränkungsmöglichkeit steht im Widerspruch zum Verfassungsgebot der „umfassenden" Unterrichtung und spielt in der Praxis so gut wie keine Rolle. Die Bundesregierung (dazu zählt auch die Ständige Vertretung Deutschlands in Brüssel) muss unverzüglich unterrichten, sobald sie relevante Informationen (offiziell oder inoffiziell) erhält[51].

Die generelle Informationsverpflichtung, d.h. die Zuleitung der Unionsvorlagen vom Rat an den Bundestag, liegt beim Bundesministerium der Finanzen. Es ist seit Beginn der 14. Wahlperiode 1998 mit dieser Aufgabe betraut, die früher (Stichwort: Europäische Wirtschaftsgemeinschaft) beim Bundesministerium für Wirtschaft gelegen hat. Die spezifische Unterrichtung obliegt dem Ressort, das für die Vorlage sachlich zuständig ist, also z.B. für die Verkehrspolitik dem Verkehrsministerium und für die Sozialpolitik dem Sozialministerium. Gemäß § 4 EUZBBG übersendet die Bundesregierung dem Bundestag insbesondere die Entwürfe von Richtlinien und Verordnungen der Europäischen Union und unterrichtet den Bundestag zugleich über den wesentlichen Inhalt und das Ziel, über das Verfahren, das bei dem Erlass des geplanten Rechtsakts anzuwenden ist, sowie den voraussichtlichen Zeitpunkt der Befassung des Rats, vor allem den der Beschlussfassung im Rat[52]. Sie unterrichtet den Bundestag unverzüglich über ihre Willensbildung, den Verlauf der Beratungen, die Stellungnahmen des Europäischen Parlaments und der Europäischen Kommission, die Stellungnahmen der anderen Mitgliedstaaten sowie über die dabei getroffenen Entscheidungen[53]. Die Bundesregierung behält jedoch die Integrationskompetenz; sie ist nicht verpflichtet, ihren internen Prozess der Willensbildung gänzlich offen zu legen[54].

---

[49] *Ingolf Pernice,* in: Horst Dreier (Anm. 18), Art. 23, Rn. 98.

[50] „Gesetz über die Zusammenarbeit von Bundesregierung und Deutschem Bundestag in Angelegenheiten der Europäischen Union" vom 12.3.1993 (BGBl. 1993 I S. 311).

[51] *Ingolf Pernice,* in: Horst Dreier (Anm. 18), Art. 23, Rn. 102.

[52] Die regierungsinternen Schwierigkeiten bei der Gestaltung der Europapolitik werden erörtert von *Armin von Bogdandy,* Information und Kommunikation in der Europäischen Union: föderale Strukturen im supranationalen Umfeld, in: Wolfgang Hoffmann-Riem/Eberhard Schmidt-Aßmann (Hrsg.), Verwaltungsrecht in der Informationsgesellschaft, Baden-Baden 2000, S. 133, 167 ff.

[53] Ausführlich *Sven Hölscheidt,* Mitwirkungsrechte des Deutschen Bundestages in Angelegenheiten der EU, in: Aus Politik und Zeitgeschichte, B 28/2000, S. 31, 32 f.

[54] *Rupert Scholz,* in: Theodor Maunz/Günter Dürig (Hrsg.), Grundgesetz, München 1999, Art. 23, Anm. 112, 115.

Die Bundesregierung prüft neue Kommissionsvorschläge (unter anderem solche für Rechtsakte wie Richtlinien) gemäß § 74 Abs. 1 GGO II auf ihre Vereinbarkeit mit dem Subsidiaritäts- und dem Verhältnismäßigkeitsprinzip (Art. 5 Abs. 2, 3 EGV)[55]. Zu diesem Zweck hat sie Verfahrensgrundsätze[56] beschlossen und ein Prüfraster[57] entwickelt. Die Verantwortung für die Prüfung trägt das federführende Ressort. In dem Zeitraum 1. April 1999 bis 31. März 2000, auf den sich der aktuelle Subsidiaritätsbericht bezieht, haben die Ressorts 60 neue Kommissionsvorschläge auf Verstöße gegen das Subsidiaritätsprinzip geprüft. Es wurden zwei Verstöße festgestellt; bei einem Verstoß handelt es sich um einen Vorschlag für eine Richtlinie, die so genannte Geldwäsche-Richtlinie. Wenn die Bundesregierung zu der Auffassung gelangt, dass eine vorgeschlagene Maßnahme dem Subsidiaritätsprinzip nicht entspricht, vertritt sie diese Position in den Gremien der Gemeinschaft. Die Bedenken der Bundesregierung haben ihren Angaben zufolge für die im Subsidiaritätsbericht 1999 genannten Fälle bereits zu Änderungen der Texte in den Ratsgremien geführt, so dass die Bedenken voraussichtlich ausgeräumt werden können. Der Bundesrat hat im selben Zeitraum vier neue Rechtsetzungsvorschläge der Kommission wegen eines Verstoßes gegen das Subsidiaritätsprinzip gerügt. Darunter befindet sich außer der ebenfalls beanstandeten Geldwäsche-Richtlinie noch ein weiterer Richtlinienvorschlag[58].

Dem Bundestag werden seit der 10. Wahlperiode durchschnittlich mehr als 2000 Unionsvorlagen offiziell zugeleitet, also ca. 500 pro Jahr. Er setzt sich aber nur mit wenigen intensiv auseinander und nimmt durch sein Plenum lediglich zu weniger als 5 Prozent der zugeleiteten Vorlagen Stellung[59]. Der Entwurf der E-Commerce Richtlinie ist ihm z.B. am 20. Januar 1999 zugeleitet worden. Der Bundestag hat den Entwurf am 5. März 1999 zur federführenden Beratung an den Rechtsausschuss überwiesen[60]. Dort wurde er am 17. März 1999 lediglich zur Kenntnis genommen[61]. Setzt sich der Bundestag mit einem so wichtigen Gegenstand nur formal auseinander, begibt er sich der Legitimation, die Richtlinie – erst – dann zu kritisieren, wenn sie in Kraft getreten ist und zur Umsetzung ansteht.

---

[55] Ausführlich: „Bericht über die Anwendung des Subsidiaritätsprinzips im Jahr 1999 (Subsidiaritätsbericht 1999)"; BT-Drs. 14/4017.

[56] Anlage 9 zu § 74 Abs. 1 GGO II.

[57] Anlage 10 zu § 74 Abs. 1 GGO II; Subsidiaritätsbericht 1999; BT-Drs. 14/4017, S. 11 ff.

[58] Subsidiaritätsbericht 1999; BT-Drs. 14/4017, S. 2 f.

[59] *Sven Hölscheidt* (Anm. 53), S. 36.

[60] BT-Drs. 14/488.

[61] BT-Plenarprotokoll 14/31, S. 2618 (A).

1. Zuständigkeit für die Umsetzung

Das Gemeinschaftsrecht verpflichtet pauschal „die Mitgliedstaaten" zur Richtlinienumsetzung[62]. Verpflichtet ist also die Bundesrepublik insgesamt, d.h. sowohl der Bund als auch jedes Land[63]. Zusätzlich ergibt sich die Umsetzungsverpflichtung der Länder aus dem Grundsatz der Bundestreue des deutschen Verfassungsrechts[64]. Die Union achtet gemäß Art. 6 Abs. 3 EUV die nationale Identität ihrer Mitgliedstaaten, wodurch gewährleistet ist, dass sich die Kompetenzverteilung zwischen Bund und Ländern nach innerstaatlichem Recht richtet[65]. Es ist jedem Mitgliedstaat überlassen, seine Zuständigkeiten innerstaatlich so zu verteilen, wie er es für zweckmäßig hält[66].

Innerstaatlich sind in der Bundesrepublik Bund und Länder zur Richtlinienumsetzung berechtigt und verpflichtet. Sie haben also die Verbandskompetenz[67]. Die Diskussion um eine alleinige Kompetenz des Bundes, Richtlinien umzusetzen, ist theoretischer Natur[68]. Ob die Umsetzungsverpflichtung den Bund oder die Länder trifft, richtet sich nach der Verteilung der Gesetzgebungskompetenzen gemäß Art. 30, 70 ff. GG[69]. Diese Normen sind allerdings nur analog anwendbar, weil die Richtlinienumsetzung keine originäre deutsche Gesetzgebung ist, sondern die Erfüllung einer gemeinschaftsrechtlichen Verpflichtung[70]. De jure sind danach grundsätzlich die Länder zuständig, de facto dominieren die Bundesgesetze eindeutig: Ca. 90 bis 95 Prozent aller Richtlinien sind durch den Bund umzusetzen[71]. Ein wichtiges Beispiel für die Landeszuständigkeit ist die Umsetzung der Kommunalwahl-Richtlinie[72] (Art. 38 Abs. 3, 70 GG). In den relativ seltenen

---

[62] Oben II.

[63] *Christian Trüe,* Auswirkungen der Bundesstaatlichkeit Deutschlands auf die Umsetzung von EG-Richtlinien und ihren Vollzug, in: EuR 1996, S. 179, 191.

[64] *Hans-Werner Rengeling* (Anm. 1), S. 950; *Christian Trüe* (Anm. 63), S. 192.

[65] Siehe *Ingolf Pernice,* Europäische Union: Gefahr oder Chance für den Föderalismus in Deutschland, Österreich und der Schweiz?, in: DVBl. 1993, S. 909, 914 f.; *Christian Trüe* (Anm. 63), S. 190.

[66] EuGH, Rs. 96/81, Slg. 1982, S. 1791, 1804 – Kommission/Niederlande; *Christian Trüe* (Anm. 63), S. 186.

[67] *Christian Trüe* (Anm. 63), S. 184 ff.

[68] Ausführlich *Christian Trüe* (Anm. 63), S. 185 ff.

[69] *Rudolf Streinz,* in: Josef Isensee/Paul Kirchhof (Hrsg.), Handbuch des Staatsrechts VII, Heidelberg 1992, § 182, Rn. 53. Dies ist auch die Auffassung der Praxis; s. z.B. die Begründung der Bundesregierung zu dem Entwurf eines Umweltinformationsgesetzes; BT-Drs. 12/7138, S. 9 f.

[70] *Hans Georg Fischer* (Anm. 10), § 7 Rdnr. 7.

[71] *Dieter H. Scheuing* (Anm. 18), S. 240; *Klaus Winkel* (Anm. 3), S. 116.

[72] Richtlinie 94/80/EG des Rates vom 19. Dezember 1994 über die Einzelheiten der Ausübung des aktiven und passiven Wahlrechts bei den Kommunalwahlen für

Fällen der Rahmenkompetenz müssen sowohl der Bundes- als auch der Landesgesetzgeber tätig werden (Art. 75 GG). Welche erheblichen dogmatischen Schwierigkeiten die Richtlinienumsetzung in Bezug auf die Gesetzgebungskompetenz macht, zeigt das Beispiel des Gesetzentwurfs zur Umsetzung der UVP-Änderungsrichtlinie, der IVU-Richtlinie und weiterer Richtlinien zum Umweltschutz: Die Kompetenz des Bundes wird aus der konkurrierenden Gesetzgebung (Art. 74 Abs. 1 Nr. 11, 11a, 17, 18, 21–24 GG) und ergänzend aus der Rahmengesetzgebungskompetenz Art. 75 Abs. 1 S. 1 Nr. 3, 4 GG) abgeleitet; hinzu kommt für den Verkehr die ausschließliche Gesetzgebungskompetenz (Art. 73 Nr. 6, 6a GG)[73].

Mit „innerstaatliche Stellen" in Art. 249 Abs. 3 EGV sind die Organe der Mitgliedstaaten gemeint, die in den Staaten für die Umsetzung zuständig sind (Parlamente, Regierungen, Verwaltungen, Gerichte)[74]. Die Organkompetenz bestimmt sich also nach nationalem Verfassungsrecht[75]. An deutsches Verfassungsrecht sind die Organe der Bundesrepublik gebunden, wenn sie Richtlinien umsetzen[76].

2. Umsetzungsverfahren

Für das ohnehin komplizierte Gesetzgebungsverfahren nach Art. 76 ff. GG gelten keine Besonderheiten, obwohl eine hohe Zahl von Richtlinien umgesetzt werden muss[77]. Bei der Gesetzgebung insgesamt spielt die Bundesregierung eine herausragende Rolle, was nicht nur an der Zahl der von ihr initiierten Gesetzentwürfe, sondern auch an der Zahl der insgesamt erfolgreich verabschiedeten Gesetzentwürfe festzumachen ist[78]. Für die Umsetzungsgesetzgebung hat die Regierung als Initiant faktisch eine Monopolstellung. In der parlamentarischen Praxis wird der Regierung in der Regel die Alleinverantwortung für die Richtlinienumsetzung zugewiesen[79],

---

Unionsbürger mit Wohnsitz in einem Mitgliedstaat, dessen Staatsangehörigkeit sie nicht besitzen; ABl. 1994 L 368/1.

73 BT-Drs. 14/4599, S. 67.

74 *Eberhard Grabitz,* in: Eberhard Grabitz/Meinhard Hilf (Anm. 11), Art. 189 EWGV (1992), Rn. 59; *Christian Trüe* (Anm. 63), S. 190.

75 *Rudolf Streinz,* in: Josef Isensee/Paul Kirchhof (Anm. 69), § 182, Rn. 54.

76 BVerfG, EuGRZ 1989, S. 339, 340; *Rudolf Streinz,* in: Josef Isensee/Paul Kirchhof (Anm. 69), § 182, Rn. 30.

77 Kritisch *Klaus Winkel* (Anm. 3), S. 117.

78 Datenhandbuch zur Geschichte des Deutschen Bundestages 1949 bis 1999 II, Baden-Baden 1999, S. 2387.

79 Beispielsweise hat die F.D.P.-Fraktion in ihrer Kleinen Anfrage (BT-Drs. 14/2731) zur „Umsetzung der europäischen Richtlinie über die integrierte Vermeidung und Verminderung der Umweltverschmutzung" ausgeführt: „Die Bundesregierung hat diese Richtlinie nicht rechtzeitig umgesetzt."

obwohl der Bundestag die Gesetze beschließt (Art. 77 Abs. 1 S. 1 GG) und Gesetzentwürfe für die Umsetzungsgesetzgebung außer von der Regierung auch vom Bundesrat sowie aus der Mitte des Bundestags eingebracht werden können (Art. 76 Abs. 1 GG)[80].

Innerhalb der Bundesregierung werden die Gesetz- und Verordnungsentwürfe zur Umsetzung von Richtlinien nach dem Prinzip der Ressortverantwortlichkeit (Art. 65 S. 2 GG) vorbereitet. Federführend für die Umsetzung der Richtlinie ist in der Regel das Ressort, das im Rat an der Formulierung des Richtlinienentwurfs mitgewirkt hat. Dadurch kann gewährleistet werden, dass das Sachwissen, das im Prozess der Gemeinschaftsrechtsetzung gewonnen worden ist, für die Umsetzungsgesetzgebung nutzbar gemacht wird. Dieses Ressort erstellt den Referentenentwurf gemäß §§ 40 ff. GGO II[81]. Es führt die erforderlichen Beteiligungen und Unterrichtungen durch (§§ 45 ff. GGO II). In der Begründung jedes Gesetzentwurfs muss unter anderem dargestellt werden, ob der Entwurf mit dem Recht der Europäischen Union vereinbar ist (§ 43 Abs. 1 Nr. 8 GGO II). Schließlich führt das federführende Ressort einen Kabinettsbeschluss über den Gesetzentwurf herbei (§§ 22 ff., 50 GGO II; §§ 15 Buchst. a, 20 ff. GGO I[82]). Der Gesetzentwurf durchläuft sodann das normale Gesetzgebungsverfahren (siehe im Einzelnen Art. 76 ff. GG; § 75 ff. GOBT).

Ob zur Umsetzung einer Richtlinie ein förmliches Gesetz erforderlich ist oder eine Rechtsverordnung ausreicht, bestimmt sich nach nationalem Verfassungsrecht[83]. Die Praxis orientiert sich zur Klärung dieser Frage an der so genannten Wesentlichkeitsrechtsprechung des Bundesverfassungsgerichts[84]. Häufig erfolgt die Umsetzung so, dass für ein bestimmtes Rechtsgebiet in einem ersten Durchgang ein Gesetz beschlossen wird, das die Umsetzung im Verordnungsweg (Art. 80 GG) ermöglicht. Es ist dann ein zweiter Durchgang erforderlich, um die Verordnungen zu erlassen, die die einzelnen Richtlinien durchführen. Weil viele Rechtsverordnungen zustimmungsbedürftig sind, ist ein erneuter Durchgang durch den Bundesrat erforderlich (Art. 80 Abs. 2 GG)[85]. Solche Verordnungsermächtigungen enthalten z. B. § 37 S. 2 BImSchG und § 6 Abs. 5 WaffG „zur Erfüllung bindender Beschlüsse der Europäischen Gemeinschaften". Dieses Vorgehen ist

---

80 Darauf weist zu Recht *Gerald Kretschmer,* Parlamentarische Kontrolle und interparlamentarische Kooperation bei der Umsetzung, Anwendung und Folgenbeobachtung europäischer Rechtsnormen in den Mitgliedstaaten der Europäischen Union, in: ZG 1994, S. 316, 322, hin.

81 Gemeinsame Geschäftsordnung der Bundesministerien vom 26.7.2000.

82 Geschäftsordnung der Bundesregierung vom 11.5.1951.

83 *Rudolf Streinz,* in: Josef Isensee/Paul Kirchhof (Anm. 69), § 182, Rn. 54.

84 Siehe z. B. BVerfGE 40, S. 237, 248 ff.

85 Näher *Gerald Kretschmer* (Anm. 80), S. 323.

relativ zeitaufwändig und oft innerhalb der knappen Umsetzungsfristen nicht abzuschließen[86]. Diese Art der Umsetzung wird allerdings dadurch vereinfacht, dass das Bestimmtheitsgebot des Art. 80 Abs. 1 S. 2 GG großzügig gehandhabt werden kann. Denn sein Zweck ist es zu verhindern, dass die Verantwortung für die Rechtsetzung von der Legislative auf die Exekutive verlagert wird – was jedoch durch die europäische Exekutivrechtsetzung bereits geschehen ist[87]. Aus diesem Grund werden sogar umfassende Ermächtigungen an die Bundesregierung für zulässig gehalten, Rechtsverordnungen zur Umsetzung von Richtlinien zu erlassen[88]. Jedenfalls genügt es dem Bestimmtheitsgebot grundsätzlich, wenn auf Normen und Begriffe des Gemeinschaftsrechts verwiesen wird[89]. Probleme entstehen allerdings, wenn in einer Verordnungsermächtigung auf eine Richtlinie verwiesen werden soll, die es den Mitgliedstaaten erlaubt, Ausnahmen von vorgegebenen Regeln zu machen[90].

Ein spezifisches Verfahren ist im Fall von Richtlinien erforderlich, die durch die Länder umzusetzen sind und deren Auslegung ergibt, dass sie dort einheitlich umgesetzt werden müssen. Aus der Verpflichtung der Länder zur ordnungsgemäßen Umsetzung von Richtlinien folgt dann ihre Pflicht, sich auf ein einheitliches Vorgehen bei der Umsetzung zu einigen. Gelingt das nicht, entsteht die Verpflichtung des Bundes, für eine ordnungsgemäße Umsetzung zu sorgen. Handelt es sich um eine konkurrierende Gesetzgebungszuständigkeit, kann er ein Gesetz gemäß Art. 72, 74 GG erlassen[91]. Im Fall ausschließlicher Zuständigkeit der Länder kann der Bund möglicherweise im äußersten Fall Bundeszwang (Art. 37 GG) einsetzen[92].

3. Gründe für die Probleme bei der Umsetzung

Als Gründe für Probleme bei der Umsetzung von Richtlinien hat die Bundesregierung genannt:

---

[86] *Klaus Winkel* (Anm. 3), S. 116.

[87] *Dieter H. Scheuing* (Anm. 18), S. 235; *Rudolf Streinz,* in: Josef Isensee/Paul Kirchhof (Anm. 69), § 182, Rn. 54.

[88] *Dieter H. Scheuing* (Anm. 18), S. 234 f.

[89] BVerfGE 29, S. 198, 210.

[90] *Birgit Schmidt am Busch,* Die besonderen Probleme bei der Umsetzung von EG-Richtlinien mit Regel-Ausnahme-Charakter, in: DÖV 1999, S. 581, 585. Siehe dort (S. 586 ff.) auch die Ausführungen zum Problem der rückwirkenden Umsetzung.

[91] *Birgit Schmidt am Busch* (Anm. 90), S. 584.

[92] *Winfried Kössinger,* Die Durchführung des europäischen Gemeinschaftsrechts im Bundesstaat, Berlin 1989, S. 150 ff. A. A. *Monika Böhm,* Der Bund-Länder-Regress nach Verhängung von Zwangsgeldern durch den EuGH, in: JZ 2000, S. 382, 384 f.

- „Aufgrund der föderalen Struktur der Bundesrepublik Deutschland sind z. T. langwierige Abstimmungen mit Ländern und Bundesrat notwendig;
- sind die Bundesländer für die Umsetzung einer Richtlinie zuständig, so gilt die Richtlinie erst als umgesetzt, wenn alle 16 Länder umgesetzt haben;
- oftmals werden im Gesetzgebungsverfahren zur Umsetzung einer Richtlinie zusätzliche Regelungstatbestände eingeführt (‚Draufsatteln'); diese sind häufig nicht konsensfähig und führen deshalb zu Verzögerungen;
- nicht wenige Richtlinien werfen bei der Umsetzung Grundsatzfragen auf, die zeitaufwändig geklärt werden müssen;
- im Hinblick auf Art. 80 GG sind die Umsetzungen von Richtlinien nur in eingeschränktem Maße durch Rechtsverordnungen möglich;
- schließlich sind knapp bemessene Umsetzungsfristen und Unklarheiten bei der Auslegung der Richtlinien für weitere Verzögerungen verantwortlich"[93].

Unklarheiten können z. B. in unterschiedlichen Sprachfassungen begründet sein und auch darin, dass (wie bei der E-Commerce Richtlinie) den 24 Artikeln der Richtlinie 65 Erwägungsgründe vorangestellt werden. In einer Reihe von Fällen setzt das Gemeinschaftsrecht noch weitere Ursachen für Umsetzungsprobleme. So verzögert sich bisweilen der Erlass gemeinschaftsrechtlicher Durchführungsakte, ohne die Richtlinien sinnvoller Weise nicht umgesetzt werden können; außerdem kommt es vor, dass der Gemeinschaftsrechtsetzer in rascher Folge Änderungsrichtlinien erlässt, die die nationalen Gesetzgeber verständlicherweise im Zusammenhang umzusetzen trachten[94].

Je komplizierter sich das nationale Gesetzgebungsverfahren gestaltet, umso schwieriger ist es, den gemeinschaftsrechtlichen Anforderungen an die Richtlinienumsetzung Rechnung zu tragen. Die ausgeprägt föderal strukturierte Bundesrepublik Deutschland mit ihrem Zweikammersystem gehört in der Europäischen Union zu den Mitgliedstaaten, in denen das Gesetzgebungsverfahren häufig Probleme bereitet. Hinzu kommt, dass andere Staaten aufgrund ihrer Verfassung großzügiger als die an Art. 80 GG gebundene Bundesrepublik von der Möglichkeit Gebrauch machen, Richtlinien mittels Rechtsverordnungen umzusetzen[95].

---

[93] Antwort der Bundesregierung auf die Kleine Anfrage der Fraktion BÜNDNIS 90/DIE GRÜNEN (BT-Drs. 13/5895): „Verurteilung der Bundesregierung durch den Europäischen Gerichtshof wegen verspäteter Umsetzung der Pauschalreiserichtlinie der EG"; BT-Drs. 13/6081, S. 7 f. Ähnliche Gründe nennen *Dieter H. Scheuing* (Anm. 18), S. 231 ff., und *Klaus Winkel* (Anm. 3), S. 122 f.

[94] *Klaus Winkel* (Anm. 3), S. 123.

[95] *Meinhard Hilf* (Anm. 24), S. 13 f.; *Klaus Winkel* (Anm. 3), S. 116.

Diese Gründe spielen im Gemeinschaftsrecht allerdings keine Rolle, weil sich die Mitgliedstaaten nicht darauf berufen können, dass Probleme ihrer nationalen Rechtsordnungen für die nicht ordnungsgemäße Umsetzung ursächlich sind[96]. Selbst entgegenstehendes Verfassungsrecht ist (abgesehen von theoretischen Fällen)[97] kein Rechtfertigungsgrund[98]. Steht das Verfassungsrecht einer Richtlinienumsetzung entgegen, so ist die Verfassungsänderung der adäquate Weg, um eine Richtlinie umzusetzen. Das Bundesverfassungsgericht hat z. B. ausdrücklich darauf hingewiesen, dass die Einführung eines Kommunalwahlrechts für Ausländer durch das Gemeinschaftsrecht Gegenstand einer nach Art. 79 Abs. 3 GG zulässigen Verfassungsänderung sein kann[99]. Aufgrund der Ratifizierung des Vertrags von Maastricht (Art. 8 b EGV a. F.) wurde Art. 28 Abs. 1 S. 3 GG geschaffen[100]. Danach sind bei Wahlen in Kreisen und Gemeinden auch Personen, die die Staatsangehörigkeit eines anderen EG-Mitgliedstaats besitzen, nach Maßgabe des EG-Rechts wahlberechtigt und wählbar.

4. Kontrolle der Umsetzung

Die Umsetzung der Richtlinien wird von der Kommission überwacht (Art. 211 EGV). Auf dieser Grundlage erstellt sie die Jahresberichte über die Kontrolle der Anwendung des Gemeinschaftsrechts[101]. Damit sich die Überwachung möglichst einfach gestaltet, enthalten die Richtlinien regelmäßig Informationspflichten der Mitgliedstaaten[102]. Beispielsweise setzen die Mitgliedstaaten die Kommission gemäß Art. 22 Abs. 1 S. 2 der E-Commerce Richtlinie unverzüglich davon in Kenntnis, dass sie die erforderlichen Vorschriften erlassen haben, um der Richtlinie nachzukommen. Im Sekundärrecht ausgestaltete Informationspflichten (Notifizierungen) haben sich zu einem wichtigen Kontrollinstrument entwickelt[103]. Außerdem hat die Kommission gemäß Art. 10 Abs. 1 S. 2 EGV das Recht, Auskunftsersuchen an die Mitgliedstaaten zu richten, denen diese Folge leisten müssen[104]. Diese Kontrolle der Richtlinienumsetzung bezieht sich aller-

---

96 EuGH, Rs. 52/75, Slg. 1976, S. 277, 285 – Gemüsesaatgut; *Albert Bleckmann* (Anm. 10), Rn. 451; *Thomas Oppermann* (Anm. 2), Rn. 553.

97 Oben II.

98 EuGH, Rs. 102/79, Slg. 1980, S. 1473, 1487 – Kraftfahrzeuge; *Hans-Werner Rengeling* (Anm. 1), S. 948.

99 BVerfGE 83, S. 37, 59.

100 *Werner Kaufmann-Bühler,* in: Carl Otto Lenz (Anm. 22), Art. 19, Rn. 9.

101 Siehe Anm. 4.

102 *Thomas Oppermann* (Anm. 2), Rn. 553.

103 Ausführlich *Armin von Bogdandy,* in: Wolfgang Hoffmann-Riem/Eberhard Schmidt-Aßmann (Anm. 52), S. 133, 151 ff.

104 *Siegfried Breier,* in: Carl Otto Lenz (Anm. 22), Art. 211, Rn. 4.

dings nur auf die formale Umsetzung durch nationale Rechtsvorschriften. Die eingangs genannten Umsetzungsstatistiken treffen nur eine Aussage über die Quantität, nicht über die Qualität der Umsetzung[105]. Ausgespart bleibt auch die letztlich entscheidende Frage, ob ordnungsgemäß umgesetzte Richtlinien materiell in der Praxis vollzogen werden[106].

Die Kommission kann ein Vertragsverletzungsverfahren gegen Mitgliedstaaten anstrengen (Art. 226 EGV), wenn sie der Auffassung ist, dass die Staaten ihren Vertragspflichten nicht ordnungsgemäß nachgekommen sind[107]. Unter den Voraussetzungen des Art. 228 EGV kann die Kommission beim EuGH beantragen, ein Zwangsgeld gegen einen Mitgliedstaat zu verhängen, der Maßnahmen nicht ergriffen hat, die sich aus einem Urteil des Gerichtshofs ergeben (z. B. eine Richtlinie umzusetzen)[108]. Das Vertragsverletzungsverfahren hat in der Praxis die größte Bedeutung[109]; daneben besteht allerdings auch die Möglichkeit, Nichtigkeits- bzw. Untätigkeitsklage zu erheben (Art. 230, 232 EGV).

Der Ausschuss des Deutschen Bundestags für die Angelegenheiten der Europäischen Union (Art. 45 GG, § 93 GO-BT) wird von der Bundesregierung regelmäßig über den Stand der Verabschiedung und Umsetzung von EG-Richtlinien informiert. Das Sekretariat des Europaausschusses fertigt auf der Grundlage der Informationen der Bundesregierung zwei Listen an. Die erste enthält seit dem Stichtag 1. Juli 1996 eine Aufstellung aller verabschiedeten EG-Richtlinien sowie Informationen über den Umsetzungsbedarf, das für die Umsetzung verantwortliche Ressort der Bundesregierung, den Umsetzungsplan und die erfolgte Umsetzung. Die zweite Liste enthält eine Aufstellung der EG-Richtlinien, deren Frist zur Umsetzung seit mehr als sechs Monaten überschritten ist. Beide Listen werden halbjährlich aktualisiert[110]. Dadurch wird der Bundestag in die Lage versetzt, die Regierung gezielt zu drängen, Umsetzungsgesetzentwürfe vorzulegen[111].

---

105 *Klaus Winkel* (Anm. 3), S. 115.

106 *Steffen Himmelmann* (Anm. 41), S. 148.

107 *Siegfried Breier,* in: Carl Otto Lenz (Anm. 22), Art. 211, Rn. 5.

108 Ausführlich *Sven Hölscheidt,* Zwangsgelder gegen die Bundesrepublik Deutschland wegen der Nichtbeachtung von Urteilen des Europäischen Gerichtshofs, in: BayVBl. 1997, S. 459 ff.

109 *Klaus-Dieter Borchardt,* in: Carl Otto Lenz (Anm. 22), Art. 226, Rn. 1; oben I.

110 *Klaus Winkel* (Anm. 3), S. 125. Der Vorsitzende des Europaausschusses des 14. Bundestags misst diesem Verfahren eine hohe erzieherische und disziplinierende Wirkung bei; *Friedbert Pflüger,* Die fortschreitende europäische Integration und der Europaausschuss des Deutschen Bundestages, in: Integration 2000, S. 229, 242.

111 Siehe *Gerald Kretschmer* (Anm. 80), S. 324 f.

5. Konsequenzen der ordnungsgemäßen Umsetzung

Ist eine Richtlinie ordnungsgemäß in nationales Recht umgesetzt worden, bleibt sie geltendes sekundäres Gemeinschaftsrecht und gilt in den Mitgliedstaaten. Sie entfaltet eine Sperrwirkung: Solange die Richtlinie gilt, ist es dem nationalen Gesetzgeber untersagt, Recht zu erlassen, das der Richtlinie widerspricht. Der Erlass solchen Rechts wäre eine Vertragsverletzung, die ein Verfahren gemäß Art. 226 EGV auslösen kann[112]. Der deutsche Gesetzgeber hat also bei einem Gesetzgebungsvorhaben nicht nur den Kompetenzkatalog des Grundgesetzes, sondern auch die Sperrwirkung von Richtlinien zu beachten (siehe § 43 Abs. 1 Nr. 8 GGO II).

Es ist ausgeschlossen, eine ordnungsgemäß umgesetzte Richtlinie im Sinn der Rechtsprechung des EuGH unmittelbar anzuwenden, also einen Sachverhalt unmittelbar unter eine Richtlinienbestimmung zu subsumieren. Jedoch ist das nationale Recht richtlinienkonform zu interpretieren[113]. Mit dieser Feststellung ist inzidenter zum Ausdruck gebracht, dass das Gemeinschaftsrecht (Richtlinie) und das nationale Recht (Umsetzungsgesetz) getrennt bleiben. „Die Richtlinie hindert nicht die Prüfung des zu ihrer Ausführung erlassenen innerdeutschen Gesetzes auf seine Vereinbarkeit mit dem Grundgesetz. Der Einzelne wird von der Richtlinie nicht unmittelbar betroffen; für ihn gilt allein das innerstaatliche Recht“[114].

V. Fazit

Die Rechtsetzung mit Hilfe von Richtlinien ist kritisch zu bewerten. Richtlinien werden im Wesentlichen von der Exekutive, nicht von der Legislative beschlossen: Der Rat ist das Hauptrechtsetzungsorgan; entscheidend sind weder das Europäische Parlament noch die nationalen Parlamente. Richtlinien sind nicht selten so gefasst, dass sie sich nur mit Mühe in die nationalen Rechtsordnungen umsetzen lassen. Gründe dafür sind Unklarheiten, oft durch die Terminologie verursacht, und knappe Umsetzungsfristen. Zudem nutzen die meisten Parlamente, zu denen der Bundestag zählt, ihre Möglichkeiten nicht intensiv, auf die Fassung der Richtlinien Einfluss zu nehmen. Sie konzentrieren sich zu sehr auf nationale Rechtsetzungsprojekte und sind nicht hinreichend bereit, das Primat der europäischen Rechtsetzung anzuerkennen. Hinzu kommt, dass die nationalen Parla-

---

112 *Thomas Oppermann* (Anm. 2), Rn. 554.

113 EuGH, Rs. C-91/92, Slg. 1994-I, S. 3325, 3358 – Dori; *Albert Bleckmann* (Anm. 10), Rn. 438. Auch das ist eine Form der unmittelbaren Anwendung, worauf *Christine Langenfeld,* Zur Direktwirkung von EG-Richtlinien, in: DÖV 1992, S. 955, 957, zu Recht hinweist.

114 BVerfGE 30, S. 292, 310.

mente für die Umsetzung oft nur einen sehr geringen Spielraum haben, weil der EuGH ihnen sehr strenge Vorgaben macht. Dessen Rechtsprechung hat sich in weitem Maß vom Primärrecht verselbständigt und Vorgaben kreiert, die vom Gemeinschaftsrechtsetzer gemacht werden müssten. Insgesamt betrachtet ist die Rechtsetzung mit Hilfe von Richtlinien eine Rechtsetzung, bei der die Legislative zwischen Exekutive und Judikative eingezwängt ist und nicht den Rang einnimmt, der ihr in der Demokratie zukommt.

Bericht über die Diskussion im Anschluss an das Referat von Sven Hölscheidt

Leitung: Karl-Peter Sommermann

Von Stefanie Gille

Professor Dr. *Karl-Peter Sommermann* eröffnete die Diskussion mit dem Hinweis auf die Diskrepanz zwischen der stärkeren demokratischen Legitimation der nationalen Parlamente und dem gleichzeitigen Sinken ihrer Bedeutung. Durch diesen Widerspruch seien auch die zunehmenden Demokratisierungstendenzen in der EU immer aktueller.

Im Hinblick auf die gewählten Regelungsformen der EU stellte *Christof Hoffmann,* Regierungsassessor im Ministerium für Inneres und Sport des Saarlandes, die Frage nach der Sinnhaftigkeit von Richtlinien, wenn diese doch sehr detaillierte Regelungen enthielten und eigentlich auch sinnvoller als Verordnungen mit unmittelbarer Geltung in den Mitgliedstaaten erlassen werden könnten. Als zweite Frage beschäftige ihn, ob sich die EU nicht z. T. selbst dadurch im Weg stehe, dass sie sich in vielen Bereichen zu sehr mit Detailproblemen befasse, anstatt nur sehr grobe Zielsetzungen vorzugeben.

Dr. *Sven Hölscheidt* ging daran anknüpfend auf das problematische Verhältnis zwischen Richtlinie und Verordnung ein, wobei er den Erlass einer Richtlinie aus Sicht des nationalen Gesetzgebers für begrüßenswerter halte, weil diesem grundsätzlich noch eigener Spielraum verbleibe und er wenigstens auf diese Weise an der Gesetzgebung beteiligt werde. Bei den Verordnungen seien die Nationalstaaten überhaupt nicht mehr involviert, obwohl auch diese Gesetzgebungsbedarfe auslösten. Eine Verordnung gelte wie ein Gesetz, und wenn sie verändert werde, müssten im Normalfall auch daran anknüpfende nationale Gesetze geändert werden. Dabei sei allerdings überhaupt kein Umsetzungsspielraum mehr da und daher befürworte man eher die Richtlinie, weil diese besser geeignet sei, noch eigene nationale Vorstellungen zu verwirklichen. Auch nach französischer Vorstellung gelte die Aussage, dass die Richtlinie Vorrang vor der Verordnung haben solle. An die zweite Frage anknüpfend konstatierte er, dass die EU auch seiner Meinung nach übertrieben detaillastig arbeite. Man müsse sich aber fragen, woher diese Entwicklung komme. Dazu könne man feststellen, dass es häufig geschickte deutsche Lobbyisten seien, die die detailreich erscheinenden Vorschriften eingeschleust hätten. Gerade im technischen Bereich sei es häufig so, dass die deutsche Industrie bestimmte Normen besonders gut erfülle. Man könne auf diesem Weg auch Verantwortung sehr gut verschieben, weil in dem verwinkelten Ausschussverfahren geschickt Interessen platziert werden könnten.

In diesem Zusammenhang verwies *Sommermann* auf die Entsprechung des Detailreichtums der EG-Rechtsetzung auf der Umsetzungsebene, wo sich die Frage stelle, wie sich der Bundestag der Notwendigkeit von Detailregelungen entledige. Dabei liege ein Augenmerk auf der wachsenden Praxis, die Verordnungsermächtigung nach Art. 80 GG so auszugestalten, dass der Bundestag die Verantwortung weitgehend verschiebe. Das Bundesverfassungsgericht habe festgestellt, dass in diesen Fällen die Bestimmtheit nicht den Grad aufweisen müsse, wie das üblicherweise nach innerstaatlichen Maßstäben der Fall sei. Ihn interessiere nun, ob die Beobachtung richtig sei, dass es eine wachsende Praxis gebe, sehr allgemeine Ermächtigungen auszusprechen, die sich gerade noch im Rahmen der Vorgaben des Art. 80 GG hielten, um dadurch den Verordnungsgeber in die entsprechende Rolle zu versetzen. Im übrigen interessiere ihn, wie dieses Problem intern diskutiert werde.

Hölscheidt stellte fest, dass es in Deutschland im Vergleich zu den anderen Mitgliedstaaten als Problem angesehen werde, dass man an Art. 80 GG gebunden sei, weil andere Mitgliedstaaten dadurch wesentlich großzügiger die Möglichkeit hätten, Richtlinien im Verordnungsweg umzusetzen. In Deutschland gebe es eben keine Pauschalermächtigung, woran man rechtstechnisch losgelöst von der Verfassung durchaus denken könnte. Die Italiener hätten einmal damit gearbeitet, um ihre Rückstände aufzuholen. Das gehe in Deutschland jedoch wegen Art. 80 GG nicht. In der Gesetzgebungspraxis spiele für den Bundestag seiner Auffassung nach das Bestimmtheitsproblem keine Rolle. Es stelle sich viel mehr auf Seiten der Exekutive die Frage, was zu tun sei, damit die Bundesrepublik zu einer ordnungsgemäßen Richtlinienumsetzung komme. Im einzelnen bereite dies ganz erhebliche Schwierigkeiten. Wenn z.B. in einer Richtlinie Regelungen und Ausnahmen vorgesehen seien und die einzelnen Länder für die Umsetzung zuständig seien, könne es immense Abstimmungsprobleme geben. Das sei dann eher ein Problem der Exekutive. Insgesamt wäre es sowohl bei der Richtlinienumsetzung als auch generell günstiger, wenn mehr Rechtsetzung im Verordnungswege erfolgte, damit der Bundestag mehr Zeit habe, sich auf wichtigere Dinge zu konzentrieren.

Anknüpfend an das Problem, dass manche Dinge in deutsches Recht umgesetzt werden müssten, obwohl sie bereits materiell in ihm enthalten seien, wollte *Heinrich Schachinger,* Regierungsdirektor bei der Regierung von

Mittelfranken, wissen, warum dies noch notwendig sei und welche praktischen Folgen dies dann habe.

Hölscheidt nannte als Grund für die strikt formale Regelung der Umsetzung die Rechtssicherheit. Im normalen Verfahren enthalte die Richtlinie eine Regelung, bis wann die Mitgliedstaaten sie umsetzen müssen und die Mitgliedstaaten seien dann auch verpflichtet, die Umsetzung zu melden. Zusätzlich müsse das nationale Umsetzungsgesetz einen Hinweis auf die Richtlinie enthalten. Das alles falle weg, wenn man nationale Vorschriften habe (was in Deutschland die Regel sei), die in allen möglichen Gesetzen, z.B. im Umweltbereich, enthalten seien. Wenn man den formalen Umsetzungsschritt mache, werde deutlich, dass die in Rede stehende Richtlinie in den benannten Normen umgesetzt sei. Dabei sei sowohl für den Rechtsanwender als auch für den Bürger und auch für die Judikative relativ klar, welches Gesetz welchen Ursprung habe. Das sei der Grund, warum der EuGH in verschiedenen Fällen so judiziert habe. In der Regel würde durch Artikelgesetze umgesetzt und es gebe nur selten den Fall, wie z.B. beim Umweltinformationsgesetz, dass aufgrund einer Richtlinie ein eigenes neues Gesetz geschaffen würde. Es existiere zur Zeit z.B. ein Umsetzungsvorschlag zur UVP/IVU-Richtlinie, der 135 Seiten umfasse und durch den Dutzende von Gesetzen geändert würden.

Professor Dr. *Monika Böhm,* Universität Marburg, setzte noch einmal bei den Punkten Detaillierungsgrad und Umsetzung trotz materieller Erfüllung an. Sie wolle später in ihrem Vortrag noch auf die ganz pathologischen Fälle eingehen, wo alles schief gelaufen sei, was schief laufen könne. Man müsse dabei allerdings auch sehen, warum etwas schief laufe und wo die Verantwortlichkeiten lägen. Ihrer Meinung nach sei die Aussage sehr richtig, dass viele Regelungen zu detailliert seien. Die idealtypisch gedachte Figur der Richtlinie sei für die Mitgliedstaaten eigentlich die günstigere Figur, weil ein Spielraum für die Umsetzung bestehen sollte. Dieser fiele aber in der Praxis sehr oft weg. Wie *Hölscheidt* auch in seinen Beispielen schon deutlich gemacht habe, hätten sich im Einzelfall die Bundesrepublik oder einzelne Lobbygruppen durchgesetzt und detaillierte Regelungen eingebracht, was den Vorteil habe, dass sie sich gut ins System einfügen ließen. Die Fälle, in denen andere Mitgliedstaaten ihre Regelungsmodelle durchsetzten, häuften sich allerdings, und es gebe z.B. im Umwelt- und Technikbereich ganz große Probleme damit, dass die Franzosen und Engländer in letzter Zeit häufig ihre Interessen platzierten und allen anderen Mitgliedstaaten solche Dinge wie die UVP- und IVU-Richtlinie bescherten. Diese griffen sehr stark in das deutsche Rechtssystem ein, und zwar nicht nur von den Zielvorgaben her, was man durchaus noch akzeptieren könne, sondern auch von der Ausgestaltung im einzelnen. Dies stelle die Bundesrepublik vor erhebliche Umsetzungsprobleme, und man habe Streit an Stellen, wo man sich frage, ob die Unterschiede in der Sache wirklich so groß seien oder ob man sich nicht vielmehr um Worte streite. Ihrem Eindruck nach streite man sich im Zusammenhang mit den Richtlinien primär um Worte und man verliere, wenn man nicht die Worte verwende, die der Richtliniengeber verwendet habe und die der EuGH darin sehe. Als extremes Beispiel griff sie an dieser Stelle den Grundwasserbereich auf. Die beispielhaft gewählte Richtlinie aus diesem Bereich habe das Ziel enthalten, das Grundwasser zu schützen und gleichzeitig ein Verbot ausgesprochen, Stoffe in das Grundwasser einzuleiten. Das deutsche Recht habe in diesem Zusammenhang nunmehr nicht erlaubt, Stoffe ins Grundwasser einzuleiten, sondern im Wasserhaushaltsgesetz habe sich die Regelung gefunden, dass es verboten sei, Stoffe ins Grundwasser einzuleiten, es sei denn, man habe eine Genehmigung. Dabei existierte dann die Technik, dass es Verordnungen und Verwaltungsvorschriften gegeben habe und genau die Stoffe, die man nach EG-Vorschriften nicht habe einleiten dürfen, seien in den Verordnungen enthalten gewesen. Daraus ergab sich die Frage, ob dies denn inhaltlich ausreiche, wenn man auch die formale Umsetzung beachtet habe. Vom Ergebnis her sei klar, dass die Stoffe nicht eingeleitet werden dürften. Der EuGH habe in dem konkreten Fall judiziert, dass die Richtlinie nicht ordnungsgemäß umgesetzt sei, weil kein ausdrückliches Verbot enthalten sei, sondern der Wortlaut nur vorgebe, man dürfe nichts tun, was nicht ausdrücklich erlaubt sei. Dies sei für sie ein typischer Fall, wo unverständig gehandelt worden sei, weil die Richter aus verschiedenen Rechtssystemen kämen und ohne Verständnis für die deutschen Rechtsstrukturen judiziert hätten. Das sei ihrer Meinung nach fatal. Wenn jetzt noch diese Regelung zum Anlass genommen werde, ein Zwangsgeld zu verhängen, dann habe sie mit der Glaubwürdigkeit solcher Strukturen ein gewisses Problem. Ein Weniger an Detailvorgaben und ein Mehr an Zielvorgaben, also eine Rückkehr zu den ursprünglichen Ideen der Richtlinie und ein bisschen mehr Toleranz von Seiten des Gerichtshofes auch für die Eigenstrukturen der Mitgliedstaaten wären aus ihrer Sicht für den weiteren Prozess des Zusammenwachsens günstig.

Beipflichtend stellte *Sommermann* fest, dass eben dies auch zu so merkwürdigen Konsequenzen führe, dass die Mitgliedstaaten, die die Richtlinie eins zu eins umsetzten, erst einmal aus der Schusslinie seien und dann noch einmal nachsehen müssten, ob nicht mehr Umsetzungsbedarf gewesen wäre.

Bezogen auf die zunehmende Detaillierung von Vorgaben verwies *Fritz Ulrich Maier,* Leitender Ministerialrat im Innenministerium Baden-Württemberg, noch einmal auf die Potenzierung des Problems, die dadurch entstehe, dass es in Deutschland seit Anfang der 70er Jahre sowieso schon zu einer zunehmenden Gesetzes- und Verordnungsflut mit teilweise enormer Detaillierungswut gekommen sei. Ein Beispiel dieser Sorte sei das Bundesimmissionsschutzgesetz mit seinen zahlreichen Verordnungen. Das ganze sei dann auch noch verstärkt worden durch die Konkretisiertheitsanforderungen des Bundesverfassungsgerichts und darauf kämen jetzt noch zusätzliche Regelungsgegenstände aus Brüssel, wobei Brüssel so tue, als sei Europa eine gesetzgeberische „terra incognita". Die Basis, die mit diesem Handwerkszeug eigentlich arbeiten sollte, sei damit hoffnungslos überfordert, weil sie gar nicht mehr wisse, was sie alles berücksichtigen müsse. Das gelte für den Verwaltungsmann, den Juristen oder Beamten des gehobenen Dienstes, aber auch für den Techniker. Daher stelle sich die Frage, wer Brüssel bremse, denn eigentlich habe man schon alles auf nationaler Ebene geregelt.

Klaus Germer, Leitender Regierungsdirektor der Bezirksregierung Braunschweig, nahm Bezug auf die Aussage von *Hölscheidt,* dass die Möglichkeiten, auf die Richtlinien-Entscheidung der EU Einfluss zu nehmen, nicht genug genutzt würden. Seines Wissens sei der Prozess der Richtlinienentstehung recht informell. In den Arbeitskreisen der Direktionen würden die Vorentwürfe erarbeitet von Leuten, die nachher in der Direktion entschieden, ob diese Richtlinienentwürfe weiterbetrieben werden würden oder nicht. Dabei sei den Arbeitsgruppen bzw. Kommissionen untereinander zum Teil auch nicht bekannt, dass sie existierten. Ein Kollege aus dem Landwirtschaftsbereich habe ihm anhand eines Beispiels einmal erläutert, dass man, wenn man nicht sehr frühzeitig ein Instrumentarium der Folgenabschätzung in den Bundesländern aufbaue, im Zeitpunkt des Vorliegens des eigentlichen Entwurfes kaum noch zurücksteuern könne. Das Beispiel sei ein geplantes Einfuhrverbot von Amöben gewesen, dessen Erarbeitung dem Landwirtschaftsministerium bekannt geworden sei. Rein zufällig habe jemand, der eine Firma aus dem Raum Oldenburg gekannt habe, darauf hingewiesen, dass das Einfuhrverbot einer bestimmten Amöbenart dazu führen würde, dass diese pharmazeutische Firma mit 300 Mitarbeitern schließen müsste, weil die Produktion dort auf diese Amöbenart angewiesen sei. Dies zeige, dass es momentan in vielen Bereichen noch von Zufälligkeiten abhänge, welche Schwierigkeiten die Verwaltung später mit Richtlinien habe, die sie vielleicht hätte vorher beeinflussen können. Somit finde er es wichtig zu erfahren, ob es Möglichkeiten und Erkenntnisse gebe, wie man dort etwas früher ansetzen könne, so dass nicht erst später im formellen Wege Sachen vorgelegt würden, die man nicht mehr zurücksteuern könne.

Noch einmal Bezug nehmend auf die Umsetzung gab *Hölscheidt Sommermann* im Hinblick auf die Praxis einiger Mitgliedstaaten, möglichst schnell ein Gesetz mit wörtlicher Übertragung der Richtlinie zu schaffen und dieses nach Brüssel zu melden, damit erst einmal Ruhe sei, Recht. Es werde ja quasi nicht oder nur im Ansatz kontrolliert, ob ein solches Gesetz auch in der Praxis angewendet werde. Die Kommission prüfe nicht vor Ort, weil ihr dafür der Apparat fehle, ob z. B. die Filter auch eingebaut würden, wie dies in der Richtlinie bzw. in den nationalen Gesetzen vorgesehen sei. In diesem Zusammenhang höre man auch häufig hinter vorgehaltener Hand, dass z. B. in Portugal doch einige Anlagen stillgelegt werden müssten, wenn dies alles so stringent gehandhabt würde. Zum Problem der Frage, wer Brüssel bremse, gebe es zumindest die eindeutige Antwort, dass dies sicherlich nicht der EuGH tue. Die kritischen Töne von *Böhm* unterstütze er zu 100%. Bei der Richtersoziologie sei festzustellen, dass diese aus allen Mitgliedstaaten kämen und versuchten, sich auf einen mittleren Level einzulassen, gleichzeitig aber nach EG-Vertrag Organ der EG seien. Daher liege es eigentlich nahe, dass sie im Zweifelfall zugunsten der EG entschieden. Deshalb existiere auch die Diskussion, ein Subsidiaritätsgremium bzw. -ausschuss oder -gericht einzusetzen, welches sich speziell mit den Kompetenzproblemen auseinandersetzen solle, um Brüssel zu bremsen. Im Einzelnen wisse er allerdings nicht genau, wie das funktionieren solle. Für ihn sei nämlich die „äußerst kreative“ Rechtsprechung des EuGH das Hauptproblem bei der Kompetenzabgrenzung, egal, ob man einen Katalog schaffe oder sonstige Dinge unternehme. Eigentlich habe man ja auch die Festlegung über die begrenzte Einzelermächtigung. Wenn der EuGH nun aber hergehe und auf das Wesen der Verträge die Staatshaftung stütze, seien wohl die Grenzen erreicht und man käme auch mit einem Katalog nicht weiter.

Bezug nehmend auf die Frage von *Germer* stellte *Hölscheidt* fest, dass die Einflussnahme auf die Richtliniengebung nach gegenwärtigem Stand der Praxis sehr schwierig sei. Würden die nationalen Parlamente zu früh tätig, dann sei das Eisen zwar noch heiß, man habe aber noch keinen konkreten Gegenstand, weil sich alles ständig ändere. Die Kommission habe die Möglichkeit, einen Vorschlag zurückzuziehen. In Deutschland sei dies anders, weil mit der Schaffung eines Gesetzentwurfs, der auf den Weg gebracht werde, ein Entwurf als solcher existent sei und fest in den Händen des Bundestages liege. Die Europäische Kommission könne einen Entwurf jederzeit zurückziehen, etwas ändern und ihn wieder neu vorlegen. Wenn also der Bundestag in einem solchen Verfahren zu spät tätig werde, könne er nicht mehr viel ausrichten. Eine rein theoretische Möglichkeit, dies zu verändern, sei eine Aufforderung des Parlaments an die Regierung, präzise Informationen zu liefern, also z. B. im Amöbenfall festzustellen, dass dies eine immense wirtschaftliche Bedeutung habe und man sich darum kümmern müsse. Allerdings sei dabei momentan das Problem, dass es bisher keinen Filter gebe. Die 500 Unionsvorlagen rieselten undifferenziert auf den Bundestag ein. Darunter wäre dann z. B. auch die Amöbenangelegenheit, bei der man als unvoreingenommener Beobachter häufig nicht verstehe, worum es überhaupt gehe und auch die Konsequenzen nicht sehe. Die Bundesregierung informiere bereits flächendeckend. Der Bundestag müsste den Mut haben zu fordern, dass die Bundesregierung ihm wichtige Vorlagen mit einem detaillierten Sachstandsbericht liefere. Wenn der Bundestag jetzt über Länder oder andere Quellen herausfände, dass die Bundesregierung versuche, ihn nicht richtig zu informieren, sei es ihm ja unbenommen, sich die Vorlagen selbst zu beschaffen. Das momentane Geschehen sei schlagwortartig als Desinformation durch Überinformation zu bezeichnen. Die Opposition habe ständig Angst, von irgendwelchen Informationen abgeschnitten zu sein und mache dadurch alles immer nur noch schlimmer. Die CDU habe jetzt durchgesetzt, dass auch noch die Entwürfe der Ratstagesordnungen zugeliefert würden. Die Stapel auf dem Tisch würden also ungeahnte Dimensionen erreichen und kaum noch ein Durcharbeiten ermöglichen. Die Einflussnahme könne man dadurch steigern, dass bei bestimmten wichtigen Richtlinienentwürfen die nationalen Parlamente ein richtiges Mitspracherecht bekämen. Dies könne als Veto überlegt werden, bei dem z.B. die nationalen Parlamente drei Monate Zeit bekämen, darüber zu befinden, wenn ein Richtlinienbeschluss auf europäischer Ebene vorliege, und wenn zwei Drittel der nationalen Parlamente dagegen stimmten, wäre die Richtlinie vom Tisch. Er sehe im übrigen auch nicht den Sinn des Wirtschafts- und Sozialausschusses und des Ausschusses der Regionen, die institutionell immer sehr hoch gehalten würden. Meistens blieben selbst die Leute, die in den Gremien säßen, die Antwort auf die Frage, was diese Gremien denn schon einmal konkret bewirkt hätten, schuldig.

Sommermann leitete die Diskussion mit dem kritischen Hinweis auf die Fragwürdigkeit von noch mehr „Vetospielern" in einem System, das gerade wachse, an *Magiera* weiter.

Dieser kam noch einmal auf das gesamte Prinzip der Richtlinie zurück. Im Hinblick auf das Überwiegen der kritischen Stimmen aus Wissenschaft und Praxis müsse man sich doch fragen, ob die Richtliniengebung insgesamt gescheitert sei. Das Ziel der Richtlinie sei eindeutig zugunsten der Mitgliedstaaten gedacht, weil man dadurch einen nicht detaillierten Rechtsakt vorgebe und die Mitgliedstaaten dies in ihr Recht so einfügen könnten, wie es passe. Der Spielraum, das Subsidiaritätsprinzip und alles weitere schienen doch eigentlich ideal zu sein. In der Praxis laufe es aber dennoch nicht so einfach. Ein Punkt – wobei nicht deutlich sei, ob dies nur die Umsetzung durch Gesetze oder auch durch Verordnungen betreffe – sei der von *Hölscheidt* schon angesprochene Zeitrahmen und die sprachlichen und inhaltlichen Schwierigkeiten. Bei dem Zeitrahmen könne er die Problematik nicht ganz verstehen, weil dieser in dem Augenblick beginne, wo die Kommission sich überlege, ob sie eine Richtlinie vorschlagen solle. Das käme ja meistens gar nicht von ihr, sondern aus den Mitgliedstaaten, so dass ein langer Prozess beginne, an dem die Mitgliedstaaten bereits beteiligt seien.

Er könne es nicht verstehen, wenn sich ein Mitgliedstaat bzw. die Abgeordneten der nationalen Parlamente beschwerten, weil sie erst im Zeitpunkt der Veröffentlichung der Richtlinie im Amtsblatt davon erfahren hätten, weil die Abgeordneten nur das Amtsblatt lesen würden. In einem solchen Fall müsse man wohl eher innerstaatlich die Strukturen ändern und nicht die in Brüssel. Man müsse sich doch fragen, was Brüssel sei. Diejenigen, die in Brüssel das Sagen hätten, seien schließlich die Mitgliedstaaten. Das sei doch das eigentliche Problem. Wenn *Böhm* konstatiere, dass man selbst schon Gesetze hätte und nicht noch Vorgaben aus Brüssel brauche, so müsse man bedenken, dass man momentan bereits 15 und bald 25 Mitgliedstaaten habe, die alle eigene Rechtsstrukturen und Ordnungen hätten. Jeder habe seine Spezialität und dies solle nun so angeglichen werden, dass es für die Menschen (es gehe jetzt nicht um die Staatsorgane), die Wirtschaften, die Arbeitnehmer verträglich sei. Gestern sei schon deutlich geworden, welche Schwierigkeiten im Austausch zwischen den Ländern existierten. Man sollte also immer bedenken, dass dies das Ziel der gemeinschaftlichen Regelung sei.

Wenn man es an diesem Maßstab messe, dann könne man sich manchmal fragen, warum etwas denn so detailliert sei. Liege es an Dingen, die man vermeiden könnte? Wenn er sich vorstelle, man würde etwas nicht mehr so detailliert regeln, führte es vielleicht doch zu kleineren Abweichungen z. B. im Handelsverkehr. Im Umgang mit der Verwaltung könne dies dann dazu führen, dass der Betroffene seine Waren nicht mehr liefern könne, weil eine kleine Besonderheit gegeben sei. Auf das Grundproblem zurückkommend, stellte er noch einmal fest, dass die geäußerte Kritik durchaus zu Recht bestehe, wobei allerdings die Frage sei, was man auf Dauer mache. Der Vorschlag von *Hölscheidt* zur Einführung eines Vetorechts habe eben auch die Seite, dass dann die nationalen Parlamente anfingen, ihre Spezialitäten einzubringen. Er wolle dann nicht das Endprodukt sehen, das häufig wahrscheinlich sogar noch komplizierter und schwieriger werde. Natürlich habe *Hölscheidt* auch Recht mit den 26 Erwägungsgründen, die man vor einer Richtlinie zu bedenken habe, aber immerhin stehe dies in einem Rechtsakt. Wenn er eine deutsche Rechtsverordnung oder ein deutsches Gesetz lese und kein Insider sei, dann müsse er sich auch in die Vorlagen einarbeiten. Der EuGH lege eben großen Wert auf diese Erwägungsgründe und begründe auch seine Entscheidungen damit. Er finde es sehr gut, dass der EuGH kaum auf die Materialien eingehe, sondern sich auf den Text konzentriere und sich auf die Position zurückziehe, was jemand, der nur den Rechtsakt sehe, daraus entnehmen könne. Das sei ein faires Verfahren, weil jeder erst einmal den Rechtsakt lesen und alles daraus auch verständlich sein sollte. Die Kritikpunkte seien sicherlich zutreffend, weil Mängel da seien. Sein Blick sei aber ein wenig anders, weil man es nicht aus der Sicht eines einzelnen Staates sehen dürfe, sondern immer alle Mitgliedstaaten zusammen sehen müsse. Daran schließe sich an, was man mit einer unterschiedlichen Umsetzung mache. Die Kommission habe – wie schon richtigerweise festgestellt worden sei – kaum Möglichkeiten, dies zu kontrollieren. Es stelle sich also genau da die zentrale Frage der gleichmäßigen Umsetzung, auf die er keine Antwort finde.

Auf die Gesetzesfolgenabschätzung Bezug nehmend wollte *Böhm* wissen, ob man sich vorstellen könne, mit einer Richtlinien-Folgenabschätzung gewisse Defizite auffangen zu können.

Dr. *Hermann Franz,* Europareferent im Ministerium des Innern und für Sport des Landes Rheinland-Pfalz, wies noch einmal ergänzend zu *Magiera* darauf hin, dass all die guten Ideen zur Umsetzung auch entsprechende „Man-Power" bei den deutschen Ländern voraussetzten. Er verwies auf ein Beispiel, wonach eine Richtlinie mit zwingenden Regelungen zur stofflichen Beschaffenheit von Feuerwehr-Uniformen erlassen wurde und sich im Nachhinein herausstellte, dass nur eine britische Firma die entsprechenden Stoffe herstellte. Das Thema in Deutschland wäre dabei gewesen, wer das hätte merken müssen. Da dies eine Zuständigkeit der Länder sei, wären die Länder gefordert gewesen. Dies zeige, dass auch die Länder in Brüssel ganz präsent sein müssten, um so etwas frühzeitig merken zu können. Er glaube, dass hier nicht nur das Parlament, sondern in einem ersten Schritt auch ganz stark die Exekutive gefragt sei.

Bezug nehmend auf das Problem der Aushebelung der innerstaatlichen Mitwirkungsrechte durch die Gesetzgebung in Brüssel zeigte sich *Birgit Hill,* Amtsrätin im Innenministerium des Landes Mecklenburg-Vorpommern, verwundert über die Ausführungen von *Hölscheidt* zum Ausschuss der Regionen. Sie denke, dass es eine wichtige Möglichkeit sei, über den Ausschuss Interessen der Regionen bzw. Länder einzubringen. Man habe von Länderseite bisher zwar nichts gemacht, weil man nichts habe tun können. Sie sehe jedoch das Ziel, die Kompetenzen des Ausschusses zu stärken, um die Interessen der Regionen besser einbringen zu können. Bei einer solchen Stärkung wären die hier bereits genannten Einzelfälle vielleicht nicht mehr möglich und deshalb interessiere sie, wie die Perspektiven des Ausschusses gesehen würden. Gerade die Ausschussarbeit biete eine Einflugschneise für die föderalen Interessen. Mithin sei eine Stärkung der Rechte des Ausschusses durchaus von Bedeutung.

Uwe Ram, Referatsleiter in der Wirtschaftsbehörde der Freien und Hansestadt Hamburg, beurteilte die Forderung, dass die Länder sich in Brüssel stärker einbringen müssten, als unrealistisch, wenn man in der täglichen Praxis erlebe, was man für eine Flut von Umsetzungen seitens der EU z. B. im Außenwirtschaftsrecht bekomme. In Wirklichkeit liege die Kompetenz ganz bestimmt nicht bei der Exekutive, wenn er an das Beispiel mit der Feuerwehruniform denke. Zwar würden kommunal Feuerwehruniformen angeschafft, aber wer kümmere sich denn darum, woraus diese im Detail beständen. Interessant sei dies z.B. für die Hersteller von solchen Uniformen und diese seien dann auch eigentlich gefordert. Im Regelfall würden diese auch sehr frühzeitig – wenn es funktioniere – über ihre Lobby bzw. Verbände bei der Kommission versuchen, auf solche Vorhaben Einfluss zu nehmen. Er halte es für völlig unrealistisch zu glauben, dass die Exekutive in der Lage sei, dieses enorm weite Spektrum, das durch EU-Regelungen abgedeckt werden könne bzw. müsse, so zu beobachten, dass man rechtzeitig merke, dass in irgendeinem Bundesland irgendein mittelständisches Unternehmen durch eine spezielle Regelung massiv beeinträchtigt werden könnte. Dies sei eben Aufgabe der Verbände, die ein Eigeninteresse hätten, weil sie die Interessen ihrer Mitglieder vertreten. Die Vorstellung, in Brüssel seien es die Mitgliedstaaten, die primär Einfluss nehmen, empfinde er anders. Er erlebe jedes Mal, wenn er als Vertreter des Bundesrates in der Ratsgruppe Handelsfragen sitze, dass die Vertreter der Mitgliedstaaten reagierten und nicht agierten. Sie reagierten auf Vorschläge der Kommission, brächten kaum eigene ein, beschlössen zwar anschließend darüber, aber das Problem liege bereits zu einem früheren Zeitpunkt bei den Entwürfen der Kommission vor. Wenn man nicht bei den Vorschlägen Einfluss nehme, könne man nach seiner Erfahrung später im Verfahren kaum noch etwas bewirken.

Auf ein rechtsdogmatisches Problem wies *Gerd Künzel,* Abteilungsleiter Soziales im Ministerium für Arbeit, Soziales, Gesundheit und Frauen des Landes Brandenburg, mit der Frage hin, ob es nicht eher auf ein EU-verfassungsrechtliches Problem zuliefe. Bei den Beispielen sei es ganz offensichtlich so, dass sozusagen Verhältnisse gespiegelt würden, also Regelungen, die in der Bundesrepublik in einer innerstaatlichen DIN-Norm enthalten seien, würden auf einmal überstaatliche Gesetzgebung. Ihm falle auf, dass es in den EG-Normen keine Regelung darüber gebe, welche Art von Vorschriftensetzung unter welchen Voraussetzungen angebracht sei. Es würde relativ offen über die Maßnahmen, die erforderlich seien, gesprochen, und die verschiedenen Ebenen bzw. Hierarchien der Regelungen stünden unverbunden nebeneinander. Man habe also die freie Auswahl nach Zweckmäßigkeitsgesichtspunkten. Er frage sich, ob es nicht geboten sei, in diese Frage der Normenhierarchien auch einmal eine wissenschaftlich-rechtsdogmatische Ordnung hineinzubringen. Dies müsse man dann sicherlich auch vertraglich vereinbaren. Beispielsweise könne man bestimmen, dass eine Richtlinie nicht erlassen werden dürfe, wenn es keine Spielräume gebe. Wenn es dagegen so sei, dass es der Sache nach keine Spielräume geben dürfe, müsse eine Verordnung erlassen werden. Dann könne man auch überlegen, dass der Erlass einer Verordnung bestimmten demokratischen Spielregeln auf der Ebene der europäischen Institutionen unterworfen werden müsse. Auf dieser Ebene könne man auch Diskussionsverpflichtungen aufnehmen, die eine „Kungelei“ vermeiden könnten. Er frage sich, ob das nicht der wirksamere Weg sei gegenüber den doch etwas rührend anmutenden Versuchen, alles auf unterschiedlichen nationalen Ebenen noch aufzufangen.

In seinem Abschlussstatement ging *Hölscheidt* nochmals auf die Idee eines Vetorechts des Parlaments ein und präzisierte sie dahingehend, dass er damit auch keine Änderungskompetenzen der nationalen Parlamente einführen wolle. Seine Vorstellung wäre in etwa die, dass der Rat mit Zwei-Drittel-Mehrheit beschließe, zwei Drittel der mitgliedstaatlichen Parlamente innerhalb von drei Monaten zustimmen müssten, ansonsten die Zustimmung fingiert werde. Damit sei also keine Änderungskompetenz und auch kein Aufhalten des Gesetzgebungsverfahren gemeint. Für die von Außenminister *Fischer* vorgeschlagene zweite parlamentarische Kammer hege er auch keinerlei Sympathie. Wenn man in dieses Gesetzgebungsverfahren jetzt noch eine Kammer aus nationalen Parlamenten einschlösse, wäre dies ein Musterbeispiel für Intransparenz. Ihm sei auch völlig schleierhaft, wie Herr *Fischer* auf diese Idee gekommen sei, zumal früher diese Doppelmandate existiert hätten und es nicht funktioniert habe. Der normale Politiker könne nur in einem Parlament sitzen und sich dort engagieren, da es dort bereits hinreichend Arbeit gebe.

Eingehend auf die Frage von *Hill* nach dem Ausschuss der Regionen betonte er nochmals, dass er zwar wisse, dass dieser von den Ländern hochgehalten werde, er aber ein Beispiel dafür vermisse, dass der Ausschuss tatsächlich einmal etwas bewirkt habe. Er sei vor kurzem bei einem Vortrag bei der Kommission in Bonn gewesen, wo die Arbeit des Ausschusses ausgesprochen positiv geschildert worden sei. Ein Teilnehmer habe nach einem konkreten Erfolgsbeispiel gefragt und die Antwort sei der Referent leider schuldig geblieben. Er frage sich angesichts solcher Ergebnisse, ob man 222 Mitglieder des Ausschusses der Regionen und noch einmal die gleiche Anzahl von Mitgliedern beim Wirtschafts- und Sozialausschuss, also 444 Leute benötige, die immer angehört werden müssten. In dem ohnehin komplizierten Gesetzgebungsverfahren habe er ein Problem damit, ob es wirklich sinnvoll sei, eine solche Anhörungsphase mit sehr vielen Leuten einzuschalten und allen anderen Organen dabei die Möglichkeit zu geben, sich die Anhörung anzusehen, sie abzuwägen und dann zu ignorieren.

Bezogen auf die von *Böhm* vorgeschlagene Richtlinien-Folgenabschätzung bemerkte er, dass er dies zwar für eine gute Idee halte, aber seines Wissens nach diese ja bereits bei Gesetzen bisher meistens nicht richtig funktioniere. Wenn man im Vorfeld abschätzen könne, was die Richtlinie bewirke, die dann auch noch in innerstaatliches Recht umgesetzt werde, wäre das sicherlich ein Fortschritt. Der Bundestag versuche dadurch eine Besserung, dass er der Bundesregierung häufig Berichtspflichten auferlege und auf unterschiedlicher rechtlicher Grundlage die Bundesregierung verpflichte, nach einem Jahr darüber zu berichten, wie sich ein bestimmtes Gesetz bewährt habe. Es gebe sehr viele Berichtspflichten, von denen viele im Argen lägen: Sie würden nicht geliefert, aber auch nicht angefordert. Die Parlamentsverwaltung schleppe die Berichtslisten mit und schaue gelegentlich, ob mal wieder eine erfüllt worden sei oder nicht. Auch die Opposition hake da nicht nach.

An dieser Stelle ergänzte *Magiera,* dass ihm als abschreckendes Beispiel der Subsidiaritätsbericht bekannt sei. Er habe bereits öfter Referendare in Seminaren gebeten, die Berichte zu analysieren. Diese würden dann immer reihenweise zu ihm kommen und mitteilen, dass dort gar nichts drinstehe und was sie nun tun sollten. Es sei also sehr schwer, daraus zu erkennen, warum das Subsidiaritätsprinzip funktioniere oder auch nicht.

Den rechtsdogmatischen Vorschlag von *Künzel* griff *Hölscheidt* im Folgenden auf und erklärte, dass er der Idee, im Hinblick auf das EU-Verfassungsrecht zu versuchen, die Rechtsgrundlagen etwas stringenter zu formulieren, durchaus Sympathie entgegenbringe. Allerdings komme er in diesem Zusammenhang auf seine kritischen Äußerungen in Richtung EuGH zurück, denn eigentlich stehe das, was man in Bezug auf die Richtlinie wolle, bereits im Vertrag. Der Umsetzungsspielraum sei aus dem Wortlaut unmittelbar zu entnehmen, und der Bundesfinanzhof habe bereits einmal lange mit erheblicher Beharrlichkeit insistiert, dass es so nicht gehe und dass eine bestimmte Vorschrift keine Richtlinie sei. Der EuGH akzeptiere die Handlungsweisen aber so. Er selbst sei insofern skeptisch, ob tatsächlich nur mit Hilfe einer Textänderung in Bezug auf die Vorschriften eine andere Sachlage herbeigeführt werden könne.

Zu der für ihn interessanten Auseinandersetzung zwischen *Franz* und *Ram* bemerkte er abschließend, dass *Ram* wohl der erste Vertreter der Exekutive sei, der meine, man müsse nicht alles regeln, was er sehr originell finde. Im Grunde glaube er, dass man gar nicht so weit auseinander liege, weil alle aufpassen müssten, dass nichts schief gehe. Es sei ja sehr misslich, hinterher festzustellen, dass das Kind in den Brunnen gefallen sei, man es aber nicht mehr herausholen könne. Dies sei die Schwierigkeit bei der europäischen Rechtsetzung. National könne man immer hinterher noch feststellen, dass das so nicht gehe und es ändern. Manchmal werde ja sogar schon nachgebessert, bevor ein Gesetz überhaupt im Bundesgesetzblatt veröffentlicht werde. Auf europäischer Ebene sei es eben so, dass eine europäische Regelung nicht so einfach zu beseitigen sei. Die Kommission sei unabhängig und werde im Zweifel keinen Vorschlag vorlegen. Es sei also viel mehr Wachsamkeit der Lobbyisten für die Rechtsetzung auf europäischer Ebene geboten.

Sommermann beendete die Diskussion mit dem Hinweis, dass er die Gesetzesfolgenabschätzung, die u. a. ja auch von Speyer in ihrer Entwicklung vorangebracht werde, nicht in einem so negativen Licht stehen lassen wolle, sondern dass man bedenken müsse, dass man sich in Deutschland mit diesem Instrumentarium noch in der Experimentierphase befinde. Gerade im Moment gebe es auf Bundesebene unter Einbeziehung Speyerer Sachverstands wichtige Initiativen, und man müsse die Erfahrungen erst abwarten und evaluieren. Zum Abschluss dankte er dem Referenten sowie den Teilnehmern für die rege Diskussion.

Haftung bei Verletzung des Gemeinschaftsrechts im Verhältnis von Bund und Ländern

Von Monika Böhm

I. Einleitung

Eine Haftung im Verhältnis von Bund und Ländern bei Verletzung des Gemeinschaftsrechts kann insbesondere in zwei Fällen[1] in Betracht kommen: zum einen bei Verhängung eines Zwangsgelds oder eines Pauschalbetrags durch den EuGH nach Maßgabe des Art. 228 Abs. 2 EGV bei Nichtbefolgung von Urteilen des Gerichts, zum anderen bei Verhängung einer Geldbuße nach Art. 104 Abs. 11 EGV durch den Rat bei Nichtbefolgung von Empfehlungen zum Abbau übermäßiger Haushaltsdefizite. In der Praxis hat bislang allein die mögliche Festsetzung von Zwangsgeldern eine Rolle gespielt.

Am 4. Juli 2000 setzte der EuGH erstmals ein Zwangsgeld gegen einen Mitgliedstaat fest[2]. Schon 1992 war Griechenland verurteilt worden, weil es Verpflichtungen aus zwei Abfallrichtlinien nicht nachgekommen war. Dieses Urteil wurde jedoch nicht umgesetzt. Daraufhin leitete die Kommission 1997 ein Vertragsverletzungsverfahren nach Art. 228 Abs. 2 EGV ein und beantragte die Verhängung eines Zwangsgeldes in Höhe von 24600 Euro pro Tag. Der EuGH setzte schließlich ein Zwangsgeld in Höhe von 20000 Euro pro Tag wegen Missachtung eines EuGH-Urteils zur Rechtswidrigkeit unterlassener Beseitigung giftiger und gefährlicher Abfälle fest (Verfahrensgegenstand war eine wilde Mülldeponie auf Kreta).

Gegen die Bundesrepublik Deutschland wurde bisher zwar noch kein Zwangsgeld verhängt, schon mehrfach wurde allerdings eine entsprechende Verurteilung erst im letzten Moment abgewendet. So hatte beispielsweise Ende 1996 die EG-Kommission wegen Nichtbefolgung von mehreren Ent-

---

[1] Zum Regressinteresse des Bundes in Fällen gemeinschaftsrechtlicher Staatshaftung s. *Hans-Georg Dederer,* Regress des Bundes gegen ein Land bei Verletzung von EG-Recht, in: NVwZ 2001, S. 258 f.; zur Staatshaftung bei Verstößen gegen primäres Gemeinschaftsrecht *Monika Böhm,* Voraussetzungen einer Staatshaftung bei Verstößen gegen primäres Gemeinschaftsrecht, in: JZ 1997, S. 53 ff.

[2] EuGH, Rs. C-387/97, Slg. 2000-I, S. 5047–5121 – Kommision/Griechenland = EuZW 2000, S. 531 m. Anm. *Ulrich Karpenstein,* dort auch zur Vorgeschichte.

scheidungen des EuGH ein Zwangsgeld in Höhe von 870 000.– DM pro Tag beantragt[3]. Da die Verpflichtungen aus dem EGV immer den Mitgliedstaat als solchen treffen, wäre das fragliche Zwangsgeld gegen den Bund verhängt worden, obwohl die Umsetzungsverantwortung bei den Ländern lag. In Frage standen Regelungen für den Wasserhaushalt und den Naturschutz, für den dem Bund nur Rahmengesetzgebungskompetenzen nach Art. 75 Abs. 1 Nr. 3 und 4 GG obliegen.

Im Innenverhältnis zwischen Bund und Ländern hätte sich dann die Frage gestellt, ob und auf welcher Grundlage der Bund das zu tragende Zwangsgeld von den verantwortlichen Bundesländern zurückfordern kann. In einem Fall hatte nur ein einziges Bundesland – das Saarland – die betroffene Richtlinie noch nicht vollständig umgesetzt.

Auch in Zukunft kann eine Zwangsgeldverhängung nicht ausgeschlossen werden, da sich die Umsetzung von EG-Vorgaben oder jedenfalls die vollständige Umsetzung oft erheblich verzögert. Als aktuelles Beispiel sei nur auf die verzögerte Umsetzung der UVP-Änderungsrichtlinie und der Richtlinie zur integrierten Vermeidung und Verminderung der Umweltverschmutzung verwiesen, deren Fristen schon zum 14.3.1999 bzw. zum 30.10.1999 abgelaufen sind.

Nachfolgend wird zunächst unter II. auf die Voraussetzungen zur Verhängung von Zwangsgeldern, Pauschalbeträgen und Geldbußen durch Organe der EG eingegangen. Sodann werden unter III. in Betracht kommende Anwendungsfälle aufgegriffen. Im Anschluss daran wird unter IV. die Zuständigkeit zur Umsetzung des EG-Rechts in Deutschland dargestellt. Unter V. wird auf mögliche Grundlagen eines Bund-Länder-Regresses nach Verhängung eines Zwangsgeldes durch den EuGH eingegangen. Ein eigener Regelungsvorschlag schließt sich unter VI. an. Abschließend wird unter VII. ein kurzes Fazit gezogen.

II. Voraussetzungen der Verhängung von Zwangsgeldern, Pauschalbeträgen und Geldbußen

1. Art. 228 Abs. 2 EGV

Die Möglichkeit einer Zwangsgeldverhängung bzw. der Verhängung eines Pauschalbetrags wurde als Art. 171 Abs. 2 EGV durch den Maastricht-Vertrag eingefügt und findet sich nach der durch den Amsterdam-Vertrag vorgenommenen Neunummerierung nunmehr wortgleich in Art. 228 Abs. 2 EGV[4].

---

[3] Siehe ABl. 1997 C 166/7 f., dazu *Monika Böhm,* Der Bund-Länder-Regress nach Verhängung von Zwangsgeldern durch den EuGH, in: JZ 2000, S. 382 f.

Die Abgrenzung zwischen Zwangsgeld und Pauschalbetrag ist bislang noch nicht abschließend geklärt. Sinnvoll erscheint allein eine Differenzierung zwischen dem Pauschalbetrag als einmaligem Bußgeld und dem regelmäßig fällig werdenden Zwangsgeld[5].

Die Regelung war gedacht als ultima ratio, wenn alle anderen nach dem Vertrag vorgesehenen Maßnahmen gegen den säumigen Mitgliedstaat nicht greifen. Zuvor fehlte es an einer direkten Möglichkeit, Druck auf die Einhaltung der nicht vollstreckbaren Urteile[6] des EuGH auszuüben.

Bevor ein Zwangsgeld verhängt werden kann, muss ein Verfahren nach Art. 226 ff. EGV durchlaufen worden sein. Nur bei Nichtbefolgung von Urteilen, die im Rahmen eines sog. Vertragsverletzungsverfahren ergehen, ist die Festsetzung eines Zwangsgelds möglich.

Bevor als letztes Mittel eine Zwangsgeldverhängung droht, weil ein Mitgliedstaat seiner Umsetzungsverpflichtung nicht nachkommt, ist ein abgestuftes Verfahren zu durchlaufen. Zunächst gibt die EG-Kommission eine Stellungnahme ab. Nach Art. 226 EGV hat sie vorher dem betroffenen Mitgliedstaat Gelegenheit zur Äußerung zu geben. Erst wenn der Mitgliedstaat der Stellungnahme innerhalb einer von der Kommission gesetzten Frist nicht nachkommt, kann die Kommission den Gerichtshof anrufen. Diese Möglichkeit steht in entsprechender Weise auch jedem Mitgliedstaat offen. Stellt der Gerichtshof fest, dass ein Mitgliedstaat gegen eine Verpflichtung aus dem Vertrag verstoßen hat, wird er verurteilt, die erforderlichen Maßnahmen zu ergreifen (Art. 228 Abs. 1 des EGV). Erst wenn der Mitgliedstaat dem Urteil nicht nachkommt, kann der EuGH auf einen entsprechenden Antrag der Kommission ein Zwangsgeld bzw. einen Pauschalbetrag verhängen[7]. Zuvor ist dem Mitgliedstaat nochmals Gelegenheit zur Äußerung zu geben.

---

[4] Vgl. nur *Wolfram Cremer,* in: Christian Calliess/Matthias Ruffert (Hrsg.), Kommentar des Vertrages über die Europäische Union und des Vertrages zur Gründung der Europäischen Gemeinschaft: EUV, EGV, Neuwied, Kriftel 1999, Art. 228 EGV, Rn. 9.

[5] Siehe *Rolf Wägenbaur,* Zur Nichtbefolgung von Urteilen des EuGH durch die Mitgliedstaaten, in: Ole Due/Marcus Lutter/Jürgen Schwarze (Hrsg.), Festschrift für Ulrich Everling, Band II, Baden-Baden 1995, S. 1611, 1618.

[6] Art. 244, 256 EGV.

[7] Auch dieses Urteil ist jedoch nicht vollstreckbar, s. Art. 244, 256 EGV. In Betracht kommt allenfalls eine Aufrechnung, vgl. *Elke Bohl,* Offenlegung von Jahresabschlüssen, in: EuZW 1998, S. 762, 763 m.w.Nachw.

2. Die Bemessung des Zwangsgeldes

Kriterien für die Bemessung des Zwangsgeldes sieht der EGV nicht vor. Die Kommission hat jedoch in einer Mitteilung über die Berechnung des Zwangsgeldes einige Orientierungspunkte genannt[8]. Sie orientiert sich bei der Höhe der beantragten Zwangsgelder an drei grundlegenden Kriterien[9]: Neben der Schwere eines Verstoßes werden seine Dauer sowie die erforderliche Abschreckungswirkung, um einen erneuten Verstoß zu verhindern, berücksichtigt.

Grundsätzlich geht die Kommission dabei davon aus, dass das Zwangsgeld das am besten geeignete Mittel ist, um die schnellstmögliche Beendigung des Vertragsverstoßes zu erreichen. Die Möglichkeit, einen Pauschalbetrag zu beantragen, bleibt danach zwar bestehen, wird jedoch nicht näher konkretisiert.

Die allgemeinen Kriterien, die die Festsetzung des Zwangsgeldes bestimmen, werden dagegen näher ausgeführt. Bezüglich des Merkmals „Schwere des Verstoßes“ wird zunächst festgestellt, dass grundsätzlich bereits die Tatsache, dass einem Urteil nicht nachgekommen worden ist, einen schweren Verstoß darstelle. Daneben sollen jedoch zwei weitere Gesichtspunkte bei der Bestimmung der Schwere des Verstoßes berücksichtigt werden. Zum einen handelt es sich dabei um die Bedeutung der gemeinschaftlichen Rechtsvorschriften, gegen die der Mitgliedstaat verstoßen hat. Zum anderen wird bezüglich der Wirksamkeit der Sanktionen betont, dass die Höhe der Sanktion eine abschreckende Wirkung entfalten muss. In einer späteren Mitteilung hat die Kommission die Kriterien ergänzt[10] und festgelegt, wie der Tagessatz des Zwangsgeldes zu berechnen ist. Danach ist ein einheitlicher Grundbetrag von 500 ECU je Tag mit einem Schwere-, einem Dauer- und einem Länderfaktor zu multiplizieren. Je nach Schwere des Verstoßes wird der Grundbetrag mit einem Faktor von mindestens 1 und höchstens 20 multipliziert. Bezüglich der Dauer des Verstoßes wird der Grundbetrag darüber hinaus mit einem Faktor von mindestens 1 und höchstens 3 multipliziert. Durch den Länderfaktor soll die Zahlungsfähigkeit des betreffenden Mitgliedstaates erfasst werden, um eine abschreckende Wirkung zu erreichen. Der „Abschreckungsfaktor“ liegt zwischen 1 und 26,4. Er verbindet

---

[8] Mitteilung 96/C242/07 vom 21. August 1996 über die Anwendung von Art. 171 EGV, ABl. 1996 C 242/6, sowie Mitteilung 97/C63/02 vom 28. Februar 1997 über das Verfahren für die Berechnung des Zwangsgelds nach Art. 171 EGV, ABl. 1997 C 63/2.

[9] Vgl. ABl. 1996 C 242/7; dazu *Sven Hölscheidt,* Zwangsgelder gegen die Bundesrepublik Deutschland wegen Nichtbeachtung von Urteilen des Europäischen Gerichtshofes, in: BayVBl. 1997, S. 459 ff.

[10] ABl. 1997 C 63/2.

die auf dem Bruttoinlandsprodukt des jeweiligen Mitgliedstaats beruhende Zahlungsfähigkeit und die Stimmenzahl jedes Mitgliedstaates im Rat. Der Faktor beträgt beispielsweise für Luxemburg 1,0, für Griechenland 4,1, für Italien 17,7 und für die Bundesrepublik Deutschland 26,4. Die Bundesrepublik hat demnach mit den höchsten Zwangsgeldfestsetzungen zu rechnen. Auf der Grundlage der genannten Kriterien legt die Kommission den Betrag fest, der als tägliches Zwangsgeld beantragt werden soll.

Der EuGH ist in seinem Urteil zu Griechenland den Vorschlägen der Kommission im Wesentlichen gefolgt[11]. Er hat dabei ausdrücklich hervorgehoben, dass die Verhaltensmaßregeln der Kommission dazu beitragen, die Transparenz, die Vorhersehbarkeit und die Rechtssicherheit ihres Vorgehens zu gewährleisten, wobei gleichzeitig angestrebt werde, dass die Zwangsgelder, die vorgeschlagen werden, der Höhe nach verhältnismäßig sind. Der Vorschlag der Kommission, sowohl das Bruttoinlandsprodukt des betreffenden Mitgliedstaats als auch die Zahl seiner Stimmen im Rat zu berücksichtigen, wurde als sachgerecht angesehen, weil damit eine Wiedergabe der Zahlungsfähigkeit des Mitgliedstaats möglich sei, wobei eine angemessene Differenzierung zwischen den einzelnen Mitgliedstaaten erfolge. Der EuGH betonte zwar unter Berufung auf Art. 228 Abs. 2 UA 3 EGV ausdrücklich, dass die Vorschläge der Kommission für den Gerichtshof nicht verbindlich seien. Gleichwohl würden die Vorschläge jedoch „einen nützlichen Bezugspunkt“ darstellen.

Der Hauptzweck des Zwangsgelds bestehe darin, dass der Mitgliedstaat in kürzester Frist den Verstoß abstellt. Das Zwangsgeld sei deshalb in einer Weise festzusetzen, die den Umständen angepasst ist und sowohl in Bezug auf den festgestellten Verstoß als auch in Bezug auf die Zahlungsfähigkeit des betreffenden Mitgliedstaats verhältnismäßig ist. Bei der Anwendung der Kriterien sei insbesondere zu berücksichtigen, welche Auswirkungen die Nichterfüllung der Verpflichtungen auf private und öffentliche Interessen hat, und wie dringlich es ist, den betreffenden Mitgliedstaat zur Erfüllung seiner Verpflichtungen zu veranlassen.

3. Art. 104 Abs. 11 EGV

Nur kurz erwähnt werden kann an dieser Stelle eine Parallelproblematik. Art. 104 Abs. 11 EGV sieht die Verhängung einer Geldbuße in angemessener Höhe für den Fall vor, dass die Mitgliedstaaten ihrer Pflicht zur Vermeidung übermäßiger öffentlicher Defizite nicht nachkommen[12]. Auch hier

---

[11] EuGH, Rs. C-387/97 (Anm. 2) = EuGRZ 2000, S. 369, 375.

[12] Siehe *Dieter Carl,* Europäische Integration und bundesstaatlicher Finanzausgleich, in: NVwZ 1994, S. 947, 949 ff.; *Veith Mehde,* Gesetzgebungskompetenz des

ist der Bund nach außen hin für die Zahlung verantwortlich, obwohl im Innenverhältnis die Verantwortung für die Entstehung des übermäßigen öffentlichen Defizits – zumindest auch – bei den Ländern liegen kann. Für die Verhängung der Geldbuße ist allerdings nicht der EuGH, sondern der Rat zuständig. Auf die Problematik kann an dieser Stelle nicht weiter eingegangen werden. Sollte es allerdings einmal zur Verhängung einer Geldbuße kommen – was angesichts der politischen Interessenlage im Rat eher unwahrscheinlich ist –, besteht bezüglich möglicher Regressansprüche im Bund-Länder-Verhältnis die selbe Ausgangslage wie bei einer Zwangsgeldfestsetzung durch den EuGH.

III. Anwendungsfälle

Die Verhängung eines Zwangsgeldes knüpft an die Nichtbefolgung eines Urteils nach Art. 228 Abs. 1 EGV an. Sie kommt deshalb grundsätzlich in Betracht nach Verurteilung wegen Verstößen gegen das Vertragsrecht der Gemeinschaft, gegen Verordnungen und Einzelentscheidungen, gegen ungeschriebenes Gemeinschaftsrecht[13] und wegen Nichtumsetzung von Richtlinien. In der Praxis sind überwiegend die letztgenannten Verstöße Gegenstand von Vertragsverletzungsverfahren. Dies hat seinen Grund darin, dass die Mitgliedstaaten bei der Umsetzung von Richtlinien selbst tätig werden müssen. Nach Art. 249 EGV ist die Richtlinie zwar für die Mitgliedstaaten hinsichtlich des zu erreichenden Ziels verbindlich, überlässt jedoch den innerstaatlichen Stellen die Wahl der Form und der Mittel[14].

Allein gegen die Bundesrepublik Deutschland wurden zwischen 1992 und 1996 insgesamt 32 Klagen wegen nicht ordnungsgemäßer Umsetzung von Richtlinien erhoben und lediglich eine wegen einer sonstigen Verletzung. Soweit wegen nicht ordnungsgemäßer Umsetzung von Richtlinien verurteilt wurde, heißt dies jedoch in vielen Fällen nicht, dass gar nicht umgesetzt wurde. Als Nichtumsetzung gilt es auch, wenn nicht vollständig umgesetzt wurde. Teilweise kann die Verurteilung wegen Nichtumsetzung

---

Bundes zur Aufteilung der Verschuldungskompetenzen des Vertrags von Maastricht?, in: DÖV 1997, S. 616 ff.; *Frank Littwin,* Umsetzung der Konvergenzkriterien nach Art. 104c I EGV im Bund-Länder-Verhältnis unter besonderer Berücksichtigung des Art. 109 GG, in: ZRP 1997, S. 325 ff.

[13] Unter sonstiger Verletzung werden Verstöße gegen den Vertrag, Verordnungen und Entscheidungen vereint. Praktisch bedeutsam waren insbes. Verstöße gegen Beihilfeentscheidungen, genannt werden aber auch Diskriminierungen in der Ausbildung als Fall der Arbeitnehmerfreizügigkeit und bei der Ausübung der Dienstleistungsfreiheit.

[14] Zur Umsetzung des Gemeinschaftsrechts in den Mitgliedstaaten siehe im einzelnen den Beitrag von *Sven Hölscheidt* in diesem Band.

auch darin begründet sein, dass der EuGH eine Richtlinie anders auslegt, als dies der deutsche Gesetzgeber getan hat[15]. Bei vielen anderen Mitgliedstaaten finden sich ähnliche Verhältnisse bezüglich der Nichtumsetzung wie in Deutschland[16]. Auch in den Fällen, in denen die Kommission bislang Zwangsgeldanträge beim EuGH gestellt hat, war jeweils die Nichtumsetzung von Richtlinien Gegenstand einer Verurteilung durch den EuGH gewesen.

Im Folgenden stehen deshalb diese Verstöße im Mittelpunkt. Für die sonstigen Verstöße gelten jedoch die gleichen Grundsätze.

IV. Zuständigkeit zur Umsetzung von EG-Recht in Deutschland

1. Vorgaben des Grundgesetzes

Die Zuständigkeit zur Umsetzung von Richtlinien richtet sich nach den in Art. 70 ff. GG festgeschriebenen Gesetzgebungskompetenzen. Den Bund trifft die Umsetzungspflicht immer dann, wenn ihm nach Art. 71, 73 GG ausschließliche oder nach Art. 72, 74 f. GG konkurrierende Gesetzgebungskompetenzen zustehen. Umsetzungsverpflichtungen der Länder bestehen dagegen dort, wo diese Kompetenzen nicht greifen oder der Bund nur über eine Rahmengesetzgebungskompetenz nach Art. 75 GG verfügt. In der Praxis kommt den umweltrechtlichen Kompetenzen besondere Bedeutung zu, weil die Gemeinschaft bei der Regulierung dieses Bereichs ausgesprochen aktiv ist. Mehr als 80% des deutschen Umweltrechts sind deshalb auch durch europäische Bestimmungen vorgegeben oder doch zumindest mitgestaltet. Allein auf die Verpflichtung zur Umsetzung des EG-Rechts gehen z.B. das Gesetz über die Umweltverträglichkeitsprüfung und das Umweltinformationsgesetz des Bundes zurück. Vielfach beeinflusst werden auch das Immissionsschutz-, das Wasser- und das Abfallrecht. Während für das Abfall- und das Immissionsschutzrecht eine konkurrierende Gesetzgebungskompetenz besteht, obliegt dem Bund für das Wasserhaushaltsrecht nur eine Rahmenkompetenz.

In allen diesen Fällen jedoch sind Abstimmungsverfahren zwischen Bund und Ländern bei der Umsetzung von EG-Richtlinien unvermeidlich.

Ein Zusammenwirken von Bund und Ländern ist außerdem in den Fällen erforderlich, in denen der Bundesrat an der Bundesgesetzgebung zu beteiligen ist. Das Grundgesetz legt die einschlägigen Fälle ausdrücklich fest, mittlerweile handelt es sich um fast 70 Regelungen (Beispiele: Art. 84 Abs. 1, Art. 85 Abs. 1, Art. 91a Abs. 2 GG[17]).

---

15 ABl. 1997 C 332/26 (80 ff.).

16 ABl. 1997 C 332/81.

Die Sachlage, dass nach außen hin der Bund für die Erfüllung europarechtlicher Umsetzungsverpflichtungen verantwortlich ist, nach innen aber Länderkompetenzen zu beachten sind, macht Konflikte fast unausweichlich. So entstehen Verzögerungen häufig schon deswegen, weil zwischen Bund und Ländern Streit darüber besteht, in wessen Kompetenz der Erlass von Vorschriften fällt[18]. Sowohl im Bereich der Rahmenkompetenz als auch bei der konkurrierenden Gesetzgebungskompetenz kann dann die Situation entstehen, dass die Länder nicht mehr rechtzeitig in der Lage sind, zur Umsetzung anstehendes Gemeinschaftsrecht innerhalb der vorgegebenen Fristen zu verabschieden.

Gefragt nach den Hintergründen für die Nichtumsetzung von Richtlinien nannte die Bundesregierung in ihrer Antwort auf eine Kleine Anfrage der Fraktion *Bündnis 90/Die Grünen* als häufigste Gründe für Verzögerungen u. a.[19], dass aufgrund der föderalen Struktur der Bundesrepublik Deutschland z. T. langwierige Abstimmungen mit Ländern und Bundesrat notwendig sind, und dass dann, wenn die Bundesländer für die Umsetzung einer Richtlinie zuständig sind, die Richtlinie erst dann als umgesetzt gilt, wenn alle 16 Länder umgesetzt haben. Genannt wurden außerdem die Einführung zusätzlicher Regelungstatbestände („Draufsatteln"), die häufig nicht konsensfähig seien und deshalb zu Verzögerungen führten, die erforderliche Klärung von Grundsatzfragen, die nur eingeschränkt mögliche Umsetzung durch Rechtsverordnungen, knapp bemessene Umsetzungsfristen und Unklarheiten bei der Auslegung von Richtlinien.

Als nachteilig wirkt es sich auch aus, dass bislang eine verantwortliche Stelle, die die europarechtlichen Umsetzungsverpflichtungen koordiniert und als eine Art „Frühwarnsystem" dienen könnte, fehlt.

Immerhin wird inzwischen zumindest der Ausschuss für die Angelegenheiten der Europäischen Union von der Bundesregierung regelmäßig über den Stand der Umsetzung von EU-Richtlinien informiert. Das Sekretariat des Ausschusses fertigt auf dieser Grundlage u. a. eine Liste der EU-Richtlinien an, deren Frist zur Umsetzung seit mehr als 6 Monaten überschritten ist. Die Liste wird halbjährlich aktualisiert. Sieht man sich den letzten Bericht vom 27.10.2000 durch, so finden sich 39 Richtlinien, bei denen die Umsetzungsfrist seit mehr als 6 Monaten abgelaufen ist. Die Gründe für die

---

[17] Vgl. die Übersichten bei *Brun-Otto Bryde,* in: Ingo von Münch/Philip Kunig (Hrsg.), Grundgesetz-Kommentar, Band 3, Artikel 70 bis Artikel 146 und Gesamtregister, 3. Aufl., München 1996, Art. 77, Rn. 20; s. a. *Ulrich Battis/Christoph Gusy,* Einführung in das Staatsrecht, 4. Aufl., Heidelberg 1999, Rn. 277.

[18] Zu Defizitursachen s. a. *Siegfried Magiera,* Die Durchsetzung des Gemeinschaftsrechts im europäischen Integrationsprozess, in: DÖV 1998, S. 173, 178, und *Sven Hölscheidt* (Anm. 9), S. 463.

[19] BT-Drs. 13/6981, S. 7 f.

Nichtumsetzung und der Stand etwaiger Verfahrensschritte der Kommission und des EuGH werden jeweils kurz genannt.

Nicht sichergestellt ist allerdings, dass die zuständigen Fachausschüsse des Bundestages, der Bundesrat und die Bundesländer jeweils ebenfalls Kenntnis erhalten. Gerade hier aber müsste ein wirksames Frühwarnsystem ansetzen[20].

Dies zeigt sich schon daran, dass in einer Vielzahl von Fällen Kompetenzstreitigkeiten zwischen Bund und Ländern oder aber Verzögerungen von einzelnen Ländern für Umsetzungsdefizite verantwortlich sind. Aus dem genannten Bericht seien nur 3 Beispiele herausgegriffen:

- Die Änderungsrichtlinie zur Sicherstellung der Finanzierung der veterinär- und hygienerechtlichen Kontrollen von lebenden Tieren und bestimmten Erzeugnissen war lediglich von einem Bundesland nicht umgesetzt worden. Die Umsetzungsfrist lief am 1. Juli 1999 ab. Die Kommission hat ein Vertragsverletzungsverfahren eingeleitet.
- Die Seveso-II-Richtlinie wurde zwar auf Bundesebene umgesetzt, es fehlen aber die erforderlichen Rechtsvorschriften von 6 Bundesländern im Bereich des Katastrophenschutzes und Regelungen von allen 16 Ländern für die Übertragung der Richtlinienvorschriften auf den nichtgewerblichen Bereich. Ein Vertragsverletzungsverfahren wurde eingeleitet. Die Umsetzungsfrist war am 3. Februar 1999 abgelaufen.
- Die UVP-Änderungsrichtlinie, die zum 14. März 1999 umgesetzt werden sollte, wurde bislang ebenfalls nicht umgesetzt. Hintergrund sind Streitigkeiten zwischen Bund und Ländern über die Zuständigkeit des Bundes zum Erlass eines Umweltgesetzbuches (UGB), in dem sowohl die UVP-Änderungsrichtlinie als auch die IVU-Richtlinie umgesetzt werden sollten. Zur weitgehenden Überraschung der Fachwelt hatte sich das Bundesjustizministerium nach jahrelangen Vorbereitungsarbeiten plötzlich auf den Standpunkt gestellt, dass dem Bund keine Kompetenz zum Erlass des UGB zukomme. Die Verabschiedung des nunmehr geplanten Artikelgesetzes hat sich schon mehrfach verzögert, soll aber – so jedenfalls die Absichtserklärungen – noch in diesem Jahr erfolgen.

Zuständigkeitskonflikte können auch im Verhältnis von Bundestag und Bundesrat zu zeitlichen Verzögerungen führen. Dabei wirkt es sich als besonders nachteilig aus, dass auch dann, wenn die zustimmungspflichtige Regelung selbst nicht europarechtlich geboten ist, eine einheitliche Zustimmung erforderlich ist. Betrifft nur eine einzelne Regelung eines neuen Gesetzes den zustimmungspflichtigen Bereich, ist nämlich eine Zustimmung für das ganze Gesetz erforderlich[21].

---

[20] Für die Installierung eines Frühwarnsystems im Kanzleramt spricht sich *Everhardt Franßen* in der FAZ v. 19.2.1999 aus.

2. Zuständigkeitsübergang auf den Bund?

In der Literatur ist teilweise versucht worden, die Erfüllung europarechtlicher Verpflichtungen dadurch sicherzustellen, dass die Bundesregierung als ermächtigt angesehen wurde, im Wege des Bundeszwanges Landesgesetze zu erlassen[22] oder eine erforderliche Stimme des Bundesrates zu ersetzen[23]. Dagegen spricht aber, dass damit ganz elementare Prinzipien des deutschen Verfassungsrechts durchbrochen werden. Ob ein derartiges Vorgehen als ultima ratio einmal erforderlich und gerechtfertigt sein könnte, mag an dieser Stelle dahingestellt bleiben. Für die unzureichende Richtlinienumsetzung waren bislang eher vom Bund als auch von den Ländern gemeinsam zu vertretende Abstimmungsdefizite verantwortlich, als dass man jeweils eindeutige Schuldzuweisungen hätte aussprechen können. Das Problem liegt weniger darin, dass – was auch vorkommen mag – einzelne Beteiligte absolut umsetzungsunwillig sind, als darin, dass der Umsetzungsprozess zu wenig vorstrukturiert und begleitet ist. Das Fehlen eines Frühwarnsystems wurde schon erwähnt. Dieses dürfte nicht erst dann einsetzen, wenn ein Fristablauf droht, sondern bereits in einem sehr viel früheren Stadium. Abstimmungsaktivitäten müssten im Prinzip schon vor der Verabschiedung der Richtlinie eingeleitet werden.

In der Praxis steht der Inhalt von Richtlinien in der Regel schon geraume Zeit vor der formalen Verabschiedung weitgehend fest. Ein möglichst frühes Engagement der Bundesrepublik hätte zudem den Vorteil, dass etwa auftauchende Umsetzungsprobleme noch vor Verabschiedung der Richtlinie bei der Gemeinschaft eingebracht und entsprechend berücksichtigt werden könnten. Dass die Bundesrepublik bei der Gestaltung der Richtlinien ihren früheren Einfluss verloren hat, wird jedenfalls zu Recht beklagt.

Die unzureichende Umsetzung von Richtlinien in Deutschland stellt sich nach alledem als komplexes Organisationsproblem dar. Es sollte deshalb ein organisatorischer Rahmen entwickelt werden, der eine bessere Umsetzung von EG-Richtlinien ermöglicht. Gerade vor diesem Hintergrund aber erscheint ein Handeln der Bundesregierung im Wege des Bundeszwanges

---

21 St. Rspr. vgl. nur BVerfGE 8, 274, 294 f.; 55, 274, 319 m.w.Nachw.

22 Für einen Zwang bei der Umsetzung von EG-Recht z.B. *Rudolf Streinz,* in: Josef Isensee/Paul Kirchhof (Hrsg.), Handbuch des Staatsrechts der Bundesrepublik Deutschland, Band VII, Heidelberg 1992, § 182, Rn. 46 m.w.Nachw.; *Eberhard Grabitz,* Die Rechtsetzungsbefugnis von Bund und Ländern bei der Durchführung von Gemeinschaftsrecht, in: AöR 111 (1986), S. 1, 29 ff.; s.a. *Theodor Maunz,* in: Theodor Maunz/Günter Dürig/Roman Herzog/Rupert Scholz (Hrsg.), Grundgesetz: Kommentar, Loseblatt, München 1958 ff., Art. 37, Rn. 55 m.w.Nachw. (Stand: 1960).

23 Dagegen *Bodo Pieroth,* in: Hans D. Jarass/Bodo Pieroth, Grundgesetz für die Bundesrepublik Deutschland: Kommentar, 5. Aufl., München 2000, Art. 37, Rn. 3.

nicht nur als rechtlich bedenklich, sondern auch als praktisch wenig geeignet, um die bestehenden Defizite aufzulösen.

Will der Bund gegen eine unzureichende Umsetzung durch die Länder vorgehen, so muss er vielmehr auf seine politischen Möglichkeiten und sollten diese nicht fruchten, auf den Bund-Länder-Streit vor dem Bundesverfassungsgericht verwiesen werden.

3. Bedürfnis für Haftungsausgleich

Auch wenn vor dem Hintergrund der bundesdeutschen Kompetenzaufteilung so manche Verzögerung durchaus verständlich sein mag, so ändert dies doch nichts am Bestehen der Verpflichtung jedes Mitgliedstaats zu fristgerechter Umsetzung europäischer Vorgaben[24]. Dies gilt um so mehr, als schließlich weit mehr Zeit als die bloße Umsetzungsfrist vergeht, bis es zu einer Zwangsgeldverhängung überhaupt kommen kann. Wenn aber ein Mitgliedstaat allen eingebauten Warnmechanismen bis hin zu einer Verurteilung durch den EuGH zuwiderhandelt, bleibt die Ergreifung von Zwangsmitteln letztlich unausweichlich. Allerdings besteht aber bei jeder (Mit-)Verantwortung der Länder ein Interesse des Bundes, nicht bzw. jedenfalls nicht allein alle etwaigen Zwangsgelder tragen zu müssen. Zudem kann das Ziel einer besseren Befolgung von Urteilen des EuGH letztlich nur erreicht werden, wenn die Verantwortlichen von den Wirkungen des Druckmittels Zwangsgeld überhaupt erreicht werden. Auch aus der Sicht des Europarechts dürfte deshalb letztendlich eine „Weiterleitung" des Zwangsgeldes unausweichlich sein.

V. Mögliche Grundlagen einer Haftung im Bund-Länder-Verhältnis

1. Keine ausdrückliche Anspruchsgrundlage

Inwieweit nun kann der Bund bei den Ländern Regress nehmen, wenn diese ihren gemeinschaftsrechtlichen Verpflichtungen nicht oder nur unvollständig nachkommen und der EuGH deshalb ein Zwangsgeld gegen die Bundesrepublik Deutschland verhängt?

Eine ausdrückliche Anspruchsgrundlage für eine derartige Haftung findet sich im Grundgesetz nicht. Fraglich ist aber, ob die vorhandenen Grundlagen einer innerstaatlichen Haftung herangezogen werden können[25].

---

[24] Siehe nur EuGH, Rs. 52/75, Slg. 1976, S. 277 ff. – Gemüserichtlinie; weitere Nachw. bei *Siegfried Magiera* (Anm. 18), S. 177.

[25] Siehe dazu auch *Hans-Georg Dederer* (Anm. 1), S. 259 ff.

2. Amtshaftung

Gegen einen Amtshaftungsanspruch aus Art. 34 GG und § 839 BGB spricht schon, dass eine Amtshaftung wegen unterlassener Gesetzgebung jedenfalls nach noch h. M. grundsätzlich nicht in Betracht kommt[26]. Dazu kommt, dass Bund und Länder nicht als Dritte im Sinne des Amtshaftungsrechts angesehen werden können, wenn sie in Erfüllung gemeinschaftsrechtlicher Verpflichtungen handeln[27]. Zwar können auch geschädigte juristische Personen des öffentlichen Rechts als „Dritte" qualifiziert werden. Voraussetzung dafür ist allerdings ein der Beziehung Staat – Bürger gleichartiges Verhältnis, wie es insbesondere im Verhältnis des Staates zu Selbstverwaltungskörperschaften bei Gemeinden und Universitäten in ihrem eigenen Wirkungskreis der Fall sein kann. Die sich gegenüberstehenden Hoheitsträger dürfen nicht eine ihnen gemeinsam übertragene Aufgabe „gleichsinnig erfüllen", sondern müssen einander widerstreitende Interessen vertreten[28]. Dies ist aber nicht der Fall, wenn Bund und Ländern europarechtliche Umsetzungsverpflichtungen als gemeinsame Aufgabe obliegen.

3. Rückgriff auf das Zivilrecht

Auch eine analoge Anwendung der zivilrechtlichen Vorschriften kommt nicht in Betracht[29]. Ein Rückgriff auf das Zivilrecht ist zwar grundsätzlich für den Bereich des öffentlichen Rechts nicht ungewöhnlich. Er passt aber nur dort, wo ein dem Zivilrecht ähnliches Verhältnis zwischen den beteiligten Parteien besteht. Als Anwendungsfeld ist insbesondere der im Verwal-

---

26 Vgl. nur BGH NJW 1989, S. 101 f. und *Hans D. Jarass,* in: Hans D. Jarass/ Bodo Pieroth (Anm. 23), Art. 34, Rn. 13 jew. m.w.Nachw.; s.a. *Hartmut Maurer,* Allgemeines Verwaltungsrecht, 13. Aufl., München 2000, § 25, Rn. 51 ff.; a. A. *Wolf-Rüdiger Schenke,* Die Haftung des Staates bei normativem Unrecht, in: DVBl. 1975, S. 121 ff.; auch aus der Anerkennung eines europarechtlich verankerten Staatshaftungsanspruchs bei Verstößen gegen primäres Gemeinschaftsrecht ergibt sich nichts anderes, s. *Monika Böhm* (Anm. 1), S. 60.

27 BGHZ 27, 210, 214, zweifelnd dazu *Theodor Maunz* (Anm. 22), Art. 104a, Rn. 66 ohne weitere Begründung; BVerwGE 96, 45, 50; BVerwG, NVwZ 1995, S. 991, 992; differenzierend *Norbert Achterberg,* Die interkörperschaftliche Haftung im Bundesstaat am Beispiel der Bundesrepublik Deutschland, in: DVBl. 1970, S. 125, 129 f.; *Helmut Siekmann,* in: Michael Sachs (Hrsg.), Grundgesetz: Kommentar, 2. Aufl., München 1999, Art. 104a, Rn. 66 m.w.Nachw. Vgl. auch *Hartmut Bauer/Heinz-Peter Zirbes,* Zur interkörperschaftlichen Haftung und Erstattung im Bundesstaat – BVerwG, NVwZ 1996, 595, in: JuS 1997, S. 511, 513.

28 *Fritz Ossenbühl,* Staatshaftungsrecht, 5. Aufl., München 1998, S. 69 f. m.w.Nachw.; *Hartmut Bauer/Heinz-Peter Zirbes* (Anm. 27), S. 513.

29 Vgl. *Hartmut Bauer/Heinz-Peter Zirbes* (Anm. 27), S. 513 m. Fn. 19. Vgl. auch BVerwGE 12, 253, 254; 96, 45, 50 und *Norbert Achterberg* (Anm. 27), S. 130 (jeweils zur Haftung bei fehlerhafter Verwaltung).

tungsverfahrensgesetz verankerte Verweis auf die ergänzende Heranziehung der BGB-Bestimmungen bei öffentlich-rechtlichen Verträgen zu nennen. Hier findet eine Annäherung an die privatautonomen Strukturen des Zivilrechts statt. Damit nicht vergleichbar ist aber das Verhältnis von Bund und Ländern bei der Erfüllung von gemeinschaftsrechtlichen Verpflichtungen. Auf die Regelungen zu Auftragsverhältnissen nach §§ 662 ff. BGB kann deshalb ebensowenig wie auf die zivilrechtliche Figur der Drittschadensliquidation zurückgegriffen werden[30]. Ein Rückgriff wegen Geschäftsführung ohne Auftrag scheidet aus, weil der Bund nach außen hin ausdrücklich zur Zwangsgeldzahlung verpflichtet ist.

4. Öffentlich-rechtliche Erstattungsansprüche

a) Allgemeiner öffentlich-rechtlicher Erstattungsanspruch

Grundsätzlich kommt auch im Verhältnis von Hoheitsträgern untereinander ein Rückgriff auf den allgemeinen öffentlich-rechtlichen Erstattungsanspruch in Betracht[31]. Zurückverlangt werden können allerdings nur rechtsgrundlos erbrachte Leistungen. Für etwaige Zwangsgeldzahlungen des Bundes ist aber ein Rechtsgrund vorhanden. Dieser liegt in der entsprechenden Verurteilung durch den EuGH. Für einen Erstattungsanspruch des Bundes wegen einer Zwangsgeldverhängung durch den EuGH würde es zudem an der erforderlichen Bereicherung des Anspruchsgegners, also des jeweils für die Zwangsgeldverhängung verantwortlichen Bundeslandes fehlen[32].

b) Art. 104a Abs. 5 GG

aa) Direkte Anwendung

Nicht in Betracht kommt eine direkte Anwendung des Art. 104a Abs. 5 2. HS GG. Nach dieser Regelung haften der Bund und die Länder im Verhältnis zueinander für eine ordnungsgemäße Verwaltung. Führen beispielsweise die Länder Bundesgesetze aus und werden die dabei anfallenden Kosten zumindest teilweise vom Bund getragen, wie dies etwa beim Bundeskindergeldgesetz der Fall ist, so kann der Bund bei einer unsachge-

---

[30] BVerwG 96, 45, 50; BVerwG, NVwZ 1995, 991, 992; a. A. *Norbert Achterberg* (Anm. 27), S. 132.

[31] BVerwG NVwZ 1996, 595, 596; *Fritz Ossenbühl* (Anm. 28), S. 418 zu Anspruchstatbestand und Umfang der Erstattung, S. 425 ff.; Beispiele bei *Friedrich Schoch,* Der öffentlich-rechtliche Erstattungsanspruch, in: Jura 1994, S. 82, 85.

[32] BVerwGE 96, 45, 50.

mäßen Auszahlung von Geldern beim verantwortlichen Land Regress nehmen[33].

Bei einer Haftung im Bund-Länder-Verhältnis wegen Verhängung eines Zwangsgelds durch den EuGH geht es jedoch nicht um Fragen der innerstaatlichen Verwaltung. Ein unmittelbarer Rückgriff auf Art. 104a Abs. 5 GG scheidet deshalb aus.

Es könnte allerdings eine analoge Anwendung der Regelung in Betracht kommen.

bb) Analoge Anwendung

Dass eine Haftungsgrundlage fehlt und damit eine Lücke besteht, wurde schon festgestellt. Zweifelhaft ist aber, ob die Verwaltungshaftung und ein Bund-Länderregress nach Zwangsgeldverhängung durch den EuGH einander so ähnlich sind, dass eine rechtliche Gleichbehandlung gerechtfertigt erscheint. Dafür könnte sprechen, dass bei der Umsetzung von EG-Richtlinien ein Spielraum der Mitgliedstaaten in der Praxis häufig nicht besteht und deshalb der Gesetzgeber in gewisser Weise in diesen Fällen in einer der Verwaltung ähnlichen Weise, nämlich rein ausführend, tätig wird. Diese Sichtweise würde allerdings dazu führen, dass die mitunter übermäßige Bindung der nationalen Gesetzgeber durch Richtlinien der Gemeinschaft quasi als gerechtfertigt hingenommen würde. Dem Wortlaut des EGV entspricht es jedoch nicht, dass Richtliniensetzer und EuGH den Mitgliedstaaten durch Richtlinien in die Einzelheiten gehende Vorgaben machen. Nach Art. 249 EGV ist die Richtlinie jedenfalls nur hinsichtlich des zu erreichenden Ziels verbindlich, überlässt jedoch den innerstaatlichen Stellen Formen und Mittel der Umsetzung. Selbst wenn bei der Umsetzung von EG-Richtlinien der gesetzgeberische Spielraum häufig gering ist, lassen sich mangelhafte Verwaltung und unterlassene Gesetzgebung nicht gleichsetzen, weil es um ein unzureichendes Tätigwerden verschiedener Staatsgewalten geht. Dazu kommt, dass die Haftungskonstellationen sich grundlegend unterscheiden. In der Regel stehen sich nicht wie bei der Verwaltungshaftung der Bund und ein Land gegenüber, sondern der Bund und mehrere Länder bzw. der Bund und der Bundesrat. Die Frage einer Haftung wird sich dabei im Regelfall als sehr viel komplexer darstellen und einer differenzierten Regelung bedürfen.

Dazu kommt, dass schon für die Verwaltungshaftung selbst umstritten ist, ob sie unmittelbar auf das Grundgesetz gestützt werden kann. Nach Art. 104a Abs. 5 S. 2 GG ist dafür ein Ausführungsgesetz erforderlich. Ein solches wurde aber bislang nicht erlassen. Das BVerwG und Teile der Lite-

---

[33] Siehe BVerwGE 100, 56 ff.

ratur gehen zwar davon aus, dass auch ohne das nach Art. 104a Abs. 5 S. 2 GG erforderliche zustimmungsbedürftige Bundesgesetz, in dem Einzelheiten der Haftung festgelegt werden sollen, ein Haftungsanspruch für bestimmte Fälle greift[34]. Eine Entscheidung des BVerfG steht allerdings noch aus[35]. Gegen einen unmittelbaren Haftungsanspruch aus Art. 104a Abs. 5 S. 2 GG für die dort geregelte Verwaltungshaftung spricht insbesondere, dass der Vorschrift jegliche Haftungskonturen fehlen, weil weder Voraussetzungen, noch Maßstab, Umfang und eine eventuelle Quotelung der Haftung vorgegeben sind[36]. Wenn dies aber so ist, dann muss eine analoge Anwendung des Art. 104a Abs. 5 GG auf Fälle unterlassener Gesetzgebung erst recht ausscheiden.

Dafür spricht auch, dass vor Einführung des Art. 104a Abs. 5 GG eine Verwaltungshaftung von Literatur und Rechtsprechung abgelehnt wurde[37]. Genau dies nahm der Gesetzgeber schließlich zum Anlass, die Verwaltungshaftung ausdrücklich im Grundgesetz festzuschreiben[38]. Ein entsprechendes Vorgehen für eine Haftung im Bund-Länder-Verhältnis nach Verhängung von Zwangsgeldern durch den EuGH erscheint geboten.

---

34 BVerwGE 96, 45 ff.; 100, 56 ff.; DVBl. 1997, 717 ff.; vgl. *Helmut Siekmann* (Anm. 27), Art. 104a, Rn. 64 ff.; *Bodo Pieroth* (Anm. 23), Art. 104a, Rn. 13 m.w. Nachw.

35 Im Beschluss vom 20.1.1999 im Verfahren 2 BVG 2/95 wurde ein einschlägiges Vorgehen wegen Fristversäumung als unzulässig abgewiesen. Bezüglich der Regelung des Art. 104a Abs. 4 GG hat das Gericht entschieden, dass die Regelung so unbestimmt sei, dass das Zustimmungsgesetz alle wesentlichen Regelungen enthalten müsse, vgl. BVerfGE 39, 96, 116. Gegen eine Übertragbarkeit aber BVerwGE 96, 45, 53 f. mit dem wenig überzeugenden Argument, dass es für Art. 104a Abs. 5 GG mit Art. 108 Abs. 4 S. 1 GG a.F. zur Haftung im Bereich der Steuerauftragsverwaltung schon ein Vorbild in der Verfassung gegeben habe, für Art. 104a Abs. 4 aber nicht.

36 Vgl. nur *Ferdinand Kirchhof,* Die Verwaltungshaftung zwischen Bund und Ländern, in: NVwZ 1994, S. 105 ff.; *Armin Hatje,* Die Haftung der Länder für den ordnungsgemäßen Vollzug von Bundesgesetzen, in: NJ 1997, S. 285 ff.; *Hans-Uwe Erichsen,* Zur Haftung im Bund-Länder-Verhältnis, Berlin 1986, insbes. S. 42; a.A. *Richard Rudisile,* Die Haftung für ordnungsmäßige Verwaltung zwischen Bund und Ländern (Art. 104a Abs. 5 GG), in: DÖV 1985, S. 909 ff.

37 Vgl. BVerwGE 12, 253, 255; *Friedrich Sturm,* Die Haftung der Länder (Gemeinden, Gemeindeverbände) bei fehlerhafter Verwendung von Haushaltsmitteln des Bundes im Gesetzesvollzug, in: DÖV 1966, S. 256, 258 f.; *Gerhard Groß,* Der verfassungsrechtliche Gehalt des Grundsatzes der Bundestreue. Ein Beitrag zur Frage der Haftung im Verhältnis Bund-Länder, in: DÖV 1961, S. 404 ff.; a.A. *Josef Kölble,* Wer haftet dem Bund bei fehlerhaftem Vollzug von Bundesgesetzen?, in: DÖV 1959, S. 807, 812; vgl. auch *Norbert Achterberg* (Anm. 27), S. 128 f.

38 Vgl. BT-Drs. V/2861, S. 94.

5. Bundestreue

Auch aus dem Grundsatz der Bundestreue kann ein Haftungsanspruch nicht abgeleitet werden.

Aus diesem aus dem Bundesstaatsprinzip abgeleiteten Grundsatz werden eine Reihe von Rechten und Pflichten von Bund und Ländern abgeleitet, insbesondere zur gegenseitigen Information, Abstimmung, Rücksichtnahme, Mitwirkung und Zusammenarbeit[39], aber auch auf finanzielle und sonstige Unterstützung[40].

Der Grundsatz der Bundestreue greift auch ein, soweit Bund und Länder zur Erfüllung gemeinschaftsrechtlicher Verpflichtungen zusammenwirken müssen. Er ergänzt damit die in Art. 23 und Art. 50 GG getroffenen Vorgaben und ist Maßstab bei ihrer Verwirklichung[41]. Insoweit lässt sich aus dem Grundsatz der Bundestreue zumindest die Pflicht ableiten, dass sowohl Bund als auch Länder jeweils das in ihrem Einflussbereich Stehende tun müssen, um die bestehenden EG-rechtlichen Verpflichtungen zu erfüllen.

Gegen die Ableitung eines Haftungsanspruchs spricht jedoch, dass dem Prinzip der Bundestreue grundsätzlich nur akzessorischer Charakter zugeschrieben wird, d.h. es begrenzt Rechte und Pflichten innerhalb eines bestehenden Rechtsverhältnisses, vermag ein solches aber nach der ständigen Rspr. des BVerfG[42] nicht selbständig zu begründen und kann auch keine Handlungsermächtigung begründen. Kompetenzen und Befugnisse werden über dieses Institut nicht geschaffen, sondern vorausgesetzt[43].

6. Allgemeines Veranlassungsprinzip

Abzulehnen ist schließlich die Möglichkeit, aus einer Gesamtschau der Verfassung ein allgemeines Veranlassungsprinzip abzuleiten, das die Länder zu Regresszahlungen verpflichtet. Zwar steht hinter einer ganzen Reihe von Verfassungsbestimmungen der Gedanke, dass derjenige, der eine Maßnahme veranlasst, auch die dafür erforderlichen Kosten aufzubringen hat. Zu nennen ist insbesondere Art. 104a Abs. 1 GG, wonach Bund und Länder grundsätzlich gesondert die Ausgaben tragen, die sich aus der Wahrnehmung ihrer Aufgaben ergeben[44]. Da aber schon die speziellere Regelung

---

[39] BVerfGE 43, 291, 348 f.; 61, 149, 205; 73, 118, 197.

[40] Vgl. *Bodo Pieroth* (Anm. 23), Art. 20, Rn. 21.

[41] *Rudolf Streinz* (Anm. 22), § 182, Rn. 45.

[42] BVerfGE 13, 54, 75 f.; 21, 312, 326; 42, 103, 117.

[43] *Klaus Stern,* Das Staatsrecht der Bundesrepublik Deutschland, Band 1, 2. Aufl., München 1984, S. 701 mit Nachweisen aus der Rspr. des BVerfG; a.A. *Veith Mehde* (Anm. 12), S. 622, ebenfalls m.w.Nachw.

des Art. 104a Abs. 5 GG, wie oben ausgeführt, nicht analog angewendet werden kann, muss ein Rückgriff auf die allgemeine Grundsatzregel erst recht ausscheiden[45].

Etwas anderes lässt sich auch aus „allgemeinen Grundsätzen des Rechtsinstituts der Ersatzvornahme"[46] nicht ableiten. Auch soweit davon gesprochen wird, dass es einen allgemeinen Grundsatz gebe, dass derjenige, der durch sein Verhalten Maßnahmen des Staates veranlasse, die dabei anfallenden Kosten tragen müsse[47], reicht dies als Grundlage einer Haftung nicht aus. Zwar ist es richtig, dass es eine Vielzahl von gesetzlich festgelegten Kostenerstattungsregelungen gibt, die gerade diese Funktion erfüllen. Fehlt aber eine solche, so vermag allein die Notwendigkeit einer Ersatzregelung eine solche nicht zu schaffen[48].

7. Aufrechnung und Zurückbehaltungsrechte

Nicht möglich ist auch die Aufrechnung mit Ansprüchen der Länder gegen den Bund sowie die Geltendmachung von Zurückbehaltungsrechten.

Aufrechnung und Zurückbehaltungsrechte setzen nämlich das Bestehen von Ansprüchen voraus. Eine Grundlage für derartige Ansprüche fehlt jedoch bislang gerade.

VI. Regelungsvorschlag

Da eine Grundlage für einen Rückgriff auf die Bundesländer bei Verhängung von Zwangsgeldern und Pauschalbeträgen nach Art. 228 Abs. 2 EGV und Geldbußen nach Art. 104 Abs. 11 EGV bislang fehlt, sollte das GG entsprechend ergänzt werden. In Anlehnung an Art. 104a Abs. 5 GG

---

[44] Weitere Regelungen finden sich u.a. in Art. 91a Abs. 4, 91b S. 2, aber auch Art. 106 Abs. 6. Siehe auch *Georg Trapp,* Das Veranlassungsprinzip in der Finanzverfassung der Bundesrepublik Deutschland, Berlin 1997, S. 41 ff. und *ders.,* Reform der grundgesetzlichen Lastenverteilung durch das Veranlassungsprinzip, in: ZRP 1996, S. 339 ff.

[45] Auch nach Auffassung des BVerwGE 18, 221, 224 vermag das allgemeine Veranlassungsprinzip eine Kostenerstattungspflicht nicht zu begründen.

[46] *Theodor Maunz* (Anm. 22), Art. 37, Rn. 58.

[47] *Michael Bothe,* in: Kommentar zum Grundgesetz für die Bundesrepublik Deutschland, Reihe Alternativkommentare, 2. Auflage, Neuwied 1989, Bd. 1, Art. 37, Rn. 26.

[48] Zu denken ist allenfalls an die vorläufige Zurückhaltung von Bundesmitteln und Finanzzuweisungen an die Länder, um politischen Druck zur Leistung von Regresszahlungen auszuüben, zu dieser Vorgehensweise als Ausübung des Bundeszwangs vgl. *Bodo Pieroth* (Anm. 23), Art. 37, Rn. 3.

könnte beispielsweise in einem neu einzufügenden Art. 23 Abs. 8 GG formuliert werden:

„Der Bund kann bei den Ländern Regress nehmen, wenn und soweit diese dafür verantwortlich sind, dass der Bund von der Gemeinschaft für Pflichtverletzungen durch ein Zwangsgeld, einen Pauschalbetrag oder eine Geldbuße in Anspruch genommen wird. Das Nähere bestimmt ein Bundesgesetz, das der Zustimmung des Bundesrates bedarf."

In dem danach zu erlassenen Gesetz könnten auch die oben aufgeworfenen Fragen nach den jeweiligen Haftungsanteilen geklärt werden. Bezüglich des Zwangsgeldregresses erscheint insoweit eine Anknüpfung an die bei der Festsetzung des Zwangsgelds zugrunde gelegten Kriterien am sinnvollsten[49]. Damit ließen sich auch Verursachungsbeiträge einzelner Länder und im Verhältnis von Bund und Ländern festlegen. Der Gedanke des § 254 BGB ist grundsätzlich anwendbar[50]. Ein etwaiges Mitverschulden des Bundes kann berücksichtigt werden.

VII. Fazit

Das Beispiel Griechenland hat gezeigt, dass der EuGH das in Art. 228 Abs. 2 EGV vorgesehene Zwangsgeld auch tatsächlich anwendet. Wäre die Bundesrepublik verurteilt worden, so hätten aller Voraussicht nach die Beträge um ein Mehrfaches über dem gegenüber Griechenland verhängten Satz gelegen. Der EuGH hat vom Grundsatz her die von der Kommission entwickelten Kriterien als zweckmäßig angesehen und wird sich auch in Zukunft an ihnen orientieren. Angesichts der Höhe drohender Zahlungen kann dem Bund nur geraten werden, aktiv zu werden, um eine Grundlage für eine Bund-Länder-Haftung bei Zwangsgeldverhängung durch den EuGH zu schaffen. Sinnvoll wäre es, eine Regelung zu treffen, bevor tatsächlich das erste Zwangsgeld verhängt wird. Versäumt der Bund dies, so bietet das Grundgesetz derzeit keine Grundlage für einen Ausgleichsanspruch.

Unabhängig davon sollte durch die Einrichtung eines Frühwarnsystems und entsprechender organisatorischer Vorgaben darauf hingewirkt werden, dass die Umsetzungsverpflichtungen von Bund und Ländern gemeinschaftlich besser und rechtzeitiger erfüllt werden und eine Haftung auf diese Weise gar nicht nötig wird.

---

[49] Zu möglichen Kriterien bei der Aufteilung der im Rahmen von Art. 104 EGV angesprochenen Verschuldensgrenzen *Veith Mehde* (Anm. 12), S. 618 m.w.Nachw., die genannten Kriterien könnten auch beim Regress wegen Verhängung einer Geldbuße zugrunde gelegt werden.

[50] Dies ist auch für die Haftung nach Art. 104a Abs. 5 GG grundsätzlich anerkannt. Siehe BVerwG NVwZ 1995, S. 991, 993.

Bericht über die Diskussion im Anschluss an das Referat von Monika Böhm

Leitung: Matthias Niedobitek

Von Florine La Roche-Thomé

Zunächst bedankte sich Privatdozent Dr. *Matthias Niedobitek,* Forschungsinstitut für öffentliche Verwaltung bei der Deutschen Hochschule für Verwaltungswissenschaften Speyer, bei der Referentin für den anregenden Vortrag. In seinen Augen werde das Ergebnis aus Sicht der Länder wohl zwiespältig betrachtet. Einerseits sei von der Referentin die Notwendigkeit eines Regresses betont worden. Andererseits sei hierfür gegenwärtig keine entsprechende Rechtsgrundlage vorhanden, was die eben benannte Notwendigkeit doch eher zu einem Wunsch herabsetze. Mit dieser Gegensätzlichkeit eröffnete *Niedobitek* die Diskussion.

Zunächst machte Oberregierungsrat *Michael von Lengerke,* Ministerium für Ernährung, Landwirtschaft, Forsten und Fischerei Mecklenburg-Vorpommern einige ergänzende Bemerkungen. In seinen Augen sei die geplante Regelung in Art. 104a Abs. 5 GG, die dem Bund eine entsprechende Gesetzgebungskompetenz zuweise, schon seit langem überfällig. Denn es gebe mit der EU-Kommission nicht nur im Zusammenhang fehlender oder unzureichender Richtlinienumsetzung Probleme, sondern auch und vor allem mit den Finanzkorrekturen, also den Direktzahlungen aus den Strukturfonds. Hier kämen auf die Länder – als Empfänger der Direktleistungen – aufgrund der fehlenden aufschiebenden Wirkung eines Rechtsbehelfs unter Umständen enorme finanzielle Belastungen zu, was der Bund durch seine „Weiterleitungstaktik“ auch unterstütze. Dies belegte *Lengerke* mit einem Beispiel aus Mecklenburg-Vorpommern. Ohne die geforderte Gesetzesregelung bliebe es bei der derzeitigen Situation, in der die Länder europäisch veranlasste Summen klaglos an den Bund zurückzahlen müssten. *Böhm* bestätigte das normative Defizit. Professor Dr. *Siegfried Magiera* vervollständigte diese Thematik, indem er betonte, dass das derzeitige System der Anlastung eine Möglichkeit der EU-Kommission darstelle, sich nicht in die innerstaatlichen Angelegenheiten einzumischen. Nichtsdestotrotz sei es den Ländern unbenommen, sich direkt gegen die Kommission zu wenden, wenn ihre eigenen Interessen unmittelbar betroffen seien. In seinen Augen könne in diesem Fall das Bundesland sogar selbst vor dem EuGH gegen die Anlastung vorgehen. Dennoch habe sich der Bund gesetzlich verpflichtet, Klagen der Länder vor dem EuGH vorzutragen, um den gemeinschaftlichen Rechtsschutz in diesem Bereich zu vervollständigen. Konsequenterweise sehe er es als sinnvoll an, bevor man eine innerstaatliche Regressstreitigkeit vor einem nationalen Gericht führe, zunächst vor dem EuGH zu klären, ob die Forderung der Kommission überhaupt gerechtfertigt gewesen sei. Er wende sich daher noch einmal an *Lengerke* mit der Frage, wie dieser die Verantwortlichkeit seines Landes gegenüber der Gemeinschaft bewerte. Nach *Lengerkes* Dafürhalten sei in dem von ihm angesprochenen konkreten Fall – Vermessungskontrollen für landwirtschaftlich genutzte Flächen – für die Umsetzung das Land verantwortlich, weil in Weiterführung der Auffassung der Kommission durch einen Vermessungsfehler ein Risiko entstanden sei. Aufgrund dessen werde ein potentieller Schaden ermittelt, in dessen Höhe vom Mitgliedstaat eine Rückzahlung der gewährten Subventionen verlangt werde. Nun sei es aber so, dass weder das Land noch der dieses vor dem EuGH vertretende Bund ein administratives Fehlverhalten erkennen konnten. Darüber hinaus sei weder ein Risiko erkennbar noch ein Schaden entstanden bzw. hypothetisch zu beziffern, was die Anlastung durch die Kommission als ungerechtfertigt erscheinen lasse. Dies ändere jedoch zunächst nichts daran, dass das Land Mecklenburg-Vorpommern aufgrund fehlender aufschiebender Wirkung des Rechtsbehelfs die geforderte Summe weitergeleitet durch den Bund zurückzuzahlen habe.

In einer nächsten Fragerunde richtete sich Regierungsrat *Wolfgang Rausch,* Referent in der Verwaltung des Sächsischen Landtags, an *Böhm* und setzte am von der Referentin gegebenen Lösungsvorschlag an. Dabei sei das Modell *Böhms* sehr dezidiert und reiche auch unmittelbar in Art. 23 GG hinein. In diesem Zusammenhang wollte *Rausch* allerdings von der Referentin wissen, ob sie sich überlegt habe, einen Grundsatz in das Grundgesetz aufzunehmen, dass derjenige, der den Schaden verursacht habe, auch für die dadurch entstehenden Kosten aufzukommen habe. Eine solche Regelung könne beispielsweise im Rahmen der Finanzverfassungsvorschriften als generell-abstrakte Norm verankert werden. Daran anschließend meldete sich Ministerialrat Dr. *Hermann Franz,* Europareferent im Ministerium des Innern und für Sport Rheinland-Pfalz, mit der ergänzenden Frage an die Referentin, ob es im Rahmen der hier angesprochenen Vertragsverletzungsverfahren neben Bund und Ländern nicht noch die weitere Ebene der Kommunen geben müsse. Auf diese Interventionen entgegnete *Böhm,* dass sie sich wie *Rausch* ganz entschieden für den Veranlassungsgrundsatz ausspreche. Allerdings spreche sie sich deutlich gegen eine allgemeine, generell-abstrakte Regelung aus, weil dies in ihren Augen ausgesprochen konturenlos sei und im Einzelfall zu Auslegungsproblemen führen würde. Sachlich und thematisch gehöre ihr Normierungsvorschlag zu Art. 23 GG dazu, sei aber an die Vorgaben des Art. 104 a Abs. 5 GG angelehnt. Auf *Franz* antwortend führte *Böhm* aus, dass die Eingrenzung auf die von ihr genannten Fälle deshalb erfolge, weil es sich um die denkbaren Sachverhalte handele, in denen es nach dem EG-Vertrag zu Geldzahlungen kommen könne. Diese Möglichkeiten seien nun mal vor allem auf bestimmte Verfahren eingeschränkt, so dass sie sich ad hoc keine Fallkonstellation verstellen könne, in denen eine Kommune direkt Gegenstand eines solchen Vertragsverletzungsverfahrens mit Zwangsgeldverhängung sein könne. Hier kämen in ihren Augen eher Staatshaftungsansprüche zum Tragen. Hierauf erwiderte *Franz,* dass es seines Wissens die Kommunen betreffende Fallkonstellationen in Niedersachsen gebe. Dies wollte *Böhm* zwar nicht bestreiten, doch stelle sich ihr die Frage, ob dies Verfahren nach Art. 226 ff. EGV seien, was sie bezweifle. Ergänzend hierzu stimmte Ministerialrätin *Gabriele Recker,* Referentin im Niedersächsischen Ministerium für Wirtschaft, Technologie und Verkehr, *Franz* dahingehend zu, dass es die von ihm beschriebenen Fälle in der Tat gebe. Allerdings wolle und könne sie an dieser Stelle, weil deren Einordnung sehr vielfältig und damit kompliziert sei, nur soviel sagen, dass diese Sachverhalte im Diskussionsprozess seien.

Zu diesem Themenkomplex führte *Magiera* des Weiteren aus, dass der Fall Griechenlands besonders gut in diese Diskussion passe. Grundsätzlich stimme er *Böhm* dahingehend zu, dass die Situation für Deutschland in der Tat nicht so dramatisch werden könne, wenn es nur um die Umsetzung von Richtlinien gehe, weil dies ein „rein" legislativer Prozess sei, der unter Überwindung verschiedener Interessengruppen „relativ einfach" auf den Weg zu bringen sei. Insbesondere führe ein entsprechender monetärer Druck der EU oftmals zur schnellen nationalen Umsetzung gemeinschaftsrechtlicher Vorgaben. Der Griechenland-Fall sei allerdings etwas anders gelagert, weil es hier nicht um die mangelnde oder unzureichende Anpassung der nationalen Rechtsvorschriften gehe, vielmehr verstoße durch die Aufrechterhaltung wilder Mülldeponien auf Kreta die tatsächliche Praxis gegen supranationales Recht. Dies scheine nach wie vor auch trotz der Verhängung eines Zwangsgeldes, was eine enorme Belastung dieses Mitgliedstaates darstelle, ein großes Problem zu sein. Vor diesem Hintergrund sehe er die von *Böhm* vorgeschlagene gesetzliche Regelung als nicht durchweg positiv an. *Magiera* stellte sich daher die Frage, ob sich nicht die Möglichkeit einer Ersatzvornahme anböte, wenn man den innerstaatlichen Regress zwischen Bund und Ländern verneine. Zwar lehne er diesen Weg persönlich ab, nichtsdestotrotz werde diese Lösung in der Literatur vertreten. Im Anschluss daran meldete sich Regierungsdirektor Dr. *Sven Hölscheidt* zu Wort und unterstützte die Ausführungen *Magieras.* Er vertrete weitergehend die Auffassung, dass die Normierung einer Ersatzvornahme durch das Europarecht sogar geboten sei. Denn wenn nur ein einziges Bundesland die supranationalen Vorgaben nicht umgesetzt habe, jedoch die Verurteilung des Bundes zu einem Zwangsgeld durch den EuGH unmittelbar bevorstehe, sei in seinen Augen kein vernünftiger Grund ersichtlich, warum der Bund gesetzgeberisch nicht so lange aktiv werden solle, bis das säumige Land selbst reagiere. Anderenfalls liefe der Bund offenen Auges in eine monetäre Verpflichtung, die ihm so nicht zugemutet werden könne. Im Außenverhältnis zwischen Bund und EU werde die Verurteilung zu einem Zwangsgeld damit hinfällig, was auch innerstaatlich – so *Hölscheidt* – den Vorteil der Entlastung des Steuerzahlers mit sich bringe. Darüber hinaus sehe er jedoch noch eine Regressmöglichkeit der Länder gegen den Bund: denn wenn der Bund seiner Umsetzungsverpflichtung nicht nachkomme und infolgedessen im Außenverhältnis zur EU zu einem Zwangsgeld verurteilt werde, treffe dies mittelbar über den Finanzausgleich ja auch die Länder. Wenn man daher einen innerstaatlichen Regress gesetzlich regeln wolle, so sei eine solche Norm in *Hölscheidts* Augen durch diese weitere Regressmöglichkeit zu ergänzen.

Zu diesen Fragen trat auch Professor Dr. *Karl-Peter Sommermann* in die Diskussion ein. Er stellte fest, dass die Diskussion um Regressforderungen und eine Ersatzvornahme sehr tief in die bundesstaatliche Struktur eingreife. Bevor dieser Schritt in die Realität umgesetzt werde, sei ihm wichtig zu klären, ob man bereits aufgrund des geltenden Verfassungsrechts zu einer ausgewogenen Lösung kommen könne. Zwar sehe er auch die Vorteile, bestimmte Sachverhalte klar und konkret in einer Verfassung zu regeln. Nichtsdestotrotz sehe er die Lösung in der geltenden Regelung des Art. 104a Abs. 5 GG, der bereits eine Haftungsregelung enthalte. Auf der einen Seite könne man zwar argumentieren, dass Art. 104a Abs. 5 GG eine spezielle Regelung schaffe, was seiner generellen Ausweitung entgegenstehe; dies spreche gegen eine Analogiebildung jeglicher Form. Auf der anderen Seite ließe sich jedoch behaupten, dass Art. 104a Abs. 5 GG für ausschließlich innerstaatlich relevante Sachverhalte ein Haftungsverhältnis normiere; die europarechtliche Seite und deren Relevanz konnten zum Zeitpunkt des Normenerlasses noch gar nicht berücksichtigt werden. Aufgrund dieser ungewollten und unvorhersehbaren Gesetzeslücke spreche nach Ansicht *Sommermanns* deshalb einiges dafür, Art. 104a Abs. 5 GG analog auf die hier in Frage stehenden Fälle anzuwenden. Nachdem eine Verfassungsänderung gerade vor dem Hintergrund der hier zu verhandelnden großen Kostenlasten schwierig zu realisieren sein dürfte, halte er die Analogie-Lösung für erstrebenswert. Direkt darauf entgegnete *Böhm,* dass gerade dieser Problembereich und seine Lösungswege auch für sie selbst ein Schwerpunkt ihrer Überlegungen gewesen seien. Daher sehe sie den Vorschlag *Sommermanns* durchaus als möglichen Ausweg aus diesem normativen Dilemma an. Allerdings gebe sie zu bedenken, dass es doch gerade in diesem konkreten Fall nicht mehr um Gesetzgebungstätigkeit in ihrer ursprünglichen Form gehe, weil sowohl Bund als auch Länder nur ausführende Organe in der Umsetzung des Europäisierungsprozesses seien. Unter anderem habe diese Tatsache für *Böhm* den Ausschlag gegeben, von einer analogen Anwendung des Art. 104a Abs. 5 GG abzurücken und den Vorschlag einer eigenen gesetzlichen Regelung zu machen. Des Weiteren ging die Referentin auf die Problematik der Ersatzvornahme durch den Bund ein. Sie sehe dabei die Gefahr, dass die Befürworter einer Ersatzvornahme eher aus der Notwendigkeit der Umsetzungsverpflichtung der Mitgliedstaaten heraus argumentieren würden. *Böhm* verneine deshalb das hier zum Ausdruck kommende Prinzip, dass der Zweck die eingesetzten Mittel heiligen könne. Anderenfalls würde in ihren Augen der ultima-ratio-Charakter dieser Mittel zu sehr außen vor gelassen. Schließlich frage sie sich, ob eine Ersatzvornahme durch den Bund in der hier vorgeschlagenen Form überhaupt realistisch sei. Die hier diskutierten Probleme lägen des Weiteren auch und vor allem in den nationalen föderalen Strukturen der Bundesrepublik Deutschland begründet, die es oftmals unmöglich machten, bei fehlender oder unzureichender Richtlinienumsetzung die Verantwortlichen auszumachen. Diese Form der „Unorganisiertheit" nun über das Mittel der Ersatzvornahme im Wege des Bundeszwanges überwinden zu wollen, halte *Böhm* für das völlig falsche Signal. Abschließend könne sie zwar dahingehend zustimmen, dass die Argumentationsstrukturen und Vorgaben des EuGH immer stärker Einfluss in unser nationales Rechts- und Verwaltungssystem finden und dieses auch zunehmend verändern werden. Derzeit sei in ihren Augen der Europäisierungsprozess jedoch noch nicht so weit vorangeschritten, dass die besonderen nationalen föderalen Strukturen außer Acht gelassen werden könnten, um das Mittel einer Ersatzvornahme durch den Bund zu realisieren.

In einer weiteren Diskussionsrunde wandte sich Regierungsassessor *Christof Hoffmann,* Ministerium für Inneres und Sport des Saarlandes, an die Referentin. Nachdem *Böhm* das Prinzip der Bundestreue als mögliche Anspruchsgrundlage ausgeschlossen habe, wolle er wissen, ob man aus eben diesem Prinzip nicht die Verpflichtung der verschiedenen Hoheitsträger entnehmen könne, sich gegenseitig vor Schaden zu bewahren. Wenn dies bejaht werden könne, sei nach seinem Dafürhalten durchaus an einen Schadensersatzanspruch aus positiver Forderungsverletzung zu denken. *Böhm* führte dazu aus, dass die positive Forderungsverletzung zwar auch im Öffentlichen Recht anerkannt sei, doch vornehmlich auf der Ebene der einfachen Verwaltungsakte bezogen auf einen konkreten Einzelfall. Zwar mag dieses Institut auf der Ebene der Verwaltung durchaus sinnvoll sein; auf das sehr viel komplexere Verhältnis zwischen Bund, Ländern und EU passe dieser Anspruch jedoch keinesfalls. Der Begriff der Bundestreue sei ein sehr allgemeiner Begriff mit wenig scharfen Konturen, der allenfalls unterstützend und ergänzend im Verhältnis zu klar und eindeutig gesetzlich festgelegten Verfahrensweisen herangezogen werde. Aus ihm einen direkten Ersatzanspruch abzuleiten, halte *Böhm* daher für sehr gewagt.

Im Anschluss daran stieg *Magiera* erneut in die Aussprache ein. Die Diskussion dringe in seinen Augen unter anderem auch deshalb in diese Detailprobleme ein, weil das Thema des von *Böhm* gehaltenen Vortrags sich bewusst mit den Haftungsproblemen der letzten Glieder in dieser Verantwortungskette – nämlich zwischen Bund und Ländern – befasse. Er wolle sich daher von diesen Details lösen und noch einmal auf den Ursprung des Haftungsproblems, die Umsetzungsverpflichtung der Mitgliedstaaten von durch den europäischen Gesetzgeber erlassenen Richtlinien, eingehen. Seien Umsetzungsdefizite bzw. -fehler erkennbar, so habe die Kommission die Möglichkeit bzw. die Verpflichtung, vor dem EuGH gegen den Mitgliedstaat zweimal ein Vertragsverletzungsverfahren anzustrengen, bevor die Verhängung eines Zwangsgeldes überhaupt möglich sei. In diesem Verfahren als Folge der unbedingten Umsetzungsverpflichtung sei erkennbar, dass oberstes Gebot der Mitgliedstaaten die Erfüllung der völkerrechtlich eingegangenen Verpflichtungen sei, das unter allen Umständen umgesetzt werden müsse. In dieser Pflicht sei ein sehr hohes Gut verborgen, weil die Umsetzungsverlässlichkeit für die Glaubwürdigkeit eines Staates unentbehrlich sei. Daher sei nicht nur der materielle Schaden, sondern auch und vor allem der immaterielle Schaden bei der gesamten Diskussion ins Auge zu fassen. Vor diesem Hintergrund scheine in *Magieras* Augen die Ersatzvornahme durch den Bund das viel mildere Mittel zu sein, gerade wenn nur einzelne wenige Bundesländer ihrer Umsetzungsverpflichtung nicht nachkämen. Denn gerade im Hinblick auf die Verbindung von Außen- und Innenverhältnis seien die Folgen einer Ersatzvornahme verglichen dem Verlust der Glaubwürdigkeit in der EU doch eher zu vernachlässigen. In einer knappen Antwort lehnte *Böhm* diesen Standpunkt erneut ab und bekräftigte ihre Darstellung von einer gesetzlichen Regressregelung zwischen Bund und Ländern.

Assessor iur. *Holger Holzwart,* Forschungsreferent am Forschungsinstitut für öffentliche Verwaltung bei der Deutschen Hochschule für Verwaltungswissenschaften Speyer, meldete sich mit einer Ergänzung zur analogen Anwendung des Art. 104a Abs. 5 GG zu Wort. Er sehe hier das Erfordernis einer weiteren Differenzierung zwischen der Rechtsetzung einerseits und dem Fehler beim Verwaltungsvollzug andererseits. Dies halte er deshalb für notwendig, weil sich das Vertragsverletzungsverfahren nach Art. 226 ff. EGV auf beide Bereiche beziehen könne. Diese Unterscheidung sei ganz deutlich im Fall der illegalen Mülldeponien in Griechenland zu erkennen, wo zwar die Rechtsetzung den europäischen Anforderungen genüge, jedoch die tatsächliche Praxis fehlerhaft sei. *Holzwart* sehe daher das Problem, dass der Vorschlag *Böhms* wohl zwar auf Fälle der Rechtsetzung anwendbar sei; in seinen Augen sehe dies beim fehlerhaften Verwaltungsvollzug allerdings schon wieder anders aus. Auf diese Intervention gab *Böhm Holzwart* zunächst dahin gehend Recht, dass in den von ihm genannten Fällen wohl eine analoge Anwendung des Art. 104a Abs. 5 GG durchaus zu überlegen sei. Allerdings sei sie sich nicht sicher, ob es sich bei diesen Verwaltungsvollzugsfehlern überhaupt um Fälle der Art. 226 ff. EGV handele. Zumindest fielen die von *Holzwart* genannten Fälle in ihren Augen in einen anderen Zusammenhang und hätten daher wohl mit der Zwangsgeldfestsetzung nach einem Verfahren i.S.d. Art. 226 ff. EGV zunächst nicht viel zu tun. Abschließend fasste *Böhm* nochmals zusammen, dass sie sich deshalb auf die Zwangsgeldfestsetzung bei Nichtumsetzung von europäischen Richtlinien beschränkt habe, weil dies die praktisch bedeutsamsten Fälle seien. Diese Problematik könne allerdings ausschließlich und alleine bei einer Zweitverurteilung nach Verfahren gemäß Art. 226 bis 228 EGV entstehen. Dies bedeute allerdings nicht, dass es keine Schadensersatzfälle in anderen Bereichen geben könne. Ganz im Gegenteil werde vom Staatshaftungsrecht ein sehr großes Fehlerspektrum abgedeckt, das hier jedoch nicht Gegenstand von *Böhms* Überlegungen gewesen sei. Sie wolle deshalb ihre Ausführungen nicht so verstanden wissen, dass es keine Haftungsmöglichkeiten zwischen Bund und Ländern gebe. Jedoch wolle sie nochmals betonen, dass sie allein für den Fall einer Zwangsgeldfestsetzung nach einer Zweitverurteilung durch den EuGH bei Nicht- bzw. Falschumsetzung einer Richtlinie derzeit keine Regressmöglichkeit zwischen Bund und Ländern sehe. Mit diesem zusammenfassenden Schlusswort beendete *Niedobitek* die Diskussion, stellte allerdings fest, dass die Frage, ob die Inanspruchnahme der Länder durch den Bund überhaupt legitim sei, gar nicht angesprochen wurde; über diese Notwendigkeit bestehe daher wohl allgemeiner Konsens.

EG-beihilfenrechtliche Beurteilung mitgliedstaatlicher Infrastrukturförderung im Zeichen zunehmender Privatisierung

Von Christian Koenig und Jürgen Kühling

Staatliche Fördermaßnahmen, die der gesamten Wirtschaft zugute kommen, erfüllen grundsätzlich nicht das EG-beihilfenrechtliche Tatbestandsmerkmal der Bestimmtheit. Die hoheitliche Infrastrukturförderung war daher der Beihilfenkontrolle bislang weitgehend entzogen. Angesichts der Knappheit von Haushaltsmitteln und unter dem Druck der geforderten Erhöhung der betriebswirtschaftlichen Effizienz von Infrastrukturprojekten geht die öffentliche Hand aber immer mehr dazu über, Infrastrukturaufgaben in Kooperationen mit der Privatwirtschaft zu erfüllen (funktionale Privatisierung bzw. Public Private Partnerships). Zudem hat eine ausgreifende Aufgabenprivatisierung dazu geführt, dass plötzlich von der Angebotsseite her frei zugängliche Infrastrukturmärkte entstehen oder denkbar sind, wo vormals ausschließlich staatliches, nicht vom Wettbewerb kontrolliertes Handeln vorherrschte. Dabei zeigt sich, dass es nicht mehr allein um den Ausschluss von Wettbewerbsverzerrungen durch begünstigende Infrastrukturmaßnahmen geht, sondern auch der Wettbewerb um die Erstellung und den Betrieb von Infrastrukturen sowie der anschließende Wettbewerb der Infrastrukturanbieter durch Beihilfen verzerrt werden kann. Spätestens mit diesen Entwicklungen stellt sich immer dringlicher die Frage, wie Infrastrukturprojekte zukünftig EG-beihilfenrechtlich zu bewerten sind. Der folgende Beitrag systematisiert die Kommissionspraxis und würdigt diese vor dem Hintergrund der berechtigten Finanzierungsinteressen der öffentlichen Investoren einerseits und dem Schutz des Wettbewerbs andererseits.

I. Einleitung

Die Auffassung, dass hoheitliche Infrastrukturmaßnahmen mangels Begünstigung bestimmter Unternehmen oder Produktionszweige bereits den Tatbestand des Art. 87 Abs. 1 EGV nicht erfüllen, war lange Zeit eine der unerschütterlichen Säulen der EG-Beihilfenrechtsdogmatik. So antwortete die Europäische Kommission schon 1967 auf eine schriftliche Anfrage eines Abgeordneten des Europäischen Parlaments, dass die Anlage eines Abwassersammelkanals in Belgien kein bestimmtes Unternehmen bzw. keinen bestimmten Produktionszweig begünstige, obwohl die Einrichtung speziell auf die Bedürfnisse eines konkreten Unternehmens zugeschnitten werden sollte[1]. Diese schlichte Ausgangsposition ist inzwischen einer erheblich differenzierteren Betrachtung gewichen. So wacht die Kommission mittlerweile sehr genau darüber, dass durch das Infrastrukturprojekt keine unternehmensspezifische Begünstigung eintritt. Besondere Beachtung verdienen dabei diejenigen Infrastrukturprojekte, an deren Realisierung Private beteiligt sind, was zunehmend der Fall ist.

Bevor die Entwicklung der einschlägigen Kommissionspraxis im Folgenden dargelegt und kommentiert werden soll, ist der Begriff der „Infrastruktur“ zu klären, da dieser in der staatswissenschaftlichen Literatur höchst unterschiedlich verwendet wird[2]. Infrastruktureinrichtungen sind durch eine Gewährleistungsfunktion gekennzeichnet: Sie sichern in ihrer Gesamtheit die Voraussetzungen für die soziale Entwicklung und Entfaltung wirtschaftlicher Aktivitäten[3]. Infrastruktureinrichtungen sind in der Regel auf eine gleichmäßige und häufig auch flächendeckende Versorgung mit Leistungen von allgemeinem Interesse zu angemessenen Bedingungen angelegt[4]. Trotz des in Bezug auf diese Feststellungen bestehenden Konsenses gehen die Definitionen in der Literatur weit auseinander[5]. Allerdings wird zunehmend die Notwendigkeit einer allgemeingültigen Definition abgestritten und statt-

---

1 So jedenfalls die Sachverhaltsdarstellung in ABl. 1967/2311. Die Kommissionspraxis würde heute – die Richtigkeit der Sachverhaltsdarstellung unterstellt – wohl zu Recht zum gegenteiligen Ergebnis gelangen, vgl. dazu unten II.2.

2 Vgl. exemplarisch Stichwort „Infrastruktur“ in: *Ute Arentzen u. a. (Hrsg.),* Gabler-Wirtschafts-Lexikon, Band 2, 14. Aufl., Wiesbaden 1997; *Georg Hermes,* Staatliche Infrastrukturverantwortung: rechtliche Grundstrukturen netzgebundener Transport- und Übertragungssysteme zwischen Daseinsvorsorge und Wettbewerbsregulierung am Beispiel der leitungsgebundenen Energieversorgung in Europa, Tübingen 1998, S. 164 ff.; *Georg Hünnekens,* Rechtsfragen der wirtschaftlichen Infrastruktur, Köln 1995, S. 16; *Klaus Stern,* Das Staatsrecht der Bundesrepublik Deutschland, Band 1, 2. Aufl., München 1984, § 21 II 2; *Rolf Stober,* Allgemeines Wirtschaftsverwaltungsrecht, 12. Aufl., Stuttgart, Berlin, Köln 2000, § 26.

3 *Georg Hünnekens* (Anm. 2), S. 13 und 15.

4 *Georg Hermes* (Anm. 2), S. 166 f.

5 So fallen nach einer engeren Auffassung unter den Begriff der Infrastruktur nur netzgebundene Einrichtungen im Sinne von Straßen-, Schienen- und Leitungsnetzen für Telekommunikation, Energie und Wasserversorgung, einschließlich derjenigen Dienste, die unter Ausnutzung dieser Netze erbracht werden, *Georg Hermes* (Anm. 2), S. 162. Hingegen soll einer auf die wirtschaftliche Infrastruktur ausgerichteten Definition zufolge die Gesamtheit der materiellen, institutionellen und personellen Einrichtungen erfasst werden, die den Wirtschaftssubjekten infolge öffentlicher Aktivität zur Verfügung stehen, so etwa *Georg Hünnekens* (Anm. 2), S. 16.

dessen eine Aufzählung von Einrichtungen, die anerkanntermaßen zur Infrastruktur gezählt werden, bevorzugt. Dieses Vorgehen wird mit der Dynamik des Infrastrukturbegriffs begründet[6]. Auch das BVerfG nimmt an Stelle einer Definition des Infrastrukturbegriffes eine weite und nicht abschließende Aufzählung von Einrichtungen vor[7]. Hierzu werden neben der Energie- und Wasserversorgung der Nahverkehr, die Abfallentsorgung sowie weitere öffentliche Einrichtungen wie Krankenhäuser, Altenheime und Kindergärten gezählt. Ähnlich definiert das Europäische Parlament den Begriff der Infrastruktur[8]. Ein derart weites Verständnis der Infrastruktur[9] soll auch diesem Beitrag zugrunde gelegt werden, zumal nicht nur die Förderung besonders wirtschaftsnaher Infrastrukturen (wie Ver- und Entsorgungseinrichtungen) beihilfenrechtlich relevant sein kann, sondern sich der Blick der Europäischen Kommission zunehmend auch auf kulturelle, sportliche und soziale Einrichtungen richtet[10]. Damit wird zum großen Teil auch der Bereich dessen erfasst, was in Deutschland unter dem „schwammigen" Begriff der „Daseinsvorsorge" firmiert[11]. Die folgende Auseinandersetzung wird durch die Daseinsvorsorgemitteilung[12], mit der die Kommission auf den wachsenden Unmut vor allem in Deutschland über die zunehmende wettbe-

---

[6] *Rolf Stober* (Anm. 2), S. 287.

[7] BVerfGE 38, 258, 270 f. Auffällig ist, dass das BVerfG den Begriff der Infrastruktur in Anführungszeichen gesetzt hat.

[8] Europäisches Parlament, Entschließung v. 17.3.1989, ABl. 1989 C 96/243 (244): „[D]ie Ausstattung mit materiellen Gütern [...], die nicht unmittelbar im Produktionsprozess verwendet werden, wobei diese Ausstattung einer Vielzahl von Benutzern zur Verfügung steht und normalerweise vom Staat selbst oder eigens dafür vorgesehenen halbstaatlichen Stellen oder auch privaten Körperschaften hergerichtet und finanziert wird."

[9] Wie etwa bei *Georg Hünnekens* (Anm. 2), S. 16, der Infrastruktur definiert als „entwicklungsoffener Inbegriff all jener Einrichtungen und Maßnahmen, die als materielles und institutionelles Fundament für den Bereich der ökonomischen Entfaltung des Einzelnen und der Allgemeinheit geeignet und notwendig sind und im öffentlichen Interesse dem Gemeinwesen zur Verfügung gestellt werden."

[10] Wie hier auch *Joachim Johannes Modlich,* Nationale Infrastrukturmaßnahmen und Artikel 92 Abs. 1 EGV: zur Vereinbarkeit nationaler Infrastrukturmaßnahmen mit dem Beihilfeverbot des Art. 92 Abs. 1 EG-Vertrag, Köln 1996, S. 123.

[11] Siehe ausführlich und kritisch die Dissertation von *Dieter Scheidemann,* Der Begriff Daseinsvorsorge. Ursprung, Funktion und Wandlungen der Konzeption Ernst Forsthoffs, Göttingen 1991; treffend sprach *Bodo Börner* schon 1971 vom Begriff der Daseinsvorsorge als einem Irrwisch, *Bodo Börner,* Irrwisch Daseinsvorsorge, in: BayVBl. 1971, S. 406; siehe ausführlich zur örtlichen Daseinsvorsorge jetzt *Johannes Hellermann,* Örtliche Daseinsvorsorge und gemeindliche Selbstverwaltung: zum kommunalen Betätigungs- und Gestaltungsspielraum unter den Bedingungen europäischer und staatlicher Privatisierungs- und Deregulierungspolitik, Tübingen 2000, passim.

[12] Mitteilung der Kommission zu den „Leistungen der Daseinsvorsorge in Europa" v. 20.9.2000, ABl. 2001 C 17/4.

werbsrechtliche Kontrolle der genannten Bereiche reagiert hat[13], nicht wesentlich berührt. Bei der Mitteilung handelt es sich vornehmlich um eine politische Konzession, die keine inhaltlichen Neuerungen vorsieht. Sie liefert lediglich knappe Hinweise für die weitere Anwendung des Primärrechts durch die Kommission, etwa im Hinblick auf die Frage, ob eine grenzüberschreitende Handelsbeeinträchtigung oder die Voraussetzungen der Ausnahmebestimmung des Art. 86 Abs. 2 EGV vorliegen, und beschränkt sich grundsätzlich auf die Wiedergabe der bisherigen Auslegungspraxis durch Kommission und EuGH[14].

II. Bisherige Kommissionspraxis und EuGH-Rechtsprechung zur unternehmensspezifischen Begünstigung im Zusammenhang mit der öffentlichen Infrastrukturförderung

1. Regel: Infrastrukturförderung stellt keine unternehmensspezifische Begünstigung dar

Mit dem Gemeinsamen Markt unvereinbar sind nur solche Beihilfen, die auf die Begünstigung bestimmter Unternehmen oder Produktionszweige gerichtet sind. Das Merkmal der Bestimmtheit dient der Abgrenzung der Beihilfen implizierenden Fördermaßnahmen von allgemeinen legislativen Maßnahmen eines Mitgliedstaates oder dessen Gebietskörperschaften[15]. Damit sollen staatliche Fördermaßnahmen, die der gesamten Wirtschaft zugute kommen, aus dem gemeinschaftlichen Beihilfenbegriff ausgegrenzt werden. Hierzu gehören auch hoheitliche Maßnahmen, die der Schaffung und dem Ausbau der Infrastruktur dienen, wie zum Beispiel die Erschließung von Gewerbegebieten oder der Bau und Betrieb von städtischen Kläranlagen, Mülldeponien oder Schulen. Öffentliche Investitionen in derartige Infrastruktureinrichtungen wurden bislang regelmäßig als EG-beihilfenrechtlich unbedenklich eingestuft, da und soweit sie keine bestimmten Unternehmen oder Branchen bevorzugen. Teilweise sind Infrastruktureinrichtungen nicht einmal auf Unternehmen beschränkt und kommen auch oder sogar ausschließlich einer Vielzahl von Verbrauchern zugute, wie etwa Mülldeponien oder Schulen. Die Bereitstellung dieser Einrichtungen dient dazu, Rahmenbedingungen für die allgemeine Attraktivität eines Gebiets als Wirtschafts-

---

[13] Vgl. F.A.Z. v. 25.3.2000, S. 2; 27.3.2000, S. 2 und 29.3.2000, S. 6.

[14] Vgl. zu Art. 86 Abs. 2 EGV Ziff. 19 ff., zur Zwischenstaatlichkeitsklausel Ziff. 32 der Daseinsvorsorgemitteilung; zur ersten Beihilfenentscheidung, die den Aspekt der Zwischenstaatlichkeitsklausel aufgreift, siehe unten die Entscheidung „Freizeitbad Dorsten" (Anm. 67).

[15] *Thomas Oppermann,* Europarecht, 2. Aufl., München 1999, Rn. 1112.

standort zu schaffen[16]. Unbestritten kann die Nutzung einer effizienten Infrastruktur den dort vorhandenen Industrieunternehmen einen Vorteil verschaffen, der sich positiv auf ihre Marktstellung auszuwirken vermag. Ein solcher Vorteil kann indes den Beihilfentatbestand nicht erfüllen, da er prinzipiell jedem Unternehmen zugute kommt, das sich für eine Ansiedlung in der betreffenden Region oder Gemeinde entscheidet. Im Ergebnis treten die Mitgliedstaaten und Kommunen durch die Gestaltung der Infrastruktureinrichtungen auf ihrem Gebiet untereinander in einen Wettbewerb der Standorte, der in dieser Hinsicht bislang als mit dem Gemeinsamen Markt vereinbar und EG-beihilfenrechtlich irrelevant angesehen wurde[17].

Dieser Ansatz, eine Unternehmensbezogenheit der Begünstigung von Infrastruktureinrichtungen abzulehnen, die im Interesse der Allgemeinheit von der öffentlichen Hand geschaffen und aufrechterhalten werden, kann auf eine lange Kommissionspraxis zurückweisen[18], die vom EuGH im Grundsatz gebilligt wurde[19]. Als allgemeine Infrastruktureinrichtungen sind hierbei alle Einrichtungen zu verstehen, die durch eine polyvalente Verwendbarkeit und eine fehlende Nutzungsexklusivität gekennzeichnet sind und damit allen vorhandenen und künftigen Unternehmen diskriminierungsfrei zu gleichen Bedingungen zur Verfügung stehen.

2. Ausnahme: Unternehmensspezifische Begünstigung

Dies setzt allerdings voraus, dass die diskriminierungsfreie Nutzungsmöglichkeit aller Marktteilnehmer auch tatsächlich gewährleistet wird. Damit sind insbesondere die Fälle problematisch, in denen eine an sich allgemeine Maßnahme faktisch auf die Begünstigung eines einzelnen Unternehmens oder – was freilich selten der Fall sein dürfte – eines bestimmten Produktionszweiges hinausläuft. Eine solche unternehmensspezifische Begünstigung hat die Kommission in der Vergangenheit insbesondere im Zusammenhang mit der Errichtung bzw. Erschließung von Industriegebieten und

---

16 *Stephan große Siemer,* Die kommunale Wirtschaftsförderung und die Regionalpolitik der Europäischen Gemeinschaften: eine Untersuchung der Stellung der Kommunen in der Regionalpolitik der Europäischen Gemeinschaften und der Grenzen der kommunalen Wirtschaftsförderung, Köln, Berlin, Bonn, München 1992, S. 124.

17 *Angela Faber,* Die Relevanz der Art. 92–94 EWGV für die kommunale Wirtschaftsförderung, in: DVBl. 1992, S. 1346, 1350; zur Betrachtung des EG-Beihilfenrechts aus der Perspektive des Systemwettbewerbs *Christian Koenig/Jürgen Kühling,* Reform des EG-Beihilfenrechts aus der Perspektive des mitgliedstaatlichen Systemwettbewerbs. Zeit für eine Neuausrichtung?, in: EuZW 1999, S. 517 ff.

18 Vgl. bereits die Antwort der Kommission auf eine schriftliche Anfrage, ABl. 1967/2311; später exemplarisch die Mitteilungen Veltin-Tal, ABl. 1992 C 324/3 (3); Alkalische Salze, ABl. 1993 C 59/4 (5).

19 Vgl. hierzu EuGH, Rs. C-225/91, Slg. 1993-I, S. 3203, 3250 ff. – Matra.

Gewerbeparks beschäftigt. Diese Fälle weisen die Gemeinsamkeit auf, dass entweder eine der Allgemeinheit gewidmete Infrastruktureinrichtung in Wirklichkeit nur von einem Unternehmen genutzt werden kann oder die Infrastruktur speziellen Bedürfnissen eines Unternehmens Rechnung trägt. In beiden Konstellationen wird eine prinzipiell unbestimmte Infrastrukturleistung dadurch zu einer bestimmten Begünstigung, dass sie auf die besonderen Bedürfnisse eines Unternehmens zugeschnitten und damit unternehmensspezifisch erbracht wird[20]. Dabei sind äußere und innere Erschließungsmaßnahmen als zwei Standardfälle der grundstücksbezogenen Infrastrukturerstellung zu unterscheiden[21].

Innere Erschließungsmaßnahmen, also solche auf dem Grundstück eines Unternehmens, stellen regelmäßig Maßnahmen dar, die im Falle fehlender Kostendeckung einen unternehmensbezogenen Vorteil gewähren und damit den Beihilfenbegriff erfüllen. Es handelt sich in der Mehrzahl der Fälle um die Schaffung von Einrichtungen auf dem Unternehmensgelände, die dessen Anschluss an die allgemeinen Infrastruktureinrichtungen vor Ort bezwecken, sowie die anschließende Versorgung des Unternehmens mit Infrastrukturleistungen wie Wasser und Energie. Teilweise können aber auch sehr individuelle Maßnahmen vorliegen, wie die Begradigung und Befestigung des Unternehmensgeländes[22]. Um in solchen Fällen den Beihilfentatbestand sicher auszuschließen, ist ein Nachweis erforderlich, dass die Bereitstellung der benötigten Einrichtungen und die Lieferung entsprechender Leistungen nur gegen Zahlung des üblichen Marktpreises erfolgt, der kostenorientiert berechnet sein muss[23]. Ist dies nicht der Fall, wird das Vorliegen eines unternehmensbezogenen Vorteils indiziert.

Bei äußeren Erschließungsmaßnahmen, also Maßnahmen, die zwar grundstücksbezogen, aber nicht auf dem betroffenen Grundstück erfolgen, muss zunächst der ortsübliche Erschließungsbeitrag entrichtet werden, um

---

[20] *Bertold Bär-Bouyssière* in: Jürgen Schwarze (Hrsg.), EU-Kommentar, Baden-Baden 2000, Art. 87, Rn. 35.

[21] Zu dieser von der Kommission in der Mitteilung Fritz Egger (dazu bei Fn. 22) explizit dargelegten Differenzierung jetzt auch *Ulrich Soltész,* Öffentliche Finanzierung von Infrastruktur- und Erschließungsmaßnahmen und das EG-Beihilferecht, in: EuZW 2001, S. 107, 109, der wie hier zudem sonstige allgemeine Infrastrukturmaßnahmen als dritte Kategorie behandelt.

[22] Vgl. die Mitteilung der Kommission, Fritz Egger Spanplattenindustrie, ABl. 1994 C 369/6 (7).

[23] Siehe dazu die Mitteilung der Kommission v. 27.6.1995, Institut Français du Pétrole (IFP), ABl. 1995 C 161/5 (8); siehe auch die Entscheidung „Lenzing Lyocell“ (Anm. 29), S. 33 (41). In dem Fall sind inzwischen angemessene Zahlungen für die unternehmensspezifische Infrastruktur geleistet worden. Auf dieselben Kriterien rekurriert die Kommission in der Entscheidung v. 20.7.1999 „Sangalli Manfredonia Vetro“ ABl. 2000 L 137/1 (5 – Ziff. 28 f.).

das Vorliegen einer unternehmensbezogenen Begünstigung auszuschließen[24]. Eine vollständige Kostendeckung durch den Erschließungsbeitrag wird von der Kommission dagegen nicht verlangt[25]. Damit ist jedenfalls bei einem völligen oder teilweisen Verzicht auf den Erschließungsbeitrag der unternehmensbezogene Begünstigungscharakter der Maßnahme grundsätzlich zu bejahen. Bei der Bewertung der Ortsüblichkeit und des Vorliegens einer Differenzierung, die Beihilfenelemente indiziert, zieht die Kommission allerdings auch den Maßstab eines marktwirtschaftlich handelnden Investors heran. Dies kann im Einzelfall dazu führen, dass gegenüber „Pionierunternehmen" in einem neu zu errichtenden Gewerbepark Erschließungsmaßnahmen verbilligt durchgeführt werden dürfen, um Folgeunternehmen anzulocken, die dann höhere Entgelte zu bezahlen haben[26]. Neben dem Erfordernis der Zahlung ortsüblicher Erschließungsbeiträge ist weiter zu prüfen, ob die äußeren Erschließungsmaßnahmen unternehmensspezifisch zugeschnitten werden, da auch dies eine Begünstigung im EG-beihilfenrechtlichen Sinne – trotz Beitragszahlung – bedingen kann. Ein anschauliches Beispiel für die Prüfung unternehmensspezifischer Vorteile bietet der Fall „Kimberly Clark Industries"[27]. Darin wurde zur alleinigen Ansiedlung des Unternehmens eigens ein Industriegebiet nach den besonderen Bedürfnissen des Papierherstellers in unmittelbarer Nähe eines Flusses erschlossen, um auf diese Weise dessen notwendige Versorgung mit großen Mengen qualitativ guten Nutzwassers und die entsprechende Ableitung des (zuvor geklärten) Abwassers zu ermöglichen. Dies sah die Kommission als eine unternehmensspezifische Leistung an, die dem Unternehmen gegenüber nur zum vollen Marktpreis hätte erbracht werden dürfen. Vergleichbar ist der Fall „Lenzing Lyocell"[28]. Hier wurde für das Unternehmen ein Bahnanschluss innerhalb eines Gewerbeparks eingerichtet, der nach den Feststellungen der Kommission nur von diesem und nicht von anderen Unternehmen vor Ort genutzt werden konnte. Auch darin erkannte die Kommission eine unternehmensspezifische Leistung[29]. Allerdings kann nicht jeder Vorteil, den ein Unternehmen aufgrund der faktisch ausschließlichen Nutzung

---

[24] Vgl. Mitteilung Fritz Egger (Anm. 22), S. 6 (7).

[25] In der Entscheidung „Sangalli Manfredonia Vetro" (Anm. 23), S. 1 (5 – Ziff. 27), hebt die Kommission allerdings den Charakter der Kostendeckung der Infrastrukturnutzungsgebühren hervor.

[26] Dies hält die Kommission in der Aufforderung zur Stellungnahme „Lenzing Lyocell", ABl. 1999 C 253/4 (12), zumindest für möglich. Dazu ist aber eine substantiierte Darlegung seitens der öffentlichen Hand zu verlangen.

[27] Mitteilung der Kommission, „Kimberly Clark Industries", ABl. 1994 C 170/8.

[28] Mitteilung der Kommission, „Lenzing Lyocell", ABl. 1999 C 9/6 (14 und 17).

[29] Im Fall „Lenzing Lyocell" wurde inzwischen das Vorliegen einer Beihilfe abgelehnt, da das Unternehmen mittlerweile für den Bahnanschluss Sonderzahlungen leistet, Entscheidung der Kommission v. 19.7.2000, ABl. 2001 L 38/33 (41).

externer Infrastruktureinrichtungen erlangt, automatisch als bestimmte Maßnahme qualifiziert werden. So ist es beispielsweise unvermeidlich, dass in einem neu eingerichteten Gewerbegebiet der zuerst angesiedelte Betrieb quasi die gesamte Infrastruktur zur eigenen Verfügung hat. Dies gilt auch für den Fall, dass für eine Ansiedlung weiterer Unternehmen noch keine konkreten Pläne vorliegen und dies lediglich in Zukunft geschehen soll, etwa wenn sich der Standort hierfür günstig entwickelt[30]. Mithin muss für das Vorliegen der Unternehmensbezogenheit der Begünstigung die Infrastruktureinrichtung so beschaffen sein, dass dem Unternehmen daraus ein gegenüber anderen (potenziell) ansiedlungsbereiten Unternehmen exklusiver Vorteil zukommt, von dem spätere Unternehmen nicht profitieren können. Dieser ist nicht etwa schon darin zu erblicken, dass der Erstansiedler Einfluss auf die Planung und Ausgestaltung von äußeren Erschließungsmaßnahmen zu nehmen vermag.

Auch für sonstige allgemeine Infrastrukturmaßnahmen ist jeweils die Unternehmensbezogenheit der Infrastrukturkonzeption zu prüfen. Dabei existiert inzwischen auch diesbezüglich eine reiche Kommissionspraxis, die diesen Maßstab in verschiedenen Infrastrukturbereichen ausdifferenziert. So lehnte die Kommission im Fall von Investitionen in solche touristischen Infrastrukturen, die – wie Naturerlebnisräume[31] – allen Gästen unentgeltlich zur Verfügung stehen, das Vorliegen einer bestimmten Begünstigung ab. Ähnlich werden die Fälle der Dorf- und Stadtentwicklungsmaßnahmen zur Verbesserung des Ortsbildes beurteilt, sofern sie im allgemeinen Interesse erfolgen, was etwa im Fall der Schaffung von Grünräumen zu bejahen ist[32]. Die Förderung der Verbesserung der Übernachtungsinfrastruktur, die bestimmten Beherbergungsbetrieben zugute kommt, fasst die Kommission dagegen als unternehmensbezogene Begünstigung auf[33]. Investitionen in die

---

[30] Vgl. hierzu GA *van Gerven,* Schlussanträge zur Rs. C-225/91, Slg. 1993-I, S. 3203, 3222, Nr. 28 – Matra.

[31] Entscheidung der Kommission N 86/2000 v. 6.4.2000 „Naturerlebnisräume in Schleswig-Holstein", im Internet abrufbar unter: http://europa.eu.int/comm/sg/sgb/state_aids. (Alle Internetzitate weisen den Stand vom 1.3.2001 auf.) Hinzu kommt die Stützung derartiger Fördermaßnahmen auf Gemeinschaftsinitiativen wie etwa „PESCA", ABl. 1994 C 180/1, insbesondere Ziff. 10; vgl. dazu Entscheidung der Kommission N 618/99 v. 6.12.1999 „Maritimer Tourismus in Schleswig-Holstein", ebenda im Internet abrufbar. Unklar dagegen die Entscheidung der Kommission N 398/98 v. 22.3.2000 „Weinbauinfrastrukturen im Piemont", ebenda (in italienischer Sprache) abrufbar.

[32] Entscheidung der Kommission N 392/99 v. 10.3.2000 „Dorf- und Stadtentwicklung in Oberösterreich", im Internet abrufbar unter: http://europa.eu.int/comm/sg/sgb/state_aids.

[33] Entscheidung der Kommission N 248/99 v. 28.9.1999 „Fremdenverkehrsinfrastrukturen im Piemont", im Internet (in italienischer Sprache) abrufbar unter: http://europa.eu.int/comm/sg/sgb/state_aids; dazu unten näher, siehe III.3.

Bildungsinfrastruktur werden von der Kommission grundsätzlich als unspezifisch angesehen. Wenn sie allerdings in Ausnahmefällen ganz gezielt auf ein Unternehmen oder einen Industriezweig ausgerichtet werden, erfüllen auch sie das Tatbestandsmerkmal der Bestimmtheit[34]. Für die Beurteilung von Verkehrsinfrastrukturmaßnahmen stützt sich die Kommission unter anderem auf ihre Ausführungen im Grünbuch über Seehäfen und Seeverkehrsinfrastruktur, in dem sie gleichermaßen darauf abstellt, ob die Hafeninfrastruktur allgemein und diskriminierungsfrei zugänglich ist und keine Maßnahmen erfolgen, die ausgewählte Unternehmen besonders begünstigen[35]. Mit der Umsetzung der geplanten Maßnahmen zur Einführung fairer Preise für die Verkehrsinfrastrukturbenutzung[36] wird allerdings mit der Aufstellung strengerer Anforderungen an die Kostendeckung der Infrastruktur zu rechnen sein, wobei jeweils die Sonderbestimmung des Art. 73 EGV zu berücksichtigen ist[37]. Eine Verschärfung der Anforderungen ist im Hinblick auf die Beurteilung der Förderung der Forschungsinfrastruktur bereits festzustellen. So achtet die Kommission streng darauf, dass die infrastrukturelle Offenheit nicht nur rechtlich, sondern auch faktisch gesichert ist. Andernfalls bejaht die Kommission – wie im Fall „Institut Français du Pétrole“ – den Beihilfentatbestand. Das Institut hatte die Ergebnisse seiner Forschungstätigkeit auf dem Gebiet der Petrochemie zu nicht kostendeckenden Preisen angeboten. Zwar richtete sich dieses Angebot theoretisch an alle Unternehmen in der EG, faktisch profitierten von den Forschungsergebnissen jedoch vor allem französische Unternehmen[38]. Im Übrigen legt der Gemeinschaftsrahmen für staatliche Forschungs- und Entwicklungsbeihilfen (FuE-Beihilfen)[39] in Ziff. 2 ausführlich die Grundsätze der Anwendbarkeit des EG-Beihilfentatbestands auf FuE-Beihilfen dar. Nach Ziff. 2.4 des Gemeinschafts-

---

[34] Entscheidung der Kommission v. 26.3.1991 „Saint-Gobain“, ABl. 1991 L 215/11 (12).

[35] Grünbuch vom 10.12.1997, KOM (97) 678 endg., Ziff. 42; vgl. zur Anwendung dieser Maßstäbe exemplarisch die Aufforderung zur Stellungnahme, Maßnahmen zugunsten des Hafensektors in Italien, ABl. 1999 C 108/2 (3); ferner Aufforderung zur Stellungnahme, Bergbahninstallationen in der Provinz Bozen, ABl. 2001 C 27/37 (41) unter Hinweis auf Ziff. 175 des 25. Berichts über die Wettbewerbspolitik der Kommission, Luxemburg 1995.

[36] Vgl. dazu die im Weißbuch „Faire Preise für die Infrastrukturbenutzung erwähnten Maßnahmen“, 22.7.1998, KOM (1998) 466 endg. passim.

[37] Dazu *Christian Koenig/Jürgen Kühling,* EG-Beihilfenrecht, Heidelberg 2001, B.II.

[38] Mitteilung der Kommission v. 27.6.1995, Institut Français du Pétrole (IFP), ABl. 1995 C 161/5 (8); ähnlich: Mitteilung der Kommission, Förderschwerpunkt Laserforschung und Lasertechnik, ABl. 1992 C 10/4 (5) (Fall betreffend die Begünstigung bestimmter an einem staatlich geförderten Forschungsverbund beteiligter Unternehmen).

[39] ABl. 1996 C 45/5.

rahmens wird die Förderung öffentlicher, nicht gewinnorientierter Hochschul- oder Forschungseinrichtungen grundsätzlich nicht als EG-beihilfenrechtlich relevant angesehen, sofern die Forschungsergebnisse den Unternehmen in der Gemeinschaft diskriminierungsfrei zur Verfügung gestellt werden. Sobald private Unternehmen an der Forschung beteiligt sind, müssen diese für alle erlangten Vorteile marktübliche Gegenleistungen zahlen, es sei denn, es werden ausschließlich gemeinschaftsweit frei verfügbare Forschungsergebnisse erzielt.

III. EG-beihilfenrechtliche Beurteilung der Beteiligung Privater an Infrastrukturinvestitionen

Dieser Ansatz der Kommission, auf den unternehmensbezogenen, differenzierenden Charakter der Maßnahme abzustellen, der dem Grunde nach vom EuGH gebilligt wurde, ist durch das Tatbestandsmerkmal der Bestimmtheit angelegt und wird in der Sache im Großen und Ganzen überzeugend und pragmatisch angewandt, auch wenn Wertungen im Einzelfall immer umstritten bleiben dürften[40]. Auf diese Weise wird für eine Vielzahl einfach gelagerter Fälle Investitionssicherheit geschaffen. Teile der angeführten Kommissionspraxis[41] haben jedoch bereits aufgezeigt, dass die Beurteilung dann wesentlich schwieriger wird, wenn eine Beteiligung Privater an der Infrastrukturerstellung erfolgt, insbesondere wenn ein Wettbewerb der Infrastrukturdiensteanbieter (Infrastrukturersteller oder -betreiber) gegeben oder zumindest denkbar ist. Die Einbeziehung Privater im Rahmen verschiedener Kooperationsformen nimmt gegenwärtig ständig zu, wie im Folgenden knapp dargelegt werden soll (1.). Damit ist aber die Frage nach der EG-beihilfenrechtlichen Beurteilung gerade dieser Form der Investitionsmodelle für den Großteil der Infrastrukturförderung von entscheidender Bedeutung (2. und 3.).

---

[40] So weist *Ulrich Soltész* (Anm. 21), S. 108 f., zu Recht darauf hin, dass es einige Ausreißerentscheidungen gibt, wie die von ihm angeführte Entscheidung der Kommission v. 2.2.1994, SITAS, ABl. 1994 L 170/36 (39). In dieser Entscheidung hatte die Kommission eine öffentliche Einrichtung, die mit der Versorgung von Bohrinseln betraut war, als allgemeine Infrastrukturmaßnahme angesehen; generell gegen diesen Ansatz dagegen *Joachim Johannes Modlich* (Anm. 10), S. 180, der allerdings von einem überspitzten Verständnis des unternehmensspezifischen Charakters der Infrastrukturmaßnahme ausgeht und bei der Entwicklung seines eigenen Konzepts die weitgehende Öffnung der Infrastrukturdienste gegenüber wettbewerblichen Elementen völlig unterschätzt.

[41] Vgl. insbesondere die in Fn. 33 angeführte Entscheidung „Fremdenverkehrsinfrastrukturen im Piemont", aber auch Ziff. 2.4 des zitierten FuE-Gemeinschaftsrahmens; siehe ferner die Hinweise bei *Andrew Evans,* European Community law of State aid, Oxford 1997, S. 52 ff.

1. Wirtschaftlicher Hintergrund der Privatisierungswelle und der Tendenz zu Public Private Partnerships in der Erstellung und beim Betrieb von Infrastrukturen

Die chronisch angespannte finanzielle Lage der öffentlichen Hand drängt diese, zunehmend nach Lösungen zu suchen, um die Erfüllung der ihr obliegenden öffentlichen Aufgaben effektiver und vor allem kostengünstiger bewältigen zu können. Dabei versprechen sich immer mehr öffentliche Entscheidungsträger eine Entlastung der Haushalte durch die Privatisierung zahlreicher Aufgabenbereiche. Eine solche kann auf unterschiedliche Weise erfolgen. So kann die öffentliche Hand selbst ein Unternehmen in der Form des Privatrechts gründen und dieses anschließend mit der Erfüllung einer bestimmten Aufgabe betrauen (sog. formelle Privatisierung bzw. Organisationsprivatisierung) oder die Aufgabenerfüllung vollständig auf einen Privaten übertragen und damit dem Markt überlassen (sog. materielle Privatisierung oder Aufgabenprivatisierung) und sich ggf. lediglich gewisse Kontrollrechte vorbehalten, um künftig die Gemeinwohlbindung des Unternehmens zu gewährleisten[42]. Eine weitere Privatisierungsvariante, die in der Praxis gegenwärtig immer stärker in den Vordergrund tritt, ist die Zusammenarbeit von Hoheitsträgern und Privaten bei der Erfüllung öffentlicher Aufgaben (sog. funktionale Privatisierung). Unter dieser auch als Public Private Partnership bezeichneten Art der Zusammenarbeit[43] werden mittlerweile vielfältige Kooperationsformen mit sehr unterschiedlicher Ausformung und Intensität verstanden – von der öffentlichen Finanzierung und Überwachung einer privaten Infrastrukturerstellung über den umgekehrten Fall der privaten (Vor-)Finanzierung öffentlicher Einrichtungen im Wege von Leasing- und Konzessionsmodellen bis hin zur Gründung von gemischten Gesellschaften zur Realisierung lokaler Großprojekte[44]. Public Private Partnerships erfreuen sich im Übrigen auch deswegen zunehmender Beliebtheit,

---

[42] *Albert Krölls,* Rechtliche Grenzen der Privatisierungspolitik, in: GewArch 1995, S. 129, 130 f.

[43] Skeptisch gegenüber der juristischen Verwendbarkeit dieses aus der Verwaltungswissenschaft stammenden Begriffs *Martin Burgi,* Funktionale Privatisierung und Verwaltungshilfe: Staatsaufgabendogmatik – Phänomenologie – Verfassungsrecht, Tübingen 1999, S. 98 f.

[44] *Wolfgang Gerstlberger,* Public Private Partnerships. Innovative Wege zur Erledigung öffentlicher Aufgaben?, in: Werner Killian/Thomas Kneissler (Hrsg.), Demokratische und partizipative Verwaltung, Festschrift für Hans Brinckmann und Klaus Grimmer, Baden-Baden 1999, S. 333 (333); *Peter Tettinger,* Die rechtliche Ausgestaltung von Public Private Partnership, in: DÖV 1996, S. 764 ff., mit Hinweisen zu verschiedenen Ausgestaltungsmodellen; zur Phänomenologie auch *Martin Burgi* (Anm. 43), S. 100 ff.; vgl. ferner den informativen Tagungsband von *Dietrich Budäus/Peter Eichhorn* (Hrsg.), Public Private Partnership. Neue Formen öffentlicher Aufgabenerfüllung, Baden-Baden 1997.

weil auf diese Weise neben der Einbeziehung von privatem Kapital und Know-How auch betriebswirtschaftliche Instrumente, Managementmethoden und neuartige Formen der Personalbewirtschaftung in die öffentliche Verwaltung Eingang finden[45].

Die Knappheit staatlicher Finanzierungsmittel ist für die Erstellung und den Betrieb von Infrastruktureinrichtungen angesichts des steigenden Bedarfs an modernen und kostenträchtigen Infrastrukturen besonders prekär. Denn im Bereich der Infrastrukturschaffung ist häufig ein Marktversagen[46] festzustellen oder wird zumindest vermutet, so dass ein vollständiger hoheitlicher Rückzug unter Verweis auf die Leistungserbringung im Markt nicht sinnvoll ist oder nicht gewünscht wird[47]. Angesichts des – tatsächlichen oder vermeintlichen – Marktversagens einerseits und der Knappheit der öffentlichen Kassen andererseits kommt es folgerichtig namentlich bei der Schaffung von Infrastrukturen zu einer ständig wachsenden Zahl von Public Private Partnerships[48]. Dabei ist die Zusammenarbeit zwischen öffentlichen und privaten Investoren keinesfalls auf kommunale Kleininfrastrukturen beschränkt. Gerade besonders ehrgeizige und daher viel beachtete (Groß-)Projekte können zumeist nur noch im Rahmen einer Kooperation mit finanzstarken Partnern realisiert werden. Als Beispiele lassen sich der geplante Großflughafen Berlin Brandenburg International (BBI), der

---

[45] *Wolfgang Gerstlberger* (Anm. 44), S. 334.

[46] Zum Marktversagen als Regulierungsrechtfertigung ausführlich *Michael Fritsch/Thomas Wein/Hans-Jürgen Ewers,* Marktversagen und Wirtschaftspolitik. Mikroökonomische Grundlagen staatlichen Handelns, 3. Aufl., München 1999.

[47] So handelt es sich bei einem Teil der Infrastrukturen um öffentliche Güter, für die keine Rivalität im Konsum besteht und das Ausschlussprinzip nicht anwendbar ist; vgl. Stichwort „Gut" in: *Ute Arentzen u. a. (Hrsg.),* Gabler-Wirtschafts-Lexikon (Anm. 2). Dies hat zur Folge, dass eine angemessene Bereitstellung der Infrastrukturen im Markt nicht zu erwarten ist, jedenfalls aber hohe Externalitäten auftreten. Beispielsweise ist die Erhebung von Gebühren für die Navigationshilfen eines Leuchtturms unverhältnismäßig aufwendig und die Nutzung des Angebots an Navigationshilfen grundsätzlich durch eine unbegrenzte Anzahl von Schiffen möglich. Die Infrastrukturerstellung durch die öffentliche Hand ist damit naheliegend. Die Kommission hält jedoch auch hier die Einführung eines Entgeltsystems für möglich, Grünbuch Seehäfen (Anm. 35), Ziff. 73 ff. Andere Infrastrukturen weisen wiederum den Charakter meritorischer Güter auf. Dabei handelt es sich um Güter, die nach Auffassung hoheitlicher Instanzen angesichts einer verzerrten Präferenzbildung bei den Konsumenten nicht in angemessenem Umfang nachgefragt werden, so dass es zu einer suboptimalen Allokation der betroffenen Güter kommt. Dies wird häufig für Infrastrukturen im Kulturbereich (beispielsweise Museen und Opern) oder für Ausbildungsinfrastrukturen angenommen, vgl. Stichwort „meritorische Güter" in: *Ute Arentzen u. a. (Hrsg.),* Gabler-Wirtschafts-Lexikon (Anm. 2); ferner *Dietrich Budäus,* Privatisierung öffentlich wahrgenommener Aufgaben – Grundlagen, Anforderungen und Probleme aus wirtschaftswissenschaftlicher Sicht, in: Christoph Gusy (Hrsg.), Privatisierung von Staatsaufgaben, 1998, S. 12 (19).

[48] *Albert Krölls* (Anm. 42), S. 133.

Warnow-Tunnel in Rostock oder der Stuttgarter Bahnhof „Stuttgart 21“ anführen. Auch in den Bereichen des Sports und der Kultur werden immer häufiger Public Private Partnerships eingegangen, etwa bei der Errichtung der neuen Sportarena in Frankfurt a. M.[49].

2. Beurteilung derartiger Investitionsprojekte durch die Kommission

Während bei der Finanzierung allgemeiner Infrastruktureinrichtungen in ausschließlich öffentlicher Trägerschaft die Annahme einer unternehmensbezogenen Begünstigung davon abhängig gemacht wird, ob die Infrastrukturen der Allgemeinheit diskriminierungsfrei zur Verfügung gestellt werden und weder unternehmensspezifische Ausgestaltungen noch Preisrabatte bei den Nutzungsentgelten vorliegen und im Fall unternehmensspezifischer Infrastrukturmaßnahmen eine marktübliche Entgeltlichkeit verlangt wird, muss bei der Beteiligung eines Privaten an der Errichtung der Infrastruktur zusätzlich dessen etwaige Begünstigung geprüft werden. Zu einer Bejahung des Beihilfentatbestands gelangt die Kommission hier in Fällen, in denen ein Unternehmen einen Zuschuss zu seinen Betriebskosten erlangt, um eine Verbesserung der privat betriebenen Infrastruktur zu gewährleisten, etwa zur Förderung der Fremdenverkehrsinfrastrukturen, deren allgemeiner Charakter nicht gesichert ist (Verbesserung von Unterkünften)[50].

Komplexer wird die Beurteilung allerdings, wenn das private Unternehmen an der Schaffung einer Infrastruktur beteiligt ist, diese aber später diskriminierungsfrei zur Verfügung gestellt wird. Die Komplexität wird nochmals gesteigert, wenn das Unternehmen anschließend als Nutzer der Infrastruktur in Erscheinung tritt. Hier ergibt sich die Besonderheit, dass über eine Begünstigung durch unternehmensspezifisch erbrachte Infrastrukturleistungen hinaus eine direkte Begünstigung des Unternehmens und seiner Gesellschafter durch die staatliche Mittelzufuhr nicht ausgeschlossen werden kann. Dieser Sachverhalt lag der Kommissionsentscheidung im Fall „InfraLeuna Infrastruktur und Service GmbH“ (im Folgenden InfraLeuna) zugrunde[51]. InfraLeuna betrieb die Umstrukturierung und die Standortentwicklung am Chemiestandort Leuna in Sachsen-Anhalt für einen begrenzten Zeitraum. Die Investoren planten und organisierten in quasi genossenschaft-

---

[49] Beispiele aus *Wolfgang Gerstlberger* (Anm. 44), S. 334.

[50] Entscheidung der Kommission N 93/2000 v. 1.8.2000, Fremdenverkehr in der Lombardei; ähnlich Entscheidung „Fremdenverkehrsinfrastrukturen im Piemont“ (Anm. 33), jeweils im Internet (in italienischer Sprache) abrufbar unter: http://europa.eu.int/comm/sg/sgb/state_aids; ebenso für den Fall der Unterstützung eines Gasversorgers Entscheidung der Kommission N 341/99 v. 28.7.1999 „Gasversorgung in Andalusien“, ebenda im Internet (in spanischer Sprache) abrufbar.

[51] Entscheidung der Kommission v. 25.11.1998 „InfraLeuna“, ABl. 1999 L 260/1 (3).

licher Beteiligung an der InfraLeuna den Aufbau der Infrastruktur vor Ort überwiegend selbst und hatten dafür in erheblichem Umfang Zuwendungen erhalten. Sie befanden sich damit in einer Doppelstellung als Endabnehmer und Anbieter (ausschließliche Gesellschafter der InfraLeuna) der Infrastrukturleistungen (z.B. Wasserversorgung und Abwasserentsorgung, aber auch Schienennetze etc.). Die InfraLeuna war nicht auf unbeschränkte Gewinnerzielung ausgerichtet, sondern einem Low Profit-Prinzip unterworfen. Die Ausschüttung von Gewinnen an die Gesellschafter durfte lediglich bis zu 10% des Stammkapitals betragen. Darüber hinausgehende Profite mussten in der Gesellschaft verbleiben[52].

In diesem Fall hat die Kommission ihren Prüfungsansatz im Zusammenhang mit der Beteiligung Privater um eine Betrachtung der finanziellen Vorteile erweitert, die sowohl das infrastrukturkonzipierende Unternehmen als auch dessen (private) Anteilseigner erlangen können. Damit ergibt sich eine dreifache Prüfung einer möglichen bestimmten Begünstigung, wobei jede einzelne Feststellung einer Begünstigung die weitere Prüfung des Art. 87 EGV einschließlich der Ausnahmetatbestände erforderlich macht: Erstens ist zu prüfen, ob das investierende private Unternehmen begünstigt wird. Zweitens muss untersucht werden, ob die Chemieunternehmen als Anteilseigner des Infrastrukturunternehmens InfraLeuna begünstigt werden. Drittens ist festzustellen, ob das Unternehmen bzw. die Anteilseigner des Unternehmens als Nutzer durch die Art und Weise der Ausgestaltung der Infrastruktur begünstigt werden. Die Begünstigung der InfraLeuna hat die Kommission mit dem Gesellschaftszweck der InfraLeuna abgelehnt, der auf dem Low Profit-Prinzip fußt. Im Hinblick auf eine etwaige Begünstigung der Gesellschafter der InfraLeuna hat die Kommission danach gefragt, ob eine solche Begünstigung als Kunden der InfraLeuna bzw. als besondere Nutznießer einer spezifisch zugeschnittenen Infrastruktur oder als Anteilseigner vorliegt. Eine Begünstigung als Kunden und spezifische Nutznießer der Infrastruktur hat die Kommission abgelehnt und dabei im Wesentlichen auf die diskriminierungsfreie Bereitstellung der Infrastruktur, die durch die Gesellschaftsstruktur besonders abgesichert wurde, abgestellt. Insoweit erfolgte die Entscheidung allerdings unter der Auflage, dass Ergänzungen des Gesellschaftervertrags dies auch zukünftig sichern müssten. Dazu zählt unter anderem die Forderung, dass die Beschränkung der Ausschüttungen und die Verpflichtung der InfraLeuna auf das Low Profit-Prinzip für 15 Jahre nach Abschluss der Umstrukturierungsmaßnahmen bestehen bleibe. Ferner schloss die Kommission eine Begünstigung der Anteilseigner ebenfalls mit dem Hinweis auf das Low Profit-Prinzip aus[53].

---

52 Entscheidung „InfraLeuna“ (Anm. 51), S. 1 (4).

3. Bewertung des Kommissionsansatzes in der Entscheidung „InfraLeuna"

Die Überprüfung einer etwaigen Begünstigung durch eine unternehmensspezifische Infrastrukturkonzeption entspricht dem bereits unter II. dargelegten Kontrollraster der Kommission (Begünstigung durch Infrastrukturen). Bedenken bestehen allerdings im Hinblick auf den Prüfungsmaßstab bei der Untersuchung einer spezifischen Begünstigung des die Infrastruktur erstellenden Unternehmens. Insoweit ist zunächst darauf hinzuweisen, dass hier letztlich ein weiterer relevanter Markt betrachtet werden muss. Es geht nämlich nicht mehr nur um die Frage der Begünstigung von Unternehmen, die auf den nachgelagerten Märkten der Herstellung von Chemieprodukten tätig werden, durch eine unternehmensspezifische Infrastrukturausgestaltung, sondern auch darum, ob auf den vorgelagerten Märkten der Infrastrukturerstellung und des Infrastrukturbetriebs eine Wettbewerbsverzerrung erfolgt. Dann stellt sich aber die Frage, ob der Verweis auf das Low Profit-Prinzip geeignet ist, die mögliche Begünstigung eines infrastrukturerstellenden und/oder -betreibenden Unternehmens durch staatliche Fördermittel auszuschließen und dieses Kontrollkriterium damit verallgemeinerbar ist. Der Kommissionsansatz scheint sich auf den ersten Blick nicht in das Konzept des EG-Beihilfenrechts einzufügen. Dieses dient der Wahrung gleicher Wettbewerbsbedingungen innerhalb des Gemeinsamen Marktes. Dabei macht es im Hinblick auf Art. 87 EGV keinen Unterschied, ob und in welchem Umfang das begünstigte Unternehmen eine Gewinnerzielung anstrebt, da dies für die Beurteilung einer möglichen Wettbewerbsverzerrung nicht ausschlaggebend ist. Denn unabhängig von einer konkreten Verpflichtung auf das Low Profit-Prinzip tritt das Unternehmen als Anbieter am Markt auf und nimmt damit am Wettbewerb teil. Der Ansatz wird erst unter Berücksichtigung einer Prämisse verständlich, die die Kommission nur am Rande erwähnt und auch nicht näher begründet, wenn sie knapp feststellt: „Hingegen war das Vorliegen eines innergemeinschaftlichen Handels betreffend die Dienstleistungen der InfraLeuna eher zweifelhaft"[54]. Geht die Kommission zu Recht davon aus, dass auf den vorgelagerten Märkten der Erstellung und des Betriebs der konkreten Infrastrukturen kein Wettbewerb bzw. kein innergemeinschaftlicher Handel gegeben ist, entfällt in dieser Hinsicht folgerichtig die Notwendigkeit der Prüfung einer insoweit möglicherweise wettbewerbsverzerrenden bzw. handelsbeeinträchtigenden hoheitlichen Finanzzufuhr. Damit zeigt sich jedoch der begrenzte Anwendungsbereich der Entscheidung „InfraLeuna", da inzwischen kaum noch Produkte

---

[53] Insoweit verlangte die Kommission allerdings die Analyse des Marktwertes der Gesellschaftsanteile der InfraLeuna durch einen unabhängigen Gutachter, vgl. dazu und zum Vorstehenden Entscheidung „InfraLeuna" (Anm. 51), S. 1 (12 ff.).

[54] Entscheidung „InfraLeuna" (Anm. 51), S. 1 (7 – Ziff. 9).

existieren, die nicht in einem – zumindest potenziellen – Wettbewerb hergestellt werden bzw. für die kein innergemeinschaftlicher Handel besteht. Selbst für den Fall, dass ein natürliches Monopol vorliegt, d.h. also, dass die Leistungserbringung durch einen Anbieter volkswirtschaftlich gegenüber dem parallelen Angebot mehrerer Unternehmen überlegen ist[55], folgt daraus keinesfalls der Ausschluss einer Leistungserbringung im Wettbewerb, da auch ein Wettbewerb um den Markt statt eines Wettbewerbs im Markt erfolgen kann[56]. So kann beispielsweise für die Wasserver- und -entsorgung ein Ausschreibungswettbewerb durchgeführt werden[57].

Damit kann die Entscheidung „InfraLeuna" nur dahingehend verstanden werden, dass tatsächlich kein Wettbewerb bzw. kein grenzüberschreitender Handel auf den vorgelagerten Märkten der Infrastrukturerstellung und des Infrastrukturbetriebs gegeben war. Dies hätte jedoch explizit begründet werden müssen, wobei die Sachverhaltsdarstellung insoweit durchaus substanzielle Hinweise enthält[58]. Hier zeigt sich aber der grundsätzliche Mangel zahlreicher Kommissionsentscheidungen, die eine hinreichende Marktabgrenzung oftmals vermissen lassen[59]. Kann im Rahmen einer Marktanalyse festgestellt werden, dass kein Wettbewerb um die Bereitstellung und den

---

55 *Dietrich Budäus* (Anm. 47), S. 12 (19).

56 Siehe dazu die Hinweise bei *Georg Hermes* (Anm. 2), S. 320 f.

57 Zum Wettbewerb um den Markt durch Ausschreibungsverfahren im Überblick und unter Hinweis auf die bestehenden Probleme *Jörg Borrmann/Jörg Finsinger,* Markt und Regulierung, München 1999, Kapitel 10; für die Einführung eines Ausschreibungswettbewerbs in der Wasserwirtschaft *Ingo Doebke/Stephan Schönefuß,* Ein Ende der Gebietsmonopole reicht nicht zur Liberalisierung der Wasserwirtschaft, in: F.A.Z. v. 8.11.2000, S. 52.

58 Denn der Fall weist die Besonderheit auf, dass es der öffentlichen Hand trotz jahrelanger Bemühungen nicht gelingen konnte, einen privaten Käufer für die Infrastruktureinrichtungen vor Ort zu finden und weder die Gemeinde Leuna noch das Land Sachsen-Anhalt zur Übernahme bereit waren. Dies lag nicht zuletzt an dem spezifischen Zuschnitt der Infrastruktur auf chemische Unternehmen (z.B. Rohrbrücken), wodurch sie für eine Verwendung im Rahmen eines herkömmlichen Gewerbe- und Industrieparks ungeeignet war, Entscheidung „InfraLeuna" (Anm. 51), S. 1 (2). Im Übrigen kann dem Sachverhalt entnommen werden, dass ein vorgeschaltetes Vergabeverfahren, das auf die vor- und nachgelagerten Infrastruktur- und Produktmärkte bezogen war, keinen Interessenten für den Kauf der Infrastrukturen ergab.

59 Dazu bereits *Christian Koenig/Jürgen Kühling* (Anm. 17), S. 522, und *Christian Koenig,* Weichenstellungen im EG-Beihilfentatbestand: ‚Market Economy Investor'-Test und Marktabgrenzung, in: Christian Koenig/Wulf-Henning Roth/Wolfgang Schön (Hrsg.), Aktuelle Fragen des EG-Beihilfenrechts, Heidelberg 2001. Ähnliche Kritik gilt im Übrigen der Entscheidung „SITAS", in der die Kommission offensichtlich ebenfalls vom Non Profit-Charakter des Unternehmens ohne nähere Ausführungen auf die mangelnde Störeignung der hoheitlichen Fördermaßnahmen für den Wettbewerb und zwischenstaatlichen Handel geschlossen hat, vgl. Fn. 40 zu dieser damit in zweifacher Hinsicht bedenklichen Entscheidung.

Betrieb der konkreten Infrastruktur bzw. kein entsprechender grenzüberschreitender Handel existiert, ist die öffentliche Finanzierung einer privaten Infrastrukturerstellung unter den von der Kommission aufgestellten Anforderungen zulässig. Insbesondere ist dann die von der Kommission eingeforderte gesellschaftsvertragliche Absicherung des Low Profit-Prinzips angezeigt, damit die Quersubventionierung der nachgelagerten Herstellung von Produkten durch Monopolrenten, die auf den vorgelagerten Infrastrukturmärkten erzielt wurden, verhindert wird, jedenfalls sofern auf den nachgelagerten Produktmärkten Wettbewerb und ein entsprechender grenzüberschreitender Handel existieren. Eine getrennte Buchführung zwischen den vor- und nachgelagerten Geschäftsbereichen kann insoweit dasselbe Ziel erreichen, insbesondere im Fall der fehlenden Ausgliederung der Infrastrukturdienste in einer eigenen Gesellschaft[60]. Allerdings dürfte der Anwendungsbereich der Entscheidung „InfraLeuna“ eher gering sein, da – wie dargelegt – besondere Umstände angeführt werden müssen, warum kein – zumindest potenzieller – Wettbewerb bzw. grenzüberschreitender Handel auf den Infrastrukturmärkten möglich sein soll. Nur in diesen beschränkten Ausnahmefällen ist das von der Kommission akzeptierte Low Profit-Prinzip überhaupt von Relevanz.

4. Konsequenzen unter Berücksichtigung von Wettbewerbsverhältnissen auf den vorgelagerten Märkten der Erstellung und des Betriebs der Infrastrukturen

Im Ergebnis wird deutlich, dass es nicht allein um die Bekämpfung von Wettbewerbsverzerrungen durch Infrastrukturen geht. Insoweit besteht durch die bereits dargelegte Entscheidungspraxis der Kommission (II.) durchaus Rechtssicherheit. Komplizierter verhalten sich die Dinge nämlich im Fall der Beteiligung eines Privaten an der Errichtung der Infrastruktur. Hier muss zunächst zusätzlich geprüft werden, ob dieser spezifisch begünstigt wird. Eine solche Begünstigung kann dabei insbesondere in der Vergabe öffentlicher Mittel für allgemeine Infrastrukturmaßnahmen an Private liegen, die mit der Durchführung der entsprechenden Aufgaben betraut werden. Sofern jedoch lediglich eine angemessene Vergütung für die Infrastrukturerstellung und/oder deren Betrieb gewährt wird, scheidet jedenfalls eine Verzerrung des Wettbewerbs um die Erstellung und den Betrieb von Infrastrukturen aus. Dies ist besonders deutlich, wenn insoweit ein

---

60 Darauf zielt auch die Richtlinie 2000/52/EG der Kommission v. 26.7.2000 zur Änderung der Richtlinie 80/733/EWG über die Transparenz der finanziellen Beziehungen zwischen den Mitgliedstaaten und den öffentlichen Unternehmen, ABl. 2000 L 193/75, ab, siehe insbesondere Art. 1 Abs. 2. der konsolidierten Fassung; diese Fassung ist abgedruckt in *Christian Koenig/Jürgen Kühling,* EG-Beihilfenrecht, Heidelberg 2001.

publiziertes, allgemeines und bedingungsfreies Vergabeverfahren erfolgt ist. Insoweit ist darauf hinzuweisen, dass die Verschärfung der EG-Vergaberechtsbestimmungen vor allem durch den Ausbau der Sektorenrichtlinie die Gefahr etwaiger Verzerrungen im Hinblick auf den Infrastrukturersteller-Markt zunehmend ausschließen dürfte[61]. Allerdings ist zusätzlich zu prüfen, ob nicht der Infrastrukturbetrieb als solcher mit weiteren Infrastrukturbetreibern im Wettbewerb steht und ein grenzüberschreitender Handel vorliegt, was beispielsweise für verschiedene Betreiber von Jachthäfen der Fall sein kann (Wettbewerb der Infrastrukturbetreiber).

Neuere Entscheidungen der Kommission lassen inzwischen erkennen, dass diese gewillt ist, eine strenge Prüfung auch im Hinblick auf diese vorgelagerten Märkte der Infrastrukturdienste (Erstellung und Betrieb von Infrastrukturen) durchzuführen, wobei insoweit allerdings noch keine klare Linie erkennbar ist. So hat die Kommission in einer Entscheidung zum Aufbau einer Infrastruktur und von Diensten im Güterverkehrssektor in Italien nicht nur die Diskriminierungsfreiheit der Infrastrukturdienste in Bezug auf die nachgelagerten Produktionsstufen geprüft, sondern auch die Begünstigung des Unternehmens, das die öffentlichen Infrastrukturdienste zur Verfügung gestellt hat, da auch insoweit ein innergemeinschaftlicher Handel mit Infrastrukturdiensten festgestellt wurde[62]. Dabei hat sie für einen Ausschluss einer diesbezüglichen Begünstigung auf die aus der Grundstücksmitteilung bekannten formalen Kriterien abgestellt, dass ein hinreichend publiziertes, allgemeines und bedingungsfreies Vergabeverfahren durchgeführt wird oder eine Bewertung des Leistungs-Gegenleistungs-Verhältnisses durch einen unabhängigen Wertgutachter erfolgt[63]. Da beides nicht durchgeführt worden war, wurde das Vorliegen einer Begünstigung angenommen. Die am gleichen Tag getroffene Entscheidung „Marina di Stabia" zielte in dieselbe Richtung und kam angesichts einer umfangreichen Feststellung bestehender Wettbewerbsverhältnisse zwischen den Infrastrukturdiensten von Jachthäfen sowie eines entsprechenden grenzüberschreitenden Handels gleichermaßen zur Bejahung einer unternehmensspezifischen Begünstigung des

---

[61] Vgl. zur allgemeinen Erweiterung des Vergaberechts die Hinweise bei *Fridhelm Marx,* in: Thomas Jestaedt u.a. (Hrsg.), Das Recht der Auftragsvergabe, Neuwied, Kriftel 1999, S. 4 ff., und speziell zu den Ausnahmen in den Transport- und Versorgungssektoren *Klaus Kemper,* ebenda, S. 123 ff.

[62] Entscheidung N 412/98 v. 8.12.1999 „Güterverkehrssektor Italien", Ziff. 3.1.1., im Internet (in italienischer Sprache) abrufbar unter: http://europa.eu.int/comm/sg/sgb/state_aids.

[63] Siehe Mitteilung der Kommission betreffend Elemente staatlicher Beihilfe bei Verkäufen von Bauten oder Grundstücken durch die öffentliche Hand, ABl. 1997 C 209/3, insbesondere Ziff. II 1. und 2; dazu ausführlich *Christian Koenig/Jürgen Kühling,* Grundstücksveräußerungen der öffentlichen Hand, planerischer Wandel und EG-Beihilfenrecht, NZBau 2001 (im Erscheinen), III.

geförderten Hafenbetreibers[64]. Auch in der späteren Entscheidung „Sittard", bei der es um die Einbeziehung der Privatwirtschaft in den Bau und Betrieb einer lokalen (Park- und Verkehrs-)Infrastruktur ging, stellte die Kommission mit vergleichbarer Begründung Beihilfenelemente fest[65]. In diesem Zusammenhang ist zu betonen, dass im Fall der Jachthäfen nicht nur ein Wettbewerb und ein entsprechender grenzüberschreitender Handel in Bezug auf die Errichtung und den Betrieb der Infrastruktur bestehen (Wettbewerb um die Erstellung und den Betrieb von Infrastrukturen), sondern dass zusätzlich die errichtete Infrastruktur in einem ständigen Anbieterwettbewerb mit anderen Jachthäfen um die potenziell anlegenden Jachten als Nachfrager von Hafendienstleistungen steht (Wettbewerb der Infrastrukturbetreiber). Anders als bei Infrastrukturen, die – wie im Fall „InfraLeuna" – im Wesentlichen ein natürliches Monopol darstellen (Wasserversorgung etc.), besteht demnach neben der Gefahr von Verzerrungen im Wettbewerb um den Markt zusätzlich die Gefahr von Verzerrungen des Wettbewerbs im (Infrastrukturdienste-) Markt.

IV. Fazit

Die Sprengkraft dieses Ansatzes, der nicht mehr allein auf Wettbewerbsverzerrungen, die Infrastrukturfördermaßnahmen auf nachgelagerten Märkten bewirken können (Wettbewerbsverzerrung durch Infrastrukturen), sondern auch auf solche in Bezug auf die Infrastrukturmärkte (Erstellung und Betrieb) selbst abstellt, ist nicht zu unterschätzen. Seine konsequente Fortschreibung würde zu einer erheblichen Einflussnahme der Kommission auf die letzten Bastionen mitgliedstaatlicher Wirtschaftsförderpolitiken bis hin zur Kultur- und Bildungspolitik führen. So hätte eine radikale Fokussierung auf die vorgelagerten Märkte weitgreifende Folgen. In der Logik des Ansatzes müsste es überdies konsequenterweise irrelevant sein, ob und in welchem Umfang auch private oder nur öffentliche Unternehmen in die konkreten Infrastrukturdienstleistungen involviert sind. Ausschlaggebend ist allein das Vorliegen eines zumindest potenziellen Wettbewerbs und eines innergemeinschaftlichen Handels. Wie tiefgreifend vormals weitgehend durch die öffentliche Hand organisierte Märkte durch einen zunehmenden Wettbewerb und durch eine verstärkte Internationalisierung gekennzeichnet

---

64 Allerdings ist die Differenzierung zwischen den vor- und nachgelagerten Märkten hier nicht so deutlich erkennbar, Entscheidung der Kommission N 582/99 v. 8.12.1999 „Marina di Stabia", in dem ein spezifisches Unternehmen die Infrastrukturerstellung durchführt, im Internet (in italienischer Sprache) abrufbar unter: http://europa.eu.int/comm/sg/sgb/state_aids.

65 Entscheidung Nr. N 464/99 v. 29.3.2000 „Sittard", Ziff. 33 ff., im Internet (in niederländischer Sprache) abrufbar unter: http://europa.eu.int/comm/sg/sgb/state_aids.

sind, hat nicht zuletzt der Wettlauf um die Entschlüsselung der Genom-Sequenzen eindrucksvoll für das Beispiel der Forschungsmärkte gezeigt. Längst ist auch hier ein grenzüberschreitender Wettbewerb unter Beteiligung öffentlich geförderter und privater Investoren entfesselt. Dasselbe gilt auf kommunaler Ebene etwa für den Betrieb von großen Veranstaltungsinfrastrukturen schon lange, wenn man beispielsweise an den Wettbewerb zwischen öffentlichen und privaten Veranstaltungsinfrastrukturanbietern als Austragungsort für exklusive Konzertveranstaltungen internationaler Pop- und Rock-Ikonen wie Michael Jackson, Madonna oder die Rolling Stones denkt. Ebenso gibt es teilweise einen grenzüberschreitenden Wettbewerb zwischen privaten und öffentlichen Theatern. Wollte die Kommission in all diesen Bereichen und auf allen Ebenen mit einem radikalen Ansatz beihilfenbedingte Wettbewerbsverzerrungen verhindern, dürfte der mitgliedstaatliche Widerstand, der in Deutschland bei der Diskussion um die sogenannte Daseinsvorsorge bereits voll entfacht ist[66], an Heftigkeit noch deutlich zunehmen. Der pragmatische Ansatz der Kommission, zunächst den Wettbewerb auf den nachgelagerten Märkten zu sichern und nur vorsichtig und allmählich die vorgelagerten Infrastrukturdienstemärkte in den Blick zu nehmen, wie dies vor allem bei den Verkehrsinfrastrukturen deutlich wird, mag sich zwar den Vorwurf mangelnder Konsequenz entgegenhalten lassen müssen, dürfte aber im Sinne einer vorsichtig voranschreitenden Integrationsvertiefung sinnvoll sein. Dies erfordert zugleich eine sorgfältige Prüfung, ob tatsächlich ein Wettbewerbsverhältnis, vor allem aber ein innergemeinschaftlicher Handel im Hinblick auf die betroffenen Infrastrukturdienstleistungen – sei es auch nur potenziell – vorliegt. Auch diesbezüglich zeichnet sich eine begrüßenswerte Entwicklung in der Kommissionspraxis ab. So hat die Kommission jüngst in der Entscheidung zum Freizeitbad Dorsten festgestellt, dass dieses schon angesichts seines begrenzten Einzugskreises keine grenzüberschreitend gehandelten (Freizeit-)Infrastrukturdienstleistungen anbietet, also insoweit kein Wettbewerb verschiedener Infrastrukturanbieter besteht, und eine EG-Beihilfenkontrolle folgerichtig entfällt[67]. Überdies muss die Kommission den Mitgliedstaaten hinreichende Spielräume belassen, um Lösungen in komplexen Einzelfällen zu finden, beispielsweise wenn der Staat oder dessen Gliedkörperschaften ein nachvollziehbares Sonderinteresse an einer bestimmten Infrastruktureinrichtung haben, wie z. B. im Hinblick auf den von der Kommission bereits anerkann-

---

66 Vgl. Nachweise oben in Fn. 13.

67 Entscheidung N 258/00 v. 12.1.2001 „Freizeitbad Dorsten", Ziff. 3. Angesichts des vorangegangenen europaweiten Ausschreibungsverfahrens zur Ermittlung des Infrastrukturerstellers und -betreibers konnte eine Wettbewerbsverzerrung bzw. Handelsbeeinträchtigung auf dem vorgelagerten Markt für Infrastrukturersteller ausgeschlossen werden.

ten Fall einer besonderen Angewiesenheit auf einen lokalen Hafen[68]. Hier muss die lokale Infrastrukturerstellung ohne Wettbewerbsverzerrung erfolgen (Ausschreibung; unabhängige gutachterliche Bewertung der Angemessenheit des Leistungs-Gegenleistungs-Verhältnisses[69]), etwaige Verzerrungen im Wettbewerb zwischen konkurrierenden Infrastrukturbetreibern sollten dagegen hingenommen werden. Die Ausnahmebestimmungen insbesondere der Art. 87 Abs. 2 und 3 EGV sowie Art. 86 Abs. 2 EGV gewähren dafür den angemessenen rechtlichen Rahmen[70]. Ferner stellt sich die Frage, ob die Ausweitung des Kontrollstrahls nicht zur Folge haben muss, dass staatlichen Einrichtungen bereits auf der Tatbestandsebene bei der Prüfung einer etwaigen Begünstigung eine größere Bandbreite an berücksichtigungsfähigen Rentabilitätserwägungen zugebilligt wird. In diesem Zusammenhang ist zum Beispiel zu prüfen, ob nicht zumindest bei der Finanzierung von Infrastruktureinrichtungen für sportliche und kulturelle Zwecke der Gedanke einer Imagewerbung bei einer beihilfenverdächtigen Mittelvergabe durch die öffentliche Hand Berücksichtigung finden kann[71]. So fragt sich beispielsweise, ob es in begrenztem Umfang EG-beihilfenrechtlich anerkannt werden soll, dass die öffentliche Hand wie ein privater Investor Geldleistungen als Gegenleistung für die Benennung einer Infrastruktureinrichtung nach ihrem Namen gewähren kann (z. B. „KölnArena“). Jedenfalls sollte die künftige EG-beihilfenrechtliche Herangehensweise an die Infrastrukturförderung von allen Beteiligten frühzeitig und engagiert geführt werden, wobei der gerade von einigen Bundesländern auch zur Auflösung des Spannungsverhältnisses von EG-Wettbewerbsrecht und mitgliedstaatlicher Daseinsvorsorge immer wieder angemahnte Kompetenzkatalog wegen des gemeinschaftsspezifischen Zuständigkeitssystems der Querschnittskompetenzen kaum ein probates Mittel darstellen dürfte.

---

[68] Grünbuch Seehäfen (Anm. 35), Ziff. 47 f.

[69] Hier stellen sich allerdings Probleme, wenn der Wert der Gegenleistung nur schwer zu ermitteln ist.

[70] So wurden die in den Fn. 62 und 65 zitierten Verkehrsprojekte nach Art. 73 EGV bzw. Art. 87 Abs. 3 lit. c EGV genehmigt; zur Kulturklausel des Art. 87 Abs. 3 lit. d EGV zuletzt *Christian Koenig/Jürgen Kühling,* Mitgliedstaatliche Kulturförderung und gemeinschaftliche Beihilfekontrolle durch die EG-Kommission, in: EuZW 2000, S. 197, 201 ff.

[71] Unter Sponsoring bzw. Imagewerbung ist die vertragliche Gewährung von Geld, Sachmitteln oder Dienstleistungen durch ein Wirtschaftsunternehmen (imagewerbendes Unternehmen) für ein sportliches oder kulturelles Vorhaben einer Person zu verstehen, die im Gegenzug als Leistung eine Erklärung des beworbenen Unternehmens in Wort oder Bild verbreitet, *Klaus Weber* (Hrsg.), Creifelds Rechtswörterbuch, 15. Aufl. 1999, S. 1192.

Bericht über die Diskussion im Anschluss an das Referat von Christian Koenig und Jürgen Kühling

Leitung: Siegfried Magiera

Von Holger Holzwart

Professor Dr. *Siegfried Magiera* eröffnete die Diskussion mit der Bemerkung, dass *Koenig* in seinem Vortrag anhand von plastischen Beispielen gezeigt habe, in welchen Fällen der gemeinschaftlichen Beihilfenaufsicht Bedeutung für staatliche Infrastrukturinvestitionen zukomme. Ein wenig erinnere ihn dies an einen Wettlauf zwischen Hase und Igel. Sobald eine bestimmte Form staatlicher Subventionierung von Unternehmen beihilfenrechtlich untersagt werde, entwickelten die Mitgliedstaaten neue, indirekte Formen der Subventionsgewährung, um die Beihilfenkontrolle der Kommission zu umgehen. Ein Beispiel hierfür sei etwa der Fall „Schleswag" bei dem der EuGH das Vorliegen einer staatlichen Beihilfe verneint habe[1]. Er halte diese Entscheidung aber für falsch. Der Fall „Schleswag" zeige, dass zwar mittlerweile direkte Formen der Subventionsgewährung beihilfenrechtlich riskant seien, dass aber allein der Umstand der indirekten Gewährung einer Subvention die Chance wesentlich erhöhe, dass das Vorhaben als mit dem gemeinschaftlichen Beihilfenrecht vereinbar angesehen werde.

Hieran anknüpfend berichtete *Uwe Ram,* Referatsleiter in der Wirtschaftsbehörde der Freien und Hansestadt Hamburg, über ein Infrastrukturprojekt im Hamburger Hafen, dessen Gegenstand der Bau und Betrieb eines Container-Terminals sei. Dabei bereite die Stadt das Gelände vor, mache es flutsicher und stelle die für erforderlich gehaltenen Infrastruktureinrichtungen einschließlich der Anbindung an das Verkehrsnetz bereit. Vor dem Bau der Infrastruktureinrichtungen würden mit den potentiellen Betreibern des Container-Terminals Absprachen getroffen, um sie an deren Anforderungen angepasst erstellen zu können. Danach werde ein Ausschreibungsverfahren durchgeführt, bei dem der zukünftige Betreiber in einem Wettbewerbsverfahren ermittelt werde. Erst dann würden die von der Person des Betreibers abhängigen Infrastrukturanlagen – etwa die Kaimauer für die Ladekräne – endgültig erstellt. Es stelle sich deshalb die Frage, ob sich vorliegend trotz

---

[1] EuGH, Rs. C-379/98, Slg. 2001-I, S. 2099 ff. – PreussenElektra AG/Schleswag AG.

der Auswahl des Betreibers in einem Ausschreibungsverfahren beihilfenrechtliche Probleme aus der auf den Betreiber individuell zugeschnittenen Zurverfügungstellung der Infrastruktur ergäben.

Hierauf antwortete *Koenig*, dass ein Ausschreibungsverfahren immer ratsam sei, um beihilfenrechtliche Probleme zu minimieren. Es müsse offen, transparent und diskriminierungsfrei durchgeführt werden. Bei dem von *Ram* genannten Beispiel handele es sich um innere Erschließungsmaßnahmen. Eine Beihilfe sei in diesem Falle zu verneinen, wenn für diese Maßnahmen vom Betreiber der marktübliche Preis gefordert werde. Dieser könne insbesondere über eine Ausschreibung oder eine Versteigerung ermittelt werden. Auch könne ein Preisgutachten in Betracht kommen, das aber wesentlich aufwendiger und mit größeren Unsicherheiten belastet sei und in der Regel nur Auskunft über den Mindest- aber nicht den Marktpreis gebe. Soweit kein Marktpreis feststellbar sei, müsse hilfsweise ein die Herstellungskosten deckender Preis verlangt werden. Ein Pachtzins ohne ökonomisch fundierte Preiskalkulation lege dagegen für die Kommission das Vorliegen einer Beihilfe nahe, da sie sich fragen müsse, warum kein transparentes Ausschreibungsverfahren gewählt worden sei. Weitere Hinweise zur beihilfenrechtlichen Beurteilung solcher Sachverhalte könnten der „Grundstücksmitteilung“ der Europäischen Kommission entnommen werden[2], die auch auf andere Konstellationen wie etwa Vermietung und Verpachtung Anwendung finde. Sie enthalte zwar keine klaren Hinweise für die Preisbemessung bei inneren Erschließungsmaßnahmen, ihr sei aber eine klare Präferenz für Biet- und Versteigerungsverfahren zu entnehmen, während ein Preisgutachten nur subsidiär herangezogen werden sollte.

Ram stellte daraufhin die ergänzende Frage, ob eine Beihilfe ausgeschlossen sei, wenn ein Bietverfahren ordnungsgemäß durchgeführt worden sei, das aber ein Ergebnis unterhalb der Herstellungskosten erbracht habe. Schließlich könne es auch in der privaten Wirtschaft vorkommen, dass bestimmte Produkte nur unterhalb ihrer Herstellungskosten verkauft werden könnten.

Magiera merkte hierzu an, dass dann der Grundsatz der sparsamen und wirtschaftlichen Verwaltung öffentlicher Gelder möglicherweise verletzt worden sei, was zu Beanstandungen jedenfalls durch die nationalen Rechnungshöfe führen könne.

Dr. *Klaus-Dieter Borchardt,* Juristischer Dienst der Europäischen Kommission, warnte davor, das Bietverfahren als Allheilmittel zu betrachten, mit dem man jedwedes beihilfenrechtliche Problem vermeiden könne. Ein ordnungsgemäß durchgeführtes Bietverfahren schließe nicht automatisch

---

[2] Mitteilung der Kommission betreffend Elemente staatlicher Beihilfe bei Verkäufen von Bauten und Grundstücken der öffentlichen Hand, ABl. 1999 C 209/3.

das Vorliegen einer Beihilfe aus, es biete aber aus Sicht der Europäischen Kommission die Gewähr dafür, dass eine gegebenenfalls gewährte Beihilfe auf das unbedingt notwendige Maß beschränkt sei. Diese könne bei der nachfolgenden Vereinbarkeits- und Verhältnismäßigkeitsprüfung eine große Rolle spielen. Das von *Ram* gewählte Beispiel sei überaus instruktiv. Werde ein Bietverfahren durchgeführt, das zu einem Höchstgebot unterhalb der Herstellungskosten führe, so zeige dies einerseits, dass die öffentliche Hand gezwungen gewesen sei, zu diesen Konditionen abzuschließen. Andererseits sei aber auch klar, dass hierdurch eine staatliche Beihilfe in Höhe der Differenz zwischen dem tatsächlich erzielten Preis und den Herstellungskosten gewährt worden sei. Denn das betreffende Unternehmen habe die Leistung zu günstigeren Konditionen erworben, als wenn es sie hätte selbst erstellen müssen. Da die Beihilfe aber auf das unbedingt Notwendige beschränkt sei, könne die Europäische Kommission sie in der Regel als mit dem Gemeinsamen Markt vereinbar betrachten und genehmigen.

Magiera ergänzte, dass *Borchardt* hier einen sehr wichtigen Punkt angesprochen habe, indem er klargestellt habe, dass die Differenz zwischen dem im Bietverfahren erzielten Preis und den Herstellungskosten eine staatliche Beihilfe darstelle. Die öffentlichen Träger, die diese Beihilfen vergeben hätten, würden im Ergebnis sogar profitieren, wenn die Beihilfe von der Kommission nicht genehmigt würde, da das begünstigte Unternehmen ihnen dann zusätzlich den Differenzbetrag nachzahlen müsste. Um ein solches Ergebnis zu vermeiden und die Mitgliedstaaten zu einer korrekten Anwendung des Beihilfenrechts anzuhalten, könnte man überlegen, ob nicht die zurückzuzahlenden Beihilfen künftig den Kassen der Europäischen Union zufließen sollten.

Ministerialrat Dr. *Hermann Franz,* Europareferent im Ministerium des Innern und für Sport Rheinland-Pfalz, stellte die Frage, ob die Beihilfenaufsicht der Europäischen Kommission nicht deutlich eingeschränkt werden solle. Er denke etwa an das Beispiel Intel in Frankfurt an der Oder. In wessen Interesse könne es sein, die Ansiedelung eines solch zukunftsträchtigen Unternehmens in Westeuropa aus beihilfenrechtlichen Erwägungen zu verhindern? Er müsse sich hier die Frage nach dem „cui bono“ stellen.

Borchardt erwiderte hierauf, dass *Franz* sich bei seiner Betrachtungsweise zum Fall „Intel“ zu sehr auf die Frage konzentriere, ob der Tatbestand einer Beihilfe erfüllt sei. Man dürfe den daran anschließenden zweiten Gesichtspunkt, nämlich die Vereinbarkeit der Beihilfe mit dem Gemeinsamen Markt, nicht vernachlässigen. Die neuen Bundesländer seien von der Europäischen Union für zehn Jahre als Gebiete im Sinne von Art. 87 Abs. 3 a EGV eingestuft worden, d.h. als Gebiete, in denen die höchsten Beihilfensätze gezahlt werden könnten. Daneben seien die neuen Länder auch zu Ziel 1-Gebieten der Strukturfonds erklärt worden, die mit der höchsten Intensität aus den Strukturfonds der Europäischen Union unterstützt würden. Die von *Koenig* vorgenommene Einordnung beziehe sich lediglich auf die Frage, ob eine Beihilfe vorliege. Maßnahmen wie etwa im Falle „Intel“ könnten in den neuen Bundesländern oft den Regionalbeihilfen zugeordnet werden, mit der Folge, dass im Einzelfall eine Beihilfenintensität von bis zu 80% des Investitionsaufwandes in Betracht kommen könne. Das Beihilfenrecht sehe hier keine Alles-oder-Nichts-Lösungen vor. Vielmehr richteten sich die innerhalb der genehmigten Regionalbeihilfengebiete zulässigen Beihilfenintensitäten nach dem Gewicht der regionalen Entwicklungsprobleme. Deutlich restriktivere Voraussetzungen würden hingegen für die Gewährung von Beihilfen zugunsten von Vorhaben außerhalb der Regionalfördergebiete gelten. Die Europäische Kommission habe aufgrund der vertraglichen Vorgaben zum Schutze des gesamteuropäischen Binnenmarktes ihre beihilfenrechtliche Betrachtung nicht in einem nationalen, sondern in einem gesamteuropäischen Kontext vorzunehmen.

Magiera erläuterte, dass die rechtliche Verpflichtung zur Überwachung und Begrenzung von staatlichen Beihilfen nicht auf das Gebiet der Europäischen Union beschränkt sei. Früher habe man versucht, sich mit Antidumpingzöllen gegen unlautere Subventionspraktiken anderer Staaten zu wehren, was aber dem Welthandel geschadet habe. Nunmehr versuche man, wenn auch bisher mit begrenztem Erfolg, das Problem des zwischenstaatlichen Subventionswettlaufs im Rahmen der WTO zu lösen. Die Kommission habe deshalb nicht nur die Einhaltung des Beihilfenrechts der Europäischen Union, sondern darüber hinaus auch der internationalen Verpflichtungen der Mitgliedstaaten in diesem Bereich zu überwachen.

Ergänzend wies *Borchardt* auf die Probleme im Schiffsbau hin. Hier betreibe Südkorea, das für bestimmte Schiffstypen den Weltmarkt beherrsche, eine überaus massive Subventionspolitik zugunsten seiner Werften, wodurch sich die Wettbewerbssituation der europäischen Werften entscheidend verschlechtert habe. Auf der Ebene der Welthandelorganisation habe man bisher erfolglos versucht, den südkoreanischen Subventionspraktiken Einhalt zu gebieten. Deshalb werde nun kommissionsintern überlegt, ob nicht auch den europäischen Werften Betriebsbeihilfen gewährt werden sollten. Dies sei ein sehr gefährlicher Weg, da sich so die Europäische Union dem Vorwurf aussetze, selbst internationales Beihilfenrecht zu verletzen.

Koenig machte die Zielkonflikte deutlich, die häufig die Entscheidungen über Infrastrukturbeihilfen überlagerten. Deutlich würden diese etwa am aktuellen Beispiel der Maßnahmen am Hockenheimring. Das Management der Formel 1 habe damit gedroht, die Formel 1-Rennen künftig nicht mehr in Hockenheim, sondern auf dem in einem prioritären Regionalfördergebiet befindlichen Lausitzring durchzuführen, soweit nicht bestimmte Investitionen am Hockenheimring getätigt würden. Hier habe sich für die Kommission der Zielkonflikt gestellt, dass sie einerseits die Entwicklung der aus Sicht der Gemeinschaft am stärksten benachteiligten Regionen zu sichern habe, es andererseits aber auch nicht in ihrem Interesse liegen könne, dass Fortschritte in den neuen Bundesländern einseitig zu Lasten der reicheren westdeutschen Bundesländer gingen. Seine Erfahrung sei aber gewesen, dass es zu einer fruchtbaren Kooperation im Rahmen sogenannter „Pränotifizierungsgespräche" zwischen der Kommission und der baden-württembergischen Landesregierung gekommen sei, wobei man gemeinsam versucht habe, Modelle zu entwickeln, welche die beihilfenrechtlichen Probleme entschärften. Dies könnte etwa dadurch geschehen, dass man den Hockenheimring zu einer multifunktionalen Infrastrukturanlage ausbaue, die nicht allein der Formel 1 zugute komme, sondern auch für viele andere Zwecke, etwa Polizeiausbildung und Sicherheitstraining, genutzt werden könne. Hiermit könnten natürlich nur solche Beihilfen gerechtfertigt werden, die den hierdurch verursachten Aufwand ausglichen. Er könne den Gebietskörperschaften nur raten, möglichst frühzeitig den direkten Kontakt zur Kommission zu suchen, sofern sie größere Infrastrukturmaßnahmen mit beihilfenrechtlicher Relevanz planten. Das Beispiel Hockenheimring mache auch den Zweck des Beihilfenrechts deutlich, nämlich die Gebietskörperschaften vor einer Erpressung durch marktmächtige Unternehmen zu schützen. Denn es sei durchaus die Regel, dass vor allem größere Unternehmen ihre Investitions- und Standortentscheidungen von umfangreichen öffentlichen Subventionen abhängig machten. Dies sei eben bequemer und einfacher, als zu versuchen, entsprechende Erträge am Markt zu erwirtschaften.

Magiera fügte hinzu, dass dies zeige, welche Bedeutung einer funktionierenden Beihilfenaufsicht zukomme. Sie schütze die öffentliche Hand vor dem Druck eines ungebremsten Subventionswettlaufs. Dies komme in erster Linie den wirtschaftlich schlechter gestellten Gebietskörperschaften zugute, die in einem solchen Subventionswettlauf nicht mit den reicheren Kommunen, Regionen und Staaten konkurrieren könnten. Schließlich gehe von Beihilfen immer die Gefahr ökonomischer Fehlsteuerungen aus, da sie zu Unternehmensentscheidungen führen könnten, die sich zu wenig an den Erfordernissen des Marktes und zu sehr an den Voraussetzungen für die Erlangung der Subventionen orientierten. *Magiera* schloss die Diskussion mit dem Dank an den Referenten und die Diskussionsteilnehmer.

Europäische Zusammenarbeit in den Bereichen Justiz und Inneres – primärrechtliche Aspekte

Von Klaus-Dieter Schnapauff

Mit der Einheitlichen Europäischen Akte aus dem Jahr 1986, den Verträgen von Maastricht 1992 und Amsterdam 1997 ist eine Entwicklung der Europäischen Gemeinschaft von der ursprünglichen Handels- und Wirtschaftsunion hin zu einer politischen Union eingeleitet und inzwischen so weit vorangebracht worden, wie es zu Beginn dieser Entwicklung überwiegend als utopisch angesehen worden ist. Dabei war von Anfang an klar, dass die Entwicklung zu einer politischen Union unabdingbar voraussetzt, dass die Gemeinschaft über die Handels- und Wirtschaftspolitik hinaus auch klassische Politikfelder wie Außen- und Sicherheitspolitik, Innenpolitik sowie Finanz- und Währungspolitik besetzt.

Wenn wir uns vor Augen führen, in welchem Ausmaß die Gemeinschaft auf diesen Feldern bereits tätig ist – ich nenne als Stichworte nur:

- Gemeinsame Außen- und Sicherheitspolitik,
- schrittweise Festlegung einer gemeinsamen Verteidigungspolitik,
- Aufbau eines Raums der Freiheit, der Sicherheit und des Rechts unter Einschluss etwa der justiziellen Zusammenarbeit in Zivilsachen und der polizeilichen und justiziellen Zusammenarbeit in Strafsachen,
- Wirtschafts- und Währungsunion mit dem Kernstück der gemeinsamen Währung Euro –,

so stellt es keine Übertreibung dar, wenn man sagt, dass die europäische Zusammenarbeit bereits Kernbereiche der nationalen Identität erfasst[1].

Von Bedeutung für die Entwicklung im Bereich der Innenpolitik waren – das ist hier hervorzuheben – zunächst weniger die Europäischen Gemeinschaften als vielmehr der Europarat. Er war die erste europäische politische Organisation, die nach dem Zweiten Weltkrieg mit der Zielsetzung gegrün-

---

[1] Die nachfolgende Darstellung der Entwicklung bis zum Vertrag von Nizza orientiert sich weitgehend an dem Eröffnungsvortrag von Bundesinnenminister *Otto Schily,* Die Europäisierung der Innenpolitik, bei der Forschungstagung vom 13. bis 15. Oktober 1999 in Speyer, in: Klaus König/Klaus-Dieter Schnapauff (Hrsg.), Die Deutsche Verwaltung unter 50 Jahren Grundgesetz, Baden-Baden 2000, S. 23 ff.

det wurde, die europäische Einigung zu gestalten und voranzubringen[2]. Einen besonderen Kristallisationspunkt bildet dabei der Schutz der Menschenrechte, die in der Konvention zum Schutze der Menschenrechte und Grundfreiheiten niedergelegt sind. Diese Konvention feierte im vergangenen Jahr ihren 50. Geburtstag. Auch die Europäische Union bezieht sich in Art. 6 Abs. 2 EUV ausdrücklich auf die dort niedergelegten Grundrechte. Da der Europarat über die Staaten der Europäischen Union hinaus weitere 28 Staaten zu seinen Mitgliedern zählt, bildet er ein besonders wichtiges Forum, in dem auf vielen Rechtsgebieten, gerade aber auch im Bereich der Justiz- und Innenpolitik europäische Standards entwickelt und gesetzt werden.

Ebenso wie die Arbeit des Europarats entstand die wirtschaftliche Zusammenarbeit der heutigen Europäischen Union aus dem dringenden Bedürfnis der Nachkriegszeit, gemeinsame europäische Werte und Zielsetzungen zu entwickeln und dabei das Trennende der nationalstaatlichen Aufteilung und Konfrontation in Europa zu überwinden, die in der Vergangenheit so viel Unheil angerichtet hatten. Eine weitergehende Kooperation auch in Bereichen, die in hohem Maße die Souveränität der Staaten betreffen und politisch sensibel sind, also gerade in der Justiz- und Innenpolitik, fand bis Anfang der 90er Jahre allerdings nur auf rein völkerrechtlicher Basis statt.

Mit der Einheitlichen Europäischen Akte von 1986 wurde die Personenfreizügigkeit als Bestandteil des Binnenmarktes eingeführt. Die Rahmenbedingungen hierfür wurden zum einen durch die Justiz- und Innenminister der Mitgliedstaaten geschaffen. Für den Bereich der Inneren Sicherheit geschah dies im Rahmen der bereits 1976 gebildeten sog. TREVI-Gruppe. Diese Abkürzung steht für „Terrorism, Radicalism, Extremism, Violence International" und umfasste die für die Bekämpfung des Terrorismus, für die polizeiliche Zusammenarbeit, die Bekämpfung der Organisierten Kriminalität, insbesondere der Drogenkriminalität, zuständigen Minister aller Mitgliedstaaten. Für den Bereich der Ausländer- und Asylpolitik war dies die sog. Gruppe der für die Einwanderung zuständigen Minister, die im Wesentlichen mit der sog. TREVI-Gruppe identisch war, wobei die Zuständigkeiten zwischen Innen- und Justizministern in den einzelnen Mitgliedstaaten differierten. Zu unterstreichen ist, dass die Koordinierung der innenpolitischen Zusammenarbeit in diesen beiden Gruppen sowohl bis zur Einheitlichen Europäischen Akte als auch danach auf rein zwischenstaatlicher Ebene im Bereich der Regierungszusammenarbeit angesiedelt war.

---

[2] Dies gilt unbeschadet des Brüsseler Vertrages vom 17. März 1948, der noch ausdrücklich gegen Deutschland gerichtet war. Erst der Europarat bezog Deutschland in die Zielsetzung der europäischen Einigung mit ein. Die Bundesrepublik Deutschland wurde am 13.7.1950 assoziiertes Mitglied und am 2.5.1951 Vollmitglied.

Einen wichtigen Kristallisationspunkt und Motor für die innenpolitische Zusammenarbeit auch über die Herstellung der Personenfreizügigkeit hinaus bildete zum anderen die sog. Schengen-Kooperation. Daran nahmen zunächst nur einige Mitgliedstaaten teil, nämlich neben Deutschland Frankreich, Belgien, Luxemburg, die Niederlande und Italien, später auch Spanien, Portugal, Griechenland und Österreich und schließlich die skandinavischen Länder, während das Vereinigte Königreich und Irland nach wie vor nicht unmittelbar beteiligt sind. Dies ist übrigens ein wichtiger und besonders erfolgreicher Anwendungsfall der sog. verstärkten Zusammenarbeit im Rahmen der Gemeinschaft.

Der Vertrag von Maastricht von 1992 war die Geburtsstunde der Europäischen Union. Er begründete die sog. Drei-Säulen- oder Drei-Pfeiler-Architektur und institutionalisierte erstmals die Zusammenarbeit in den Bereichen Justiz und Inneres als dritte Säule unter dem Dach der Europäischen Union (während die erste Säule das Vertragsrecht der Union beinhaltet, die zweite Säule die Gemeinsame Außen- und Sicherheitspolitik). Für „Angelegenheiten von gemeinsamem Interesse“ wie Schutz der Außengrenzen, Zuwanderungs- und Asylpolitik, polizeiliche Zusammenarbeit etc. wurde damit eine Zusammenarbeit festgelegt, die als Staatenzusammenarbeit intergouvernemental blieb. Sie folgte völkerrechtlichen Prinzipien wie z. B. dem Einstimmigkeitserfordernis. Daher waren auch die Mitwirkungsmöglichkeiten der Gemeinschaftsorgane, also Kommission, Europäisches Parlament und Europäischer Gerichtshof, begrenzt. Lediglich bestimmte Materien der Visapolitik wurden rechtlich und institutionell Teil des eigentlichen Gemeinschaftsrechts, also der ersten Säule.

Der Maastrichter Vertrag war daneben ein wichtiger Schritt hin zu einem „Europa der Bürger“. So wurde die Unionsbürgerschaft eingeführt und die Achtung der Grundrechte in der Europäischen Union ausdrücklicher Bestandteil des Unionsrechts. Jeder Unionsbürger erhielt in dem Mitgliedstaat, in dem er seinen Wohnsitz hatte, unabhängig davon, ob er die Staatsangehörigkeit dieses Staates besaß, das aktive und passive Kommunalwahlrecht. Außerdem wurde das Amt des Bürgerbeauftragten geschaffen, an den sich die Unionsbürger mit Beschwerden über die Gemeinschaftsorgane wenden können.

Mit dem Amsterdamer Vertrag wurde eine weitere Etappe auf dem Weg zu einer Gemeinschaft als einem Raum der Freiheit, der Sicherheit und des Rechts erreicht. Er stärkt die institutionellen Rechte des Europäischen Parlaments und stattet den Kommissionspräsidenten mit einer Art Richtlinienkompetenz aus. Erstmals bekennt sich die Union ausdrücklich zu den Grundsätzen der Freiheit, der Demokratie, der Achtung der Menschenrechte und Grundfreiheiten sowie der Rechtsstaatlichkeit.

Besondere Auswirkungen hatte der Amsterdamer Vertrag auf die europäische Justiz- und Innenpolitik. Weite Teile der bisherigen intergouvernementalen Zusammenarbeit in diesen Bereichen wurden von der dritten Säule in die erste Säule, d.h. den Vertrag zur Gründung der Europäischen Gemeinschaft, überführt und damit vergemeinschaftet. Daneben wurde der sog. Schengen-Acquis in den rechtlichen und institutionellen Rahmen der Gemeinschaft integriert und die Möglichkeit geschaffen, die gemeinsame Polizeibehörde Europol mit weiteren Befugnissen auszustatten. Begleitend dazu erhielt der Europäische Gerichtshof für Maßnahmen in den Bereichen Inneres und Justiz eine erweiterte Rechtsprechungskompetenz, insbesondere für Vorabentscheidungen. Außerdem erstreckte sich die Gerichtsbarkeit des Europäischen Gerichtshof nunmehr auch ausdrücklich auf die Grundrechte.

Was bedeuteten die Neuerungen des Amsterdamer Vertrages konkret?

Kernbereiche der nationalen Identität wurden vergemeinschaftet und damit der Rechtsetzungskompetenz der Europäischen Gemeinschaft unterworfen. Dies betrifft die Bereiche „Visa, Asyl, Einwanderung und andere Politiken betreffend den freien Personenverkehr" (Teil IV, Art. 61 ff. EGV) und damit im einzelnen:

- Außengrenzkontrollen,
- Teile der Visumpolitik,
- Asylpolitik,
- Flüchtlingspolitik, einschließlich des vorübergehenden Schutzes und der ausgewogenen Verteilung von Flüchtlingen,
- Einwanderungspolitik,
- justizielle Zusammenarbeit in Zivilsachen mit grenzüberschreitenden Bezügen.

Für diese Materien hat die Gemeinschaft eine Rechtsetzungskompetenz erhalten. Aus dieser Kompetenz folgt allerdings nicht, dass den Mitgliedstaaten in Zukunft ein Handeln in diesen Bereichen verwehrt ist, da das Gemeinschaftsrecht kaum Fälle echter ausschließlicher Gesetzgebungskompetenz (vergleichbar mit Art. 73 GG) kennt. Nach dem Prinzip der begrenzten Einzelermächtigung hat die Gemeinschaft die Möglichkeit, mittels der in dem EG-Vertrag vorgesehenen Instrumente Recht in den vergemeinschafteten Bereichen zu setzen, allerdings immer unter dem Vorbehalt des Subsidiaritätsprinzips.

Daher gelten die nationalen ausländer- und asylrechtlichen Vorschriften weiter. Solange die Gemeinschaft von ihrer erweiterten Kompetenz keinen Gebrauch macht, können die Mitgliedstaaten weiterhin eigenes Recht erlassen bzw. vorhandenes Recht anwenden. Trotz der Verlagerung von Zuständigkeiten von der nationalen auf die europäische Ebene fehlt es – entgegen einer weit verbreiteten Annahme – weitgehend noch an einer „Durchnormierung“. Dies gilt insbesondere für die praktische und verfahrensrechtliche Umsetzung von gemeinschaftsrechtlichen Vorgaben. Diese Umsetzung richtet sich immer noch überwiegend nach dem jeweiligen nationalen Recht.

Mit dem Vertrag von Nizza vom 26. Februar 2001, zu dem gegenwärtig das Ratifikationsverfahren in allen Mitgliedstaaten läuft, sollen nun die institutionellen Voraussetzungen auf Seiten der Gemeinschaft für die Ost-Erweiterung und den Beitritt von bis zu 13 weiteren Mitgliedstaaten geschaffen werden. Es geht dabei um die Wiederherstellung und dauerhafte Gewährleistung der Handlungsfähigkeit der Gemeinschaftsorgane in der erweiterten Gemeinschaft und hierzu um eine zufriedenstellende Lösung für die sog. left-overs von Amsterdam, d. h.

- Größe und Zusammensetzung der Kommission,
- Stimmenwägung im Rat,
- Ausweitung der Abstimmungen mit qualifizierter Mehrheit und – hiermit verbunden – durchgängige Geltung des Mitentscheidungsverfahrens nach Art. 251 EGV in denjenigen Bereichen, in denen zu qualifizierter Mehrheit übergegangen wird.

Für den Bereich Justiz und Inneres von besonderem Interesse ist hier der zuletzt genannte Komplex, d. h. die Ausweitung der Abstimmungen mit qualifizierter Mehrheit.

Um sich zu vergegenwärtigen, welche Neuregelungen in Nizza für den Übergang zu Abstimmungen mit qualifizierter Mehrheit im Rat im Bereich Justiz und Inneres vereinbart worden sind, muss man sich zunächst die gegenwärtige Rechtslage vor Augen führen, wie sie seit dem Vertrag von Amsterdam besteht. Die maßgebliche Vorschrift hierfür ist Art. 67 EGV. Danach gilt im Bereich des Titels IV des EG-Vertrages, d. h. Einwanderung, Asyl, freier Personenverkehr, gegenwärtig prinzipiell das Einstimmigkeitsprinzip. Nur bei 2 Materien im Bereich der Visapolitik entscheidet der Rat nach Art. 67 Abs. 3 EGV bereits jetzt mit qualifizierter Mehrheit:

- Art. 62 Nr. 2 Buchst. b Ziffer i – Liste der Drittländer, deren Staatsangehörige für Aufenthalte bis zu 3 Monaten ein Visum benötigen,
- Art. 62 Nr. 2 Buchst. b Ziffer iii – Vorschriften für ein einheitliches Visumformat.

Nach einer Übergangsphase von 5 Jahren nach Inkrafttreten des Amsterdamer Vertrages, dies war am 1. Mai 1999, also am 30. April 2004 treten 2 weitere Materien im Bereich der Visapolitik hinzu. Dies sind

- Verfahren und Voraussetzungen für die Visumerteilung sowie
- Vorschriften für ein einheitliches Visum.

Dies gilt in beiden Fällen allerdings wiederum nur für Visa für Aufenthalte von höchstens 3 Monaten. In diesen Fällen gilt ab dem 1. Mai 2004 das Mitentscheidungsverfahren nach Art. 251 EGV (Art. 67 Abs. 4 EGV).

Art. 67 Abs. 2 EGV sieht außerdem vor, dass nach Ablauf der fünfjährigen Übergangsfrist das Ko-Initiativrecht der Mitgliedstaaten entfällt (Art. 67 Abs. 2 EGV 1. Anstrich) und dass der Rat dann einstimmig den Übergang zu qualifizierter Mehrheit für alle oder einzelne Materien des Titels IV des EG-Vertrages beschließt.

An dieser Rechtslage ändert der Vertrag von Nizza nur wenig, d.h. die Materien der Art. 62 f. EGV (Asyl- und Einwanderungspolitik, Außengrenzsicherung) verbleiben bis zum Ablauf der Fünfjahresfrist grundsätzlich vorerst in Einstimmigkeit. Allerdings ist dem Art 67 EGV ein Abs. 5 angefügt worden, der einen vorzeitigen Übergang zur qualifizierten Mehrheit und das Mitentscheidungsverfahren nach Art. 251 EGV bei Maßnahmen nach Art. 63 Nr. 1 und Nr. 2 lit. a EGV vorsieht, sobald ein ausreichender Fundus an Gemeinschaftsvorschriften („gemeinsame Regeln und wesentliche Grundsätze") geschaffen worden ist. Dies betrifft asylrechtliche Zuständigkeitsregelungen, Mindestnormen für die Aufnahme von Asylbewerbern, die Flüchtlingsanerkennung sowie den vorübergehenden Schutz für Drittausländer. Nicht ausdrücklich geregelt wird, was rechtlich als ausreichender Fundus an Gemeinschaftsvorschriften anzusehen ist und wer dies nach welchem Verfahren festzustellen hat. Da nach den institutionellen Vorschriften des Vertrages der Rat das maßgebliche Entscheidungs- und Beschlussorgan der Gemeinschaft ist, kann dies nur bedeuten, dass die Entscheidung darüber dem Rat – hier in der Zusammensetzung der Innen- und Justizminister – obliegt. Die Änderung gegenüber dem Amsterdamer Vertrag besteht danach lediglich darin, dass ein entsprechender Beschluss bereits vor Ablauf der fünfjährigen Übergangsfrist möglich ist, allerdings beschränkt auf die in Art. 63 Nr. 1 und Nr. 2 lit. a EGV geregelten Materien.

Ergänzt wird diese Regelung durch eine Erklärung zu Art. 67 EGV, in der sich die Mitgliedstaaten darauf verständigt haben, bei dem Beschluss nach Art. 67 Abs. 2 EGV über einen Übergang zu qualifizierter Mehrheit, den der Rat nach Ablauf der Fünfjahresfrist zum 1. Mai 2004 fassen muss, folgendes zu berücksichtigen:

- Bei Art. 62 Nr. 3 (Reisefreiheit für Drittausländer) und Art. 63 Nr. 3 lit. b EGV (Rückführungspolitik und Maßnahmen gegen illegale Einwanderung) besteht die politische Absicht der Mitgliedstaaten, zur qualifizierten Mehrheit und zur Mitentscheidung des EP nach Art. 251 EGV überzugehen.
- Bei Art. 62 Nr. 2 lit. a EGV (Personenkontrollen an den Außengrenzen) wird ebenfalls der Übergang zu qualifizierter Mehrheit und zur Mitentscheidung des EP vorgesehen mit der Einschränkung, dass vorher eine

Einigung in der Frage des Anwendungsbereichs bzgl. der Außengrenzüberschreitung erreicht sein muss.

– In allen anderen Bereichen sollen sobald wie möglich die qualifizierte Mehrheit und das Mitentscheidungsverfahren eingeführt werden.

Schließlich werden gemäß eines Protokolls zu Art. 67 EGV Maßnahmen nach Art. 66 EGV (Zusammenarbeit zwischen Dienstellen der Mitgliedstaaten untereinander und mit solchen der Kommission) ab dem 1. Mai 2004 in qualifizierter Mehrheit nach Anhörung des EP beschlossen.

Die Ergebnisse, die hierzu in Nizza erzielt worden sind, sind zum Teil als unzureichend kritisiert worden. Gemessen an den ursprünglichen Verhandlungspositionen Deutschlands, die sowohl insgesamt als auch speziell im Bereich Justiz und Inneres für wesentlich mehr Gegenstände den Übergang zu qualifizierter Mehrheit vorsahen, stellen die Ergebnisse von Nizza in der Tat einen Kompromiss dar, der nicht das aus deutscher Sicht Wünschbare, aber das derzeit politisch Machbare widerspiegelt. Damit wiederholt sich eine Erfahrung, die von Anfang an den europäischen Einigungsprozess kennzeichnet: Weitere Integrationsschritte in der Gemeinschaft sind immer nur so weit möglich, wie sie dem jeweiligen gemeinsamen Willen aller Mitgliedstaaten entsprechen. Da dieser fast immer hinter den Zielsetzungen jedenfalls einiger Mitgliedstaaten zurückbleibt, ist auch die geläufige These falsch, dass Zielsetzungen und Visionen für die Zukunft der Gemeinschaft abhanden gekommen seien.

Wenn die Kritik eines unzureichenden Übergangs zu qualifizierter Mehrheit sich auch auf die sog. Dritte Säule, für die ein solcher Übergang vereinzelt gefordert oder jedenfalls für durchaus möglich gehalten wurde, beziehen sollte, so ist dem nachdrücklich zu widersprechen. Ein Übergang zu qualifizierter Mehrheit im Bereich der Regierungszusammenarbeit – und darum handelt es sich im Bereich der Dritten Säule – wäre ein Systembruch, mit dem der zweite Schritt vor dem logischerweise davor angezeigten ersten Schritt, nämlich dem einer Vergemeinschaftung, getan würde. Man kann zwar nicht sagen, dass qualifizierte Mehrheit im Bereich der Regierungszusammenarbeit, die unter dem institutionellen Dach der Gemeinschaft, aber auf im übrigen völkerrechtlicher Grundlage erfolgt, von vornherein rechtlich ausgeschlossen wäre. Denn mit der Eigenart der Gemeinschaft als Integrationsgemeinschaft besonderer Art könnte dies unter bestimmten Voraussetzungen und Vorkehrungen, mit denen etwa eine hinreichende demokratische Legitimation zu gewährleisten wäre, noch vereinbart werden. Es macht jedoch unter Integrationsgesichtspunkten keinen Sinn, wenn der Gemeinschaft für eine bestimmte Materie zwar keine Gemeinschaftskompetenz mit allen daraus folgenden Konsequenzen übertragen wird, jedoch die Möglichkeit bestehen soll, dass Mitgliedstaaten im Rat überstimmt werden und sie gleichwohl an die getroffene Entscheidung gebunden sein sollen.

In der Kritik an den Beschlüssen von Nizza wird teilweise auch unterstellt, dass weiter reichende Neuregelungen im Bereich Justiz und Inneres nicht zuletzt an der Bundesregierung gescheitert seien. Richtig ist hieran nur, dass die Bundesregierung für den Kernbereich der asylrechtlichen Regelungen, für den vorübergehenden Schutz von Bürgerkriegsflüchtlingen sowie für den längerfristigen Aufenthalt von Drittstaatsangehörigen an dem in Amsterdam entwickelten Gedanken, der in Art. 67 EGV seinen Niederschlag gefunden hat, festhalten wollte, dass vor einem Übergang zu den gemeinschaftsrechtlichen Verfahren der Abstimmung im Rat mit qualifizierter Mehrheit und der Mitentscheidung des Europäischen Parlaments einvernehmlich ein Grundbestand an gemeinsamen Regelungen und Maßnahmen im Bereich des Sekundärrechts verabschiedet werden muss. Der maßgebliche Grund dafür war und ist, dass nach den Erfahrungen in der Praxis ein Zustandekommen entsprechender Regelungen nicht in erster Linie an zu schwerfälligen Verfahrensregelungen, insbesondere dem Einstimmigkeitserfordernis scheiterte, sondern vielmehr daran, dass die Vorstellungen der Mitgliedstaaten in der Sache vielfach noch zu grundsätzlich und zu weit auseinander lagen und deshalb insbesondere dafür Sorge zu tragen war und ist, dass ausgewogene Regelungen getroffen werden, die einzelne Mitgliedstaaten nicht übermäßig belasten[3].

Zu unterstreichen ist aber, dass die Bundesregierung in Nizza in vielen anderen Bereichen zu einem Übergang zu qualifizierter Mehrheit bereit gewesen wäre und sie damit insgesamt im Vergleich zu anderen Mitgliedstaaten mit die am weitesten gehenden Vorschläge unterbreitet hat. Dies gilt auch für den Bereich Asyl und Einwanderung, d.h. Titel IV des EG-Vertrages. Aus Sicht der Bundesregierung kamen hier für einen Übergang zu qualifizierter Mehrheit in Betracht:

- der gesamte Art. 62 EGV, d.h. Regelungen über
  - Freizügigkeit an den Binnengrenzen (Nr. 1),
  - Personenkontrollen an den Außengrenzen (Nr. 2 Buchst. a),
  - Bedingungen für den Aufenthalt von Drittstaatsangehörigen bis zu 3 Monaten (Nr. 3);
- in Art. 63 Nr. 1 Buchst. a und b EGV, d.h.
  - Zuständigkeitsregelungen für Asylverfahren,
  - Mindestnormen für die Aufnahme von Asylbewerbern;

[3] Vgl. hierzu die Ausführungen von *Friedrich Löper* in diesem Band.

- sowie schließlich Art. 63 Nr. 3b EGV, d.h. Maßnahmen gegen illegale Einwanderung und illegalen Aufenthalt einschließlich Rückführung.

In den genannten Bereichen liegen inzwischen hinreichende Regelungen und Erfahrungen vor – ich erwähne insbesondere die umfangreiche und erfolgreiche Schengen-Zusammenarbeit –, die einen Übergang zu qualifizierter Mehrheit möglich erscheinen ließen.

Inwieweit die Gemeinschaft mit diesen Ergebnissen von Nizza der angestrebten Ost-Erweiterung näher gekommen ist, kann heute noch nicht zuverlässig beurteilt werden, das wird erst die Zukunft erweisen. Ein wichtiger Schritt ist in jedem Falle getan.

Europäische Zusammenarbeit in den Bereichen Justiz und Inneres – sekundärrechtliche Aspekte

Von Friedrich Löper

Für die europäische Zusammenarbeit in den Bereichen Justiz und Inneres bedeutet der Amsterdamer Vertrag[1] eine Zäsur, weil durch ihn ein wichtiger Bereich der Innenpolitik, die gesamte Asyl- und Ausländerpolitik, in die Rechtsetzungskompetenz der Gemeinschaft überführt worden ist. Außerdem hat er für den Erlass von EG-Rechtsakten im fraglichen Bereich eine Umsetzungsfrist von fünf Jahren aufgegeben. Damit dieses ehrgeizige Ziel erreicht wird, hat sich der Europäische Rat in Tampere im Oktober 1999 fast ausschließlich mit der Innen- und Justizpolitik befasst und in seinen Schlussfolgerungen über 50 Maßnahmen empfohlen, die der Rat erlassen soll. Damit sollte ein politischer Impuls gegeben werden, sich den Herausforderungen zu stellen.

Der Beitrag konzentriert sich im Folgenden auf die Asyl- und Ausländerpolitik, Art. 61 bis 63 EGV. Es ist unschwer zu erkennen, dass aus systematischer Sicht die Maßnahmen in zwei Bereiche geteilt werden können. Zum einen geht es in Art. 61 Buchst. a und Art. 62 EGV um Maßnahmen, die den freien Personenverkehr sicherstellen sollen. Zum anderen geht es in Art. 61 Buchst. b und Art. 63 EGV um weitere Maßnahmen, die nicht den Charakter unmittelbarer Ausgleichsmaßnahmen zum freien Personenverkehr haben, sondern darauf abzielen, eine gemeinschaftliche Asyl- und Ausländerpolitik zu entwickeln.

1. Das Ziel des freien Personenverkehrs ist seit langem vorgegeben. Es wurde in die Verträge erstmals durch die Einheitliche Europäische Akte vom 28.02.1986 mit der Definition des Binnenmarktes eingeführt. Ein wichtiges Element des Binnenmarktes ist der freie Personenverkehr. Der freie Personenverkehr enthält nach Auffassung der kontinentaleuropäischen Mitgliedstaaten zum einen den Wegfall der Personenkontrollen an den Binnengrenzen, zum anderen die Reisefreiheit für Drittausländer, die sich rechtmäßig im Unionsgebiet aufhalten. Dies wird dadurch gewährleistet, dass ein Aufenthaltstitel, der in Frankreich oder Deutschland einem Auslän-

---

[1] ABl. 1999 C 340, BGBl. 1998 II, 386.

der erteilt wird, als Visumersatz gilt. Kraft des Aufenthaltstitels kann ein Drittausländer bis zu drei Monate im sogenannten Schengen-Raum visumfrei reisen. Außerdem wird visumpflichtigen Drittstaatsangehörigen, die in das Schengen-Gebiet einreisen wollen, ein im gesamten Schengen-Raum geltendes einheitliches Visum erteilt, das sogenannte Schengen-Visum. Dazu gesellen sich Ausgleichsmaßnahmen, geregelt im Schengener Durchführungsübereinkommen (SDÜ) vom 19. Juni 1990[2] und wichtigen Durchführungsbestimmungen, nämlich der Gemeinsamen Konsularischen Instruktion für die Visumerteilung und dem Grenzhandbuch, das Standards für die Personenkontrolle an den Außengrenzen festlegt. Diese Maßnahmen sind in Art. 62 EGV erwähnt. Art. 62 EGV gibt deshalb nichts Neues vor, sondern ist nunmehr gemeinschaftliche Rechtsgrundlage für einen Fundus an rechtlichen Regelungen, die im ursprünglich völkerrechtlichen Vertrag des Schengener Durchführungsübereinkommens (SDÜ) enthalten sind. Kraft des Schengen-Protokolls über die Einbeziehung des Schengen-Besitzstandes im Rahmen der EU sind diese Schengen-Normen heute Bestandteil des acquis communautaire, sie sind als Sekundärrecht der Europäischen Gemeinschaft zu sehen. Es geht also in diesen Bereichen nicht darum, neue Normen zu schaffen, sondern den bereits vorhandenen Bestand fortzuentwickeln. Dies war ein maßgeblicher Grund, weshalb die Bundesregierung im Bereich des Art. 62 EGV dem Übergang zur qualifizierten Mehrheit zugestimmt hat.

Zur Weiterentwicklung bietet die EG-Verordnung des Rates vom 15. März 2001 zur Aufstellung der visumpflichtigen und visumfreien Drittstaaten[3] ein aktuelles Beispiel: Es ist insofern eine Fortentwicklung, weil die bisherige Visumpolitik darauf beschränkt war, nur die visumpflichtigen Drittstaaten zu benennen. Das hieß, dass hinsichtlich der visumfreien Drittstaaten jeder Mitgliedstaat frei war, einseitig die Visumpflicht einzuführen. Das ist jetzt nicht mehr möglich. Hinsichtlich der Frage, welche Drittstaaten visumfrei oder visumpflichtig sind, ist eine vollständige Harmonisierung erreicht. Es gibt zwei rechtsverbindliche Listen, zum einen die Liste der visumpflichtigen Drittstaaten und zum anderen die Liste der visumfreien Drittstaaten. Hervorzuheben ist, dass Bulgarien aufgrund der EG-Verordnung entgegen der früheren Rechtslage nunmehr visumfrei ist. Diese Regelungen sind am 10. April 2001 in Kraft getreten. Die EG-Visumverordnung geht dem innerstaatlichen Ausländerrecht vor, so dass die entgegenstehenden Regelungen in der Durchführungsverordnung zum Ausländergesetz hinfällig sind.

2. Der Schwerpunkt der Arbeiten wird bei der Umsetzung der in Art. 63 EGV genannten Maßnahmen liegen, die über Ausgleichsmaßnahmen hinausgehend eine Harmonisierung der Asyl- und Ausländerpolitik bezwecken.

---

[2] BGBl. 1993 II, 1013.

[3] ABl. 2001 L 81/1.

Eine Ausnahme bildet allerdings Art. 63 Satz 1 Nr. 1a EGV. Dort geht es um Kriterien, die bestimmen, welcher Mitgliedstaat für die Durchführung eines Asylverfahrens zuständig ist. Ursprünglich hatten die Staaten, die an der Schengen-Zusammenarbeit von Anfang an teilnahmen, derartige Zuständigkeitsregelungen im SDÜ vereinbart. Man begriff diese Zuständigkeitskriterien auch als Ausgleichsmaßnahme zum Wegfall der Binnengrenzkontrollen. Man wollte vermeiden, dass Asylbewerber die faktisch gegebene Möglichkeit ausnutzen, heute in Deutschland Asyl zu beantragen und zwei Wochen später in Frankreich. Deshalb wurde ein recht kompliziertes Zuständigkeitssystem normiert. Diese Schengen-Regelungen wurden später abgelöst durch das Dubliner Übereinkommen vom 1. April 1990[4], das seit dem 1. September 1997 angewandt wird und die Zuständigkeitsbestimmungen des SDÜ ersetzt[5]. Das Dubliner Übereinkommen ist im Gegensatz zum Schengen-Besitzstand nicht in die Europäische Union überführt worden. Der Auftrag ist nunmehr, dieses völkerrechtliche Instrument durch einen sekundärrechtlichen Rechtsakt zu ersetzen. Die Kommission wird hierzu in den nächsten Monaten den Entwurf einer EG-Verordnung vorstellen.

Die Frage stellt sich, ob das Dubliner Zuständigkeitssystem kopiert oder etwas Neues geschaffen werden soll. Es ist viel Kritik geäußert worden. In der Praxis ist das Hauptzuständigkeitskriterium der Reiseweg des Asylbewerbers. Für die Prüfung eines Asylantrags soll der Mitgliedstaat zuständig sein, über dessen Außengrenze der Asylbewerber eingereist ist. Der Reiseweg ist naturgemäß schwierig nachzuweisen. Als Beispiel sei auf irakische Kurden hingewiesen, die vor einigen Jahren in großer Zahl in Südeuropa in das Unionsgebiet einreisten und Wochen später in Deutschland, in den Niederlanden oder in Schweden Asyl beantragten. Nach dem Zuständigkeitssystem wäre in diesen Fällen Griechenland oder Italien zuständig gewesen. Aber nur in den wenigsten Fällen gelang es, den Reiseweg nachzuweisen. Das lag an zwei Umständen. Zum einen fehlten schriftliche Nachweise und zum anderen lag es an den Anforderungen der ersuchten Staaten, welche Nachweise zu erbringen sind. Deshalb wurde die Frage gestellt, ob man nicht auf dieses System verzichten sollte. Es gibt zwei Alternativen: Die Bundesländer fordern eine Verteilung nach dem Vorbild der deutschen Quotenregelung in § 45 AsylVerfG. Nach Quoten soll festgelegt werden, wie viele Asylbewerber jeder Mitgliedstaat aufnehmen soll. Am anderen Ende der Skala steht die Forderung, dass immer der Staat zuständig sein soll, in dem der Asylbewerber den ersten Asylantrag stellt. Die Bundesregierung hält im Prinzip am Dubliner System fest, also auch an dem Kriterium „Überschreiten der Außengrenze“.

---

[4] BGBl. 1994 II, 791.

[5] „Bonner Protokoll“ vom 26.04.1994, BGBl. 1994 II, 738.

Dieses Kriterium soll in Zukunft mit Hilfe von EURODAC leichter nachweisbar sein. Die Abkürzung EURODAC steht für ein europaweites daktyloskopisches System für den Vergleich von Fingerabdrücken, einmal von Asylbewerbern, aber auch von Ausländern, die keinen Asylantrag stellen, die aber im Zusammenhang mit einer illegalen Einreise in der Nähe der Außengrenze angetroffen werden. Rechtsgrundlage ist die EG-Verordnung des Rates vom 11. Dezember 2000 über die Einrichtung von EURODAC[6]. Die EURODAC-Verordnung enthält eine unmittelbar für die Behörden der Mitgliedstaaten geltende Verpflichtung, von den betroffenen Personen die Fingerabdrücke zu erheben und sie an eine zentrale Datenbank weiterzuleiten. Die zentrale Datenbank wird zur Zeit in Luxemburg aufgebaut und von der Kommission betrieben werden.

Zur Forderung der Länder bzw. des Bundesrates ist zu sagen, dass eine Verteilung nach Quoten nicht mehr deutschen Interessen entspricht. Denn Deutschland ist, wenn man die Zahl der Asylbewerber zur Einwohnerzahl ins Verhältnis setzt – wie dies § 45 AsylVerfG vorsieht –, nicht mehr Hauptaufnahmeland. Deutschland müsste, wenn man dieses Modell für eine Quotenberechnung nimmt, noch mehr Asylbewerber aufnehmen, als dies ohnehin schon der Fall ist. Gemessen an der Einwohnerzahl haben Länder wie Belgien, die Niederlande und auch das Vereinigte Königreich eine weitaus größere „Last" zu tragen. Auch das andere Argument, dass nur der Staat zuständig sein soll, in dem der Asylbewerber den ersten Antrag gestellt hat, lehnt die Bundesregierung ab, weil zu befürchten ist, dass einige Mitgliedstaaten sich dann als Transitstaaten verstehen.

Nun ein kurzer Überblick über die weiteren Normen: Art. 63 Satz 1 Nr. 1b EGV behandelt die Mindestnormen für die Aufnahme von Asylbewerbern. Hier geht es um die Rechtsstellung von Asylbewerbern. Unter welchen Voraussetzungen erhalten sie z.B. Sozialhilfe oder medizinische Versorgung. Die Kommission hat hierzu den Entwurf einer Richtlinie vorgestellt. Für Deutschland ist besonders wichtig, dass die Möglichkeit erhalten bleibt, die Freizügigkeit für Asylbewerber auf den Bezirk der Ausländerbehörde, in dem sie wohnen, zu beschränken.

Umstritten werden die Kriterien für die Anerkennung der Flüchtlingseigenschaft sein. Hierauf bezieht sich Art. 63 Satz 1 Nr. 1c EGV. Aus der Diskussion sind Begriffe wie „nichtstaatliche Verfolgung" oder „geschlechtsspezifische Verfolgung" bekannt. Bei der nichtstaatlichen Verfolgung geht es um die Frage, inwieweit Verfolgungshandlungen Dritter zur Anerkennung als Flüchtling führen können. In einigen Staaten wie Deutschland, Frankreich und auch der Schweiz wird die Zurechenbarkeitstheorie vertreten. Danach führen Verfolgungshandlungen Dritter nur dann zur

---

[6] ABl. 2000 L 316/1.

Flüchtlingsanerkennung, wenn diese Handlungen dem Staat zumindest mittelbar zurechenbar sind, also wenn die staatlichen Behörden gegen die Verfolgungshandlungen Dritter nichts unternehmen, obwohl sie dazu in der Lage wären[7]. Andere Mitgliedstaaten verzichten auf das Kriterium der Zurechnung und erkennen an, dass im Prinzip auch dem Staat nicht zurechenbare Handlungen Dritter zur Flüchtlingsanerkennung führen können[8]. Sollte sich die Europäische Gemeinschaft hierauf einigen, würde das zur Folge haben, dass in Deutschland unterschiedliche Flüchtlingsbegriffe gälten, zum einen der Flüchtlingsbegriff nach Art. 16a Abs. 1 GG, so wie er vom Bundesverfassungsgericht unter Zugrundelegung der Zurechenbarkeitstheorie ausgelegt wird, und zum anderen ein weiterer europäischer Flüchtlingsbegriff, mit der Folge, dass in größerem Umfang Drittstaatsangehörige in den Genuss des Flüchtlingsstatus kämen. Die Kommission wird im Herbst dieses Jahres einen Richtlinienentwurf vorlegen.

Ebenfalls schwierig dürften die Verhandlungen über die Harmonisierung der Asylverfahren gem. Art. 63 Satz 1 Nr. 1d EGV werden. Hierzu liegt ein Entwurf der Kommission vor, zu dem die Verhandlungen in Brüssel begonnen haben. Sie werden schwierig werden, weil die Mitgliedstaaten in sehr unterschiedlichem Maße betroffen sind. Diese Aussage gilt für alle Bereiche, auch für Maßnahmen der Ausländerpolitik, etwa für Maßnahmen der Familienzusammenführung. Es ist ein Unterschied, ob ein Land im Jahr etwa 100000 Asylbewerber oder nur 2000 aufnimmt. Es ist auch ein Unterschied, ob ein Land – bezogen auf die Familienzusammenführung – eine sehr hohe ausländische Wohnbevölkerung hat, wie z.B. Deutschland, oder ob es nur wenige Drittausländer im Hoheitsgebiet hat, wie etwa Spanien und Portugal. Jeder dritte rechtmäßig im Unionsgebiet sich aufhaltende Drittausländer lebt in Deutschland. Jede Regelung, die im Verhältnis zur gegenwärtigen Rechtslage in Deutschland oder auch in anderen Staaten großzügiger ist, löst einen Zuzug aus, von dem Deutschland in ganz anderem Maße betroffen ist als andere Staaten. Deshalb sind die Verhandlungen zu diesen Punkten gerade für Deutschland sehr schwierig.

Hinzu kommt, dass es vor allem im Asylverfahrensrecht trotz gemeinsamer Begriffe keine gemeinsame Vorstellung vom Inhalt der Begriffe gibt. Ein Beispiel ist das Konzept des sicheren Drittstaates. In Deutschland bedeutet der Begriff „sicherer Drittstaat", dass laut gesetzlicher Anordnung zum Beispiel Polen und die Tschechische Republik sichere Drittstaaten sind[9]. Ein Ausländer, der über Polen nach Deutschland einreist und hier einen Asylantrag stellt, kann kraft Gesetzes zurück nach Polen geschickt

[7] Vgl. BVerfGE 80, 333 f.

[8] Schutztheorie; vgl. *Reinhard Marx,* Nichtstaatliche Verfolgung und deutsches Ausländerrecht, in: ZAR 2001, S. 12 ff.

[9] Vgl. § 26a AsylVfG i.V.m. Anlage I.

werden, weil Polen für ihn ein sicherer Staat ist, in dem er sein Schutzbegehren hätte stellen können. Die bloße Durchreise reicht dabei aus. Dass Polen sicher ist, wird unwiderleglich vermutet. Das Bundesverfassungsgericht hat diese Regelung anerkannt und nur für fünf außergewöhnliche Ausnahmefälle, die aber in der Praxis nicht vorkommen, eine individuelle Prüfung gefordert[10]. Andere Mitgliedstaaten kennen keine Liste „sicherer Drittstaaten". Ob ein vom Asylbewerber durchreister Drittstaat für ihn „sicher" war, wird ad hoc im Einzelfall bestimmt. Der Asylbewerber kann eine etwaige Vermutung, dass der Drittstaat sicher für ihn sei, widerlegen[11].

Erschwert wird eine Harmonisierung ferner dadurch, dass Frankreich das Konzept des „sicheren Drittstaates" ablehnt, weil der französische Staatsrat 1996 die damalige französische Regelung für verfassungswidrig erklärt hat. Es ging um den Fall eines Schwarzafrikaners, der über Kamerun, wo er sich auf dem Flughafen für kurze Zeit aufgehalten hatte, nach Paris gekommen war und dort am Flughafen einen Asylantrag gestellt hatte. Die französische Grenzbehörde wollte die französische Drittstaatenregelung, die damals noch in Kraft war, anwenden und ihn nach Kamerun zurückschicken. Dies hielt der Staatsrat für unzulässig, weil das Drittstaatenkonzept nicht mit der Genfer Flüchtlingskonvention vereinbar sei[12].

Hier hat ein Einzelfall zu einer Entscheidung mit weitreichenden Folgen geführt. Ein einheitliches europaweites Verständnis in dieser Frage ist zur Zeit nicht möglich. Es bleibt also nur die Option, dass den Mitgliedstaaten offen gelassen wird, ob sie das Konzept „sicherer Drittstaat" anwenden wollen oder nicht. Und auch da muss wiederum den Mitgliedstaaten die Möglichkeit gegeben werden, verschiedene Varianten anwenden zu können. Die Forderungen, die in Deutschland im politischen Raum erhoben worden sind, dass man sich europaweit verständigen solle auf eine gemeinsame Liste sicherer Drittstaaten – ähnliches gilt auch für eine Liste sicherer Herkunftsstaaten –, sind zumindest gegenwärtig illusorisch.

Art. 63 Satz 1 Nr. 2 EGV enthält die Stichworte „vorübergehender Schutz" und „anderweitiger internationaler Schutz". Unter vorübergehendem Schutz ist die vorübergehende Aufnahme von Bürgerkriegsflüchtlingen in einer Massenfluchtsituation zu verstehen.

---

[10] BVerfGE 94, 49.

[11] Vgl. *Kay Hailbronner,* Immigration and Asylum Law and Policy of the European Union, Den Haag 2000, S. 443 ff.

[12] Conseil d'Etat, Assemblée, 18.12.1996 – Ministre de l'Intérieur c. Rogers, Nr. 160856 –, zitiert nach: *Denis Alland,* Jurisprudence française en matière de droit international public, in: Revue générale de droit international public 1997, S. 781, 782.

Der Rat der Innen- und Justizminister hat auf seiner Tagung am 28./29. Mai 2001 zu einer Richtlinie über die vorübergehende Aufnahme von Bürgerkriegsflüchtlingen weitgehend Einvernehmen erzielt[13]. Danach kann der Rat beschließen, bei einer (drohenden) Massenfluchtsituation bestimmte Personengruppen aufzunehmen. Bei der Beschlussfassung soll jeder Mitgliedstaat erklären, wie viele Personen er aufzunehmen bereit ist. Kein Mitgliedstaat ist danach verpflichtet, ein Kontingent zur Verfügung zu stellen. Die Bundesregierung setzt aber darauf, dass sich in einer zugespitzten Krise jeder Mitgliedstaat – nicht zuletzt auch unter dem Druck der öffentlichen Meinung – bereit erklärt, sich im angemessenen Umfang an einer Aufnahmeaktion zu beteiligen. Dieses Konzept, auch pledging-Verfahren genannt, hat seine Bewährungsprobe in der Kosovo-Krise im Frühjahr 1999 bestanden.

Die Richtlinie regelt außerdem die Rechtsstellung der aufgenommenen Bürgerkriegsflüchtlinge (Anspruch auf staatlichen Unterstützungsleistungen, medizinische Versorgung, Familiennachzug). Personen, die vom vorübergehenden Schutz begünstigt sind, haben Zugang zum Arbeitsmarkt. Aus arbeitsmarktpolitischen Gründen kann jedoch jeder Mitgliedstaat bestimmen, dass Unionsbürger einen vorrangigen Zugang zu einem Arbeitsplatz haben.

Schließlich legt die Richtlinie fest, dass Asylanträge während der Dauer des vorübergehenden Schutzes nicht geprüft werden müssen. Außerdem sind die Voraussetzungen für eine Rückführung der Bürgerkriegsflüchtlinge in ihre Herkunftsregion normiert.

Hinsichtlich der finanziellen Lastenteilung hat der Rat im letzten Jahr die Einrichtung eines europäischen Flüchtlingsfonds beschlossen[14]. Er ist für vier Jahre mit ca. 20 Millionen Euro ausgestattet, was allerdings zu wenig ist, um im Falle einer Massenfluchtsituation in angemessener Weise zu einem finanziellen Ausgleich beizutragen.

Mit der Formulierung „Personen, die anderweitig internationalen Schutz benötigen“ in Art. 63 Satz 1 Nr. 2 EGV ist der sogenannte subsidiäre Schutz gemeint, also der Schutz, der Personen gewährt wird, die als Flüchtlinge nicht anerkannt werden, aber gleichwohl aus dem einen oder anderen Grunde schutzbedürftig sind. Die Kommission bereitet auch hierzu einen Richtlinienentwurf vor. Die Behandlung dieses Themas wird besonders schwierig, weil es bisher kein gemeinsames Verständnis darüber gibt, was unter subsidiärem Schutz zu verstehen ist. Der Begriff hat noch keine Konturen, er ist nur ein Arbeitsbegriff. Außerdem gibt es bisher kein gemein-

---

[13] Entwurfsfassung mit Stand 18. Mai 2001 abgedruckt in BR-Drs. 437/01.

[14] Entscheidung des Rates vom 28.9.2000 über die Errichtung eines Europäischen Flüchtlingsfonds, ABl. 2000 L 252/12.

sames Verständnis darüber, welche Rechtsstellung diese Personen erhalten sollen. In Deutschland ist das gängige Instrument die Duldung. In einigen Mitgliedstaaten ist die Rechtsstellung großzügiger geregelt.

Im Hinblick auf die Voraussetzungen der Schutzgewährung wird sich die Frage stellen, wie weit ein Aufnahmestaat für Mängel im Herkunftsstaat verantwortlich gemacht werden kann. Ist es ein Abschiebungshindernis und führt es zur Gewährung von subsidiärem Schutz, wenn z.B. im Herkunftsstaat die medizinische Versorgung eines erkrankten Ausländers nicht gewährleistet ist? Fallen hierunter nur Situationen, in denen die Schutzbegehrenden durch weitverbreitete Gewalt zur Flucht veranlasst wurden, oder auch Naturkatastrophen oder technische Großunglücke?

Hinsichtlich einwanderungspolitischer Maßnahmen unterscheidet Art. 63 Nr. 3 EGV zwischen der Regelung der Einreise- und Aufenthaltsvoraussetzungen und erwähnt dabei insbesondere die Familienzusammenführung in Buchst. a und Maßnahmen gegen illegale Einwanderung und illegalen Aufenthalt einschließlich der Rückführung ausreisepflichtiger Drittausländer in Buchst. b. Im engen Zusammenhang zu Maßnahmen nach Nr. 3 Buchst. a hinsichtlich der auf Dauer gerichteten Zulassung von Drittausländern zum Hoheitsgebiet steht Art. 63 Nr. 4 EGV, nach dem der Rat Maßnahmen zur Festlegung des Rechtsstatus langfristig aufenthaltsberechtigter Drittstaatsangehöriger erlassen soll.

Im Bereich der „Einwanderungspolitik" wird seit Anfang 2000 über einen Vorschlag der Kommission für eine Richtlinie des Rates betreffend das Recht auf Familienzusammenführung verhandelt. Wie bereits angedeutet, hat eine gemeinschaftsrechtliche Regelung des Familiennachzugs von Drittstaatsangehörigen nach Deutschland erhebliche Auswirkungen. Nach zähen Verhandlungen konnte unter schwedischer Präsidentschaft im 1. Halbjahr 2001 zu einigen Kernfragen Konsens erzielt werden. Danach ist Voraussetzung für die Familienzusammenführung nicht nur, dass der Zusammenführende einen Aufenthaltstitel mit mindestens einjähriger Dauer hat – wie dies ursprünglich vorgeschlagen war –, sondern zusätzlich die Perspektive eines dauerhaften Aufenthalts hat. Einen Rechtsanspruch auf Familienzusammenführung werden nur Mitglieder der Kernfamilie (minderjährige Kinder und Ehegatten) haben. Für andere Familienmitglieder, wie z.B. Verwandte in aufsteigender Linie oder gesundheitlich beeinträchtigte, volljährige Kinder und nichtverheiratete Partner wird eine Ermessensregelung gelten. Verhandelt werden muss insbesondere noch über das Nachzugsalter für Kinder. Die Bundesregierung hat vorgeschlagen, den Mitgliedstaaten einen gewissen Spielraum zu belassen, um die Altersgrenze auch bei 16 Jahren ansetzen zu können. Für eine Absenkung des Nachzugsalters spricht, dass die Integrationschancen für Kinder umso größer sind, je früher sie hier ihren Wohnsitz haben. Außerdem muss noch über verschiedene

Fristen verhandelt werden, zum Beispiel eine Frist hinsichtlich des Zugangs zum Arbeitsmarkt und eine Frist für die Prüfung, ob der Zusammenführende in der Lage ist, für den Unterhalt der nachgezogenen Familienmitglieder (ausreichender Wohnraum, Krankenversicherungsschutz usw.) aufzukommen. Der Richtlinienvorschlag sieht insoweit vor, dass die „Unterhaltsvoraussetzungen" innerhalb von zwei Jahren noch nachprüfbar sind, während andere Mitgliedstaaten wie Deutschland und Niederlande für eine längere Frist eintreten.

Die Kommission hat außerdem im April 2001 einen Vorschlag für eine Richtlinie des Rates betreffend den Status der langfristig aufenthaltsberechtigten Drittstaatsangehörigen vorgelegt. Rechtsgrundlage für den Vorschlag ist Art. 63 Satz 1 Nr. 4 EGV. Der Richtlinienentwurf enthält vor allem den Vorschlag, für auf Dauer aufenthaltsberechtigte Drittstaatsangehörige einen neuen Aufenthaltstitel zu schaffen, nämlich die „langfristige Aufenthaltsberechtigung-EG". Nach dem Entwurf sollen Drittstaatsangehörige, die sich rechtmäßig seit fünf Jahren in einem EU-Mitgliedstaat aufhalten, in den Genuss des Aufenthaltstitels kommen. Inhaber dieses Aufenthaltstitels sollen mit EU-Bürgern hinsichtlich des Zugangs zum Arbeitsmarkt, der Aufnahme einer selbständigen Erwerbstätigkeit oder der Anerkennung von Diplomen weitgehend gleichgestellt werden. Außerdem sollen sie einen weitgehenden Schutz vor Ausweisungen genießen. Weiterhin sind Inhaber des Aufenthaltstitels nach dem Entwurf berechtigt, sich in einem anderen Mitgliedstaat niederzulassen. Dadurch werden die bisher Unionsbürgern vorbehaltenen EG-Freizügigkeitsrechte auf daueraufenthaltsberechtigte Drittstaatsangehörige ausgedehnt.

Bei Maßnahmen gegen die illegale Einwanderung geht es vor allem um die gemeinschaftliche Entwicklung einer Rückführungspolitik in Form gemeinschaftlicher Rückübernahmeabkommen mit Drittstaaten. Der Rat hat der Kommission Mandate erteilt, mit Marokko, Russland, Pakistan, Sri Lanka und Hongkong und Macao Verhandlungen über ein Rückübernahmeabkommen zu führen.

Der Rat hat auf seiner Tagung am 28./29. Mai 2001 Maßnahmen zur Bestrafung von Schleusern, die Beihilfe zur illegalen Einreise leisten, beschlossen. Europaweit sollen Beihilfehandlungen zur illegalen Einreise unter Strafe gestellt werden, wenn die Handlungen zu Erwerbszwecken erfolgen. Im deutschen Recht sind diese Tatbestände im Ausländerstrafrecht in den §§ 92a und 92b AuslG geregelt. Die Maßnahmen betreffen zum einen eine Richtlinie, deren Rechtsgrundlage Art. 63 Satz 1 Nr. 3b EGV ist und in der bestimmte Handlungen unter Strafe gestellt werden. Anknüpfungspunkt ist die illegale Einwanderung. Aber hinsichtlich der Frage, wie hoch oder welcher Art die strafrechtliche Sanktion zu sein hat, besteht keine Gemeinschaftskompetenz. Der Bereich der Strafjustiz ist nicht vergemeinschaftet worden, sondern in der dritten Säule verblieben. Die Frage, welche Strafe zu verhängen ist, muss deshalb in einem Instrument des dritten Pfeilers geregelt werden. Der dritte Pfeiler stellt hierfür in Art. 34 Abs. 2 Buchst. b EUV das Instrument des Rahmenbeschlusses zur Verfügung. Den Rahmenbeschluss kann man als richtlinienähnlichen Rechtsakt des dritten Pfeilers ansehen. Die Zuordnung zu verschiedenen Pfeilern – erster Pfeiler, dritter Pfeiler – führt dazu, dass ein einheitlicher Lebenssachverhalt in zwei Rechtsakten geregelt werden muss.

Bericht über die Diskussion im Anschluss an die Beiträge von Klaus-Dieter Schnapauff und Friedrich Löper

Leitung: Siegfried Magiera

Von Marion Weschka

Professor Dr. *Siegfried Magiera* zog nach einem Dank an die Referenten das Resümee, dass die Vergemeinschaftung trotz aller Probleme voranschreite. So sei die dritte Säule bis auf die Strafbestimmungen fast ganz in die erste Säule übertragen worden, und auch die in der Zeit vor Amsterdam getroffenen Übereinkommen sollten alle in das Gemeinschaftsrecht übertragen werden, wofür teilweise Verordnungen, teilweise auch Richtlinien vorgesehen seien. Hierbei sei es interessant zu erfahren, auf welchen Gründen es beruhe, ob man sich für eine Verordnung oder eine Richtlinie entscheide.

Aus der Praxis habe er entnommen, dass auch die Mitgliedstaaten des Öfteren die Initiative zum Erlass eines Gemeinschaftsrechtsaktes ergriffen. Das Europäische Parlament habe kürzlich alle Vorschläge der Mitgliedstaaten abgelehnt, nicht etwa, weil diese qualitativ minderwertig wären, sondern weil man den Zusammenhang vermisste. Die Kommission solle schließlich bündeln und neue Vorschläge in das schon bestehende Recht einbringen. Es sei interessant, die Haltung Deutschlands in dieser Frage kennen zu lernen, ob Deutschland selbst direkt Initiativen ergreife, oder ob man das lieber der Kommission überlasse.

Eine weitere Frage sei, ob man nicht nach der Erweiterung eine europäische Grenzpolizei einrichten solle. Dies sei aus zwei Gründen zu erwägen: Zum einen wegen der finanziellen Belastung, die auf die ärmeren Staaten, die im Osten die Grenzen zur Europäischen Gemeinschaft schützen sollen, zukomme. Zum anderen sei es auch unabhängig von den Kosten für Europa günstig, jeweils aus verschiedenen Mitgliedstaaten zusammengesetzte Polizeigruppen zu haben, um die Integration zu fördern.

Schließlich habe sich für ihn bei einem Blick ins Primärrecht die Frage gestellt, ob die Vorschriften im Bereich Justiz und Inneres ein Vorbild für die angestrebte Kompetenzabgrenzung zwischen der EU und den Mitgliedstaaten seien. Die dort geregelten Fragen seien sehr detailreich, so dass man sich als Außenstehender überlege, ob es nicht gereicht hätte, einfach zu sagen, dass die EU grundsätzlich das Asylrecht oder Ähnliches regele.

Er wüsste gerne, ob sich diese detaillierte Liste historisch ergeben habe und ob im fraglichen Bereich überhaupt noch wichtige Kompetenzen bei den Mitgliedstaaten verblieben.

Ministerialrat Dr. *Hermann Franz,* Europareferent im Ministerium des Innern und für Sport Rheinland-Pfalz, widersprach der zu Beginn der Diskussion von *Magiera* getroffenen Feststellung, dass man durch den Übergang von der dritten in die erste Säule ein gutes Stück voran gekommen sei. Halte man sich die von Ministerialrat Dr. *Friedrich Löper* in seinem Referat genannten Beispiele vor Augen, stelle man fest, dass Einigkeit nach wie vor nur in sehr begrenztem Maße bestehe. Er frage sich, ob es angesichts dieser Differenzen einen großen Unterschied mache, ob man sich in der ersten Säule, dem Gemeinschaftsrecht, oder in der dritten Säule, dem Bereich der intergouvernementalen Zusammenarbeit, bewege. Wenn die Grundeinigkeit in vielen Bereichen fehle, schaffe auch die Vergemeinschaftung seiner Ansicht nach keinen großen Schritt nach vorne.

Ministerialdirektor Dr. *Klaus-Dieter Schnapauff* nahm zunächst auf die von *Magiera* zuletzt gestellte Frage nach der Vorbildfunktion für eine Kompetenzabgrenzung Bezug. Diese Frage könne man so nur stellen, wenn man das deutsche Verfassungsrecht mit seiner Kompetenzabgrenzung zwischen Bund und Ländern als Maßstab nehme. Dies sei jedoch nicht die richtige Elle, die in Bezug auf die Gemeinschaft anzulegen sei, da man für die Gemeinschaft als Integrationsgemeinschaft besonderer Art mit dem Ziel einer weiteren Integration in Europa keine dogmatischen Entwicklungslinien vorsehen dürfe. Das zu Beginn der Gemeinschaft praktizierte System eines schrittweisen Vorgehens sei auch heute noch richtig. Dabei sei es gar nicht zu vermeiden, dass Vorschriften, wie die von *Magiera* angesprochenen, zustande kämen, die vielfach in höchstem Maße Kompromisscharakter hätten. Wenn man sich jedoch vor Augen führte, von welchem Ausgangspunkt man ausgegangen sei und wo man heute angekommen sei, stelle man fest, dass man doch sehr viel erreicht habe, und dies sei im Gegensatz zu der von *Franz* geäußerten Ansicht keineswegs zu beklagen. Allerdings mache es in der Tat keinen maßgeblichen Unterschied, ob ein Rechtsgebiet vergemeinschaftet worden sei oder nicht; entscheidend sei der bei einem Vergleich der Ausgangssituation mit dem jetzt erreichten Stand zu verzeichnende Fortschritt, der trotz aller von *Löper* dargestellten Schwierigkeiten ganz erheblich sei. Bemerkenswert sei vor allem das in der Gemeinschaft geschaffene Zusammengehörigkeitsgefühl und die Tatsache, dass Konfrontationen zwischen den Mitgliedstaaten bzw. den zu Beginn der Gemeinschaft völlig unabhängigen Staaten abgebaut oder sogar von vornherein verhindert worden seien.

Im Hinblick auf die von *Magiera* gestellte Frage nach der Europäischen Grenzpolizei wies *Schnapauff* darauf hin, dass Innenminister *Schily* vor kurzem diesbezüglich einen sehr weit reichenden Vorschlag unterbreitet habe, wonach auch wesentliche Polizeikompetenzen oder jedenfalls Ausschnitte von Polizeikompetenzen auf eine europäische Institution übertragen werden sollten. Der sachliche Anknüpfungspunkt dafür sei zweifellos gegeben. Gerade wenn man sich vorstelle, welchen Risiken eine erweiterte Gemeinschaft ausgesetzt sei, könne eine gemeinsame europäische Grenzpolizei ein sehr gutes Instrument sein, um den sich stellenden Aufgaben gerecht zu werden. Außerdem sei es ein hervorragender Kristallisationspunkt, um sich zu überlegen, wie man die Gemeinschaft weiterentwickeln könne. Es stehe zwar zu befürchten, dass man die gleichen Erfahrungen wie mit Europol mache, wo sich gezeigt habe, wie schwierig und mühsam es sei, auf diesem Gebiet voranzukommen, es sei aber dennoch ein guter Gedanke, um hier eine Zielsetzung für die Zukunft zu weisen.

Bezug nehmend auf die Frage nach den Initiativen von Mitgliedstaaten sprach *Schnapauff* sein Bedauern darüber aus, dass im Bereich der Innen- und Justizpolitik nach der fünfjährigen Übergangsfrist das Initiativmonopol der Kommission gelte. Dies sei insbesondere deshalb zu beklagen, weil man sich bei der Innen- und Justizpolitik im Kernbereich der nationalen Souveränität befinde, so dass es jedenfalls bei dem gegenwärtig erreichten Integrationsstand notwendig sei, den Mitgliedstaaten die Möglichkeit zu geben, diejenigen Initiativen zu ergreifen, die sie aus ihrer Sicht für richtig und notwendig halten. Vielleicht sei es jedoch in Zukunft möglich, hier eine angemessenere Weichenstellung zu finden.

Löper wies ergänzend darauf hin, dass die deutsche Bundesregierung in der Frage der Initiativen von Mitgliedstaaten eine eindeutige Haltung eingenommen habe, indem sie die Initiativen Frankreichs unterstützte. Das Argument des Europäischen Parlaments, dass hier nur punktuelle Regelungen getroffen werden sollten, könne er nicht anerkennen, da Frankreich insgesamt drei Initiativen vorgeschlagen habe, die man im Zusammenhang sehen müsse. Alle drei Initiativen beträfen Maßnahmen zur Eindämmung der illegalen Einwanderung. Zum einen gebe es einen Richtlinienentwurf über Sanktionen gegen Beförderungsunternehmer, der z. B. den Fall erfasse, dass eine Fluggesellschaft nicht ausreichend dokumentierte Drittausländer befördere; das Instrumentarium habe man auch heute bereits im Ausländergesetz und im Schengener Übereinkommen. In der zweiten Initiative gehe es um die gegenseitige Anerkennung von Ausweisungsentscheidungen, und die dritte Initiative betreffe die bereits erwähnte Strafbarkeit von Schleusungen, also der Beihilfe zur illegalen Einwanderung. Aus deutscher Sicht sei der von Frankreich hier gesetzte Schwerpunkt richtig. Es bestehe Handlungsbedarf, was angesichts der Schleusung und des anschließenden Erstickungstodes von 56 Chinesen in Dover, der vor kurzem in den Medien für Schlagzeilen gesorgt habe, deutlich werde. Die Mitgliedstaaten müssten das Recht haben, hier eigene Akzente setzen zu dürfen. Es sei nicht möglich, immer zu warten, bis nach dem Muster der nationalen Gesetzgebung der gesamte Bereich z.B. des Ausländerrechts in einem Entwurf aus einem Guss geregelt werde. Das sei zwar wünschenswert, aber praktisch nicht machbar.

Zur Frage, wann eine Verordnung und wann eine Richtlinie als Rechtsetzungsinstrument gewählt werde, führte *Löper* aus, dass die EG-Verordnung die höchste Stufe der Harmonisierung darstelle, weil die Verordnung die Behörden der Mitgliedstaaten unmittelbar binde, während die Richtlinie den Charakter eines Rahmengesetzes habe, so dass es Sache der Mitgliedstaaten sei, wie dieser Rahmen ausgefüllt werde. Nach dieser Grundregel bestimme sich, welches Instrument gewählt werde. Wolle man auf europäischer Ebene eine Vollregelung, so wähle man das Instrument der Verordnung. Dafür könne man die Visumverordnung als Beispiel nennen, bei der man eine vollständige Regelung wollte, da eine Richtlinie keinen Sinn gemacht hätte. Das gleiche gelte auch für das asylrechtliche Zuständigkeitssystem. Die Zuständigkeitskriterien sollten die Behörden der Mitgliedstaaten unmittelbar binden, deshalb gebe es auch demnächst eine Verordnung als Ersatz für das Dubliner Übereinkommen. Ein drittes Beispiel sei die Verordnung zu dem gemeinsamen Vorhaben EURODAC, der europäischen daktyloskopischen Datei. Richtlinien würden dagegen immer dann gewählt werden, wenn den Mitgliedstaaten noch Handlungsspielräume belassen werden sollen oder wenn die Harmonisierung in mehreren Stufen angelegt sei. Das betreffe schon nach dem Wortlaut von Art. 63 EGV alle Bereiche, in denen zunächst Mindestnormen normiert werden sollen. Es sei ein realistischer Ansatz, etwa im Asylbereich zunächst Mindestnormen festzulegen, so dass man sich, sobald man einen gemeinsamen Fundus erreicht habe, über das große Endziel einer vollständigen Harmonisierung Gedanken machen könne, das in den Schlussfolgerungen von Tampere mit dem Begriff eines gemeinsamen europäischen Asylsystems umschrieben sei. Auch dort sei also klar geregelt, dass die europäische Harmonisierung in mehreren Schritten erreicht werden solle, und erst auf der letzten Stufe sei es vorstellbar, zum Instrument der Verordnung zu greifen, während auf den Vorstufen die Richtlinie die geeignete Maßnahme bleibe.

Nach Ansicht von *Magiera* könne man die Richtlinie praktisch als eine Art Durchgangsstadium ansehen.

Professor Dr. *Karl-Peter Sommermann* knüpfte an die Ausführungen von *Löper* an, wonach die Bundesrepublik Deutschland mittlerweile nicht mehr Hauptzielland der Asylsuchenden sei. Vor noch nicht allzu langer Zeit seien jedoch ca. zwei Drittel aller Asylsuchenden in Europa auf dem Weg nach Deutschland gewesen, was zu großen Debatten bzgl. Änderungen des Asylrechts und auch zu einem enormen Integrationsbestreben gerade von deutscher Seite geführte habe. Deutschland nehme zwar immer noch sehr viele

Asylsuchenden auf, in Relation zur Bevölkerungszahl habe sich die Lage jedoch entspannt, so dass sich hieraus die Frage ergebe, ob man nun von Seiten der Bundesregierung in den Vergemeinschaftungsbestrebungen nachlasse, da ja nun andere Staaten an der Frontlinie stünden, oder ob die Bundesrepublik weiterhin einer der Mitgliedstaaten sei, die am intensivsten auf eine Vergemeinschaftung hinwirkten.

Löper stellte klar, dass die Aussage, dass die Bundesrepublik Deutschland gemessen an der Einwohnerzahl nicht mehr den ersten, sondern nur noch den zweiten oder dritten Platz bei der Aufnahme von Asylbewerbern belege, nur eine Momentaufnahme sei und dass sich der Zuzug oder die Reisebewegung der Asylbewerber jederzeit wieder ändern könne. Da auf die Tatsache, dass Deutschland bei der Aufnahme von Asylbewerbern nicht mehr an erster Stelle stehe, folglich kein Verlass sei, sei die Bundesrepublik schon aus diesem Grunde bestrebt, eine europäische Regelung in diesem Bereich zu schaffen. Dies gelte auch im Hinblick auf den Aufbau eines Raumes der Freiheit, der Sicherheit und des Rechts. Ziel sei es, nicht nur über eine Angleichung des Asylrechts, sondern auch über eine Angleichung der praktischen Aufnahmebedingungen von Asylbewerbern zu einer angemessenen Verteilung zu kommen, also Anreize zu mindern oder zu beseitigen, die einen Asylbewerber dazu bewegten, ein bestimmtes Land aufzusuchen, weil dieses Land z.B. im Gegensatz zu anderen Ländern Sozialhilfe gewähre. Diese Unterschiede sollten auch beseitigt werden, um sog. Sekundärbewegungen, also Reisen eines Asylbewerbers, der in Deutschland Asyl beantragt hat, in einen anderen Mitgliedstaat, zu vermeiden. Vollständig könne man natürlich solche sog. „Pullfaktoren" nie ausschließen, weil nicht alle einer Regelung zugänglich seien, aber man müsse die Anstrengung unternehmen, hier möglichst weitgehend Anreize zu mindern. Hinzu komme noch ein humanitärer, ein moralischer Appell: Wenn man sich auf ein Zuständigkeitssystem verständige mit der Folge, dass der Asylantrag eines Ausländers nicht in Frankreich geprüft werde, sondern in Deutschland, dann zwinge dies dazu, gleichwertige Verfahren bereit zu halten und auch die Anerkennungskriterien möglichst anzunähern, so dass jeder Ausländer unabhängig davon, in welchem Mitgliedstaat sein Antrag geprüft werde, die gleichen Chancen habe, anerkannt zu werden oder nicht.

Ergänzend fügte *Schnapauff* hinzu, dass die Tatsache, dass Deutschland nicht mehr Hauptaufnahmeland sei, keineswegs bedeute, dass die Situation sich voll entspannt habe, denn die Zuzugszahlen seien nach wie vor außerordentlich hoch. Wenn man sich vorstelle, wie die Gemeinschaft nach dem Beitritt der mittel- und osteuropäischen Staaten aussehe, mache dies zusätzlich deutlich, dass man in der Vergemeinschaftung weiter voran schreiten müsse. Hervorzuheben sei auch, dass die Bundesrepublik Deutschland, insbesondere was die Anwendung der Gemeinschaftsverfahren betreffe, in

Nizza bereit gewesen wäre, sehr viel weiter zu gehen. Dies sei nach wie vor ihre Zielsetzung, so dass man auf die Ergebnisse in zwei bis vier Jahren gespannt sein könne, wenn neu über diese Fragen nachzudenken sein werde. Aus seiner Sicht sei dies ein Weg, auf dem es kein Zurück gebe, sondern wo es nötig sei, mit Augenmaß weiter voranzuschreiten.

Ministerialdirigent *Gerd Künzel,* Abteilungsleiter Soziales im Ministerium für Arbeit, Soziales, Gesundheit und Frauen des Landes Brandenburg, interessierte sich dafür, ob es über die Abwehr von Asylbewerbern hinaus auch Gedankengänge gebe, die sich mit der Frage der Migrationspolitik, also der Steuerung von Einwanderung auf EG-Ebene allgemein beschäftigten.

Löper bestätigte, dass es in der Tat Gedanken zur Frage gebe, wie eine künftige aktive Migrationspolitik betrieben werden könne, wobei darauf hinzuweisen sei, dass Migrationspolitik viele Facetten habe. Zum einen gehe es um die Eindämmung illegaler Migration, also den schon zuvor erwähnten repressiven Teil. Aktive Migrationspolitik beschäftige sich mit dem Problem, wie und unter welchen Voraussetzungen aktiv Drittausländer ins Unionsgebiet hereingeholt werden können, etwa nach dem Vorbild der Greencard-Initiative. In diesem Bereich gebe es bisher noch nichts Konkretes. In einer Mitteilung der Kommission zur Migrationspolitik vom Oktober letzten Jahres würden nur sehr vage verschiedene Möglichkeiten angedeutet, so dass dies ein Thema für die nächsten Jahre sein werde. Die Bundesregierung halte sich verständlicherweise bisher zurück, weil man sich in Deutschland ja auch intern mit der Frage beschäftige und Innenminister *Schily* die unabhängige Zuwanderungskommission unter dem Vorsitz von *Rita Süßmuth* ins Leben gerufen habe. Solange die Empfehlungen dieser Kommission, die ja unabhängig Empfehlungen erarbeiten solle, noch nicht vorlägen, werde die Bundesregierung zu dieser Frage nicht substantiiert Stellung nehmen, auch nicht in Europa. Klar sei jedoch, dass dieses Thema in Zukunft relevant werde.

Franz wies darauf hin, dass es sich hierbei um ein Gebiet handele, auf dem es sehr reizvoll sei, die Zusammenarbeit zwischen Bund und Ländern zu betrachten. Sieben der sechzehn Bundesländer hätten eine Arbeitsgruppe gebildet, die sich regelmäßig treffe und die Haltung der Länder zu diesen Fragen erarbeite. Dies sei zum ersten Mal bei der Neuregelung des Vertrages in Maastricht geschehen und bestehe jetzt bei den verschiedenen Regierungskonferenzen weiter fort. Zwar lägen die heute behandelten Fragen eindeutig in der Kompetenz des Bundes, aber die Länder seien insofern stark beteiligt, als sie die Verwaltungsverfahren, die Durchführung übernommen hätten. In einem anderen Bereich, der inneren Sicherheit, liege die Kompetenz nach dem Grundgesetz dagegen bei den Ländern. Eine in der Diskussion zuvor befürwortete europäische Grenzpolizei beträfe also auch stark die Kompetenzen der Länderpolizei, so dass unklar sei, wie die Haltung der Länder in Deutschland dazu ausfallen werde. Ungeachtet dessen sei darauf hinzuweisen, dass es sich hier um ein reizvolles Gebiet handele, um zu sehen, wie der deutsche Föderalismus in der Praxis funktioniere und wie man sich Mittel und Wege geschaffen habe, die nicht institutionalisiert seien, wie z.B. die genannte Arbeitsgruppe, die aber dennoch existierten und die auch erforderlich seien, um zu einer einheitlichen deutschen Meinung zu kommen.

Schnapauff bestätigte, dass die Zusammenarbeit zwischen Bund und Ländern aus seiner Sicht hervorragend funktioniere, so dass die bei der Schaffung von Art. 23 GG vielfach entstandenen Besorgnisse widerlegt worden seien. Insbesondere sei die Mitwirkung der Länder vor Ort in Brüssel sehr gut und sehr konstruktiv. Insgesamt werde aus dem an diesem Tage Vorgetragenen zweierlei deutlich: Zwar sei das Tagesgeschäft unendlich mühsam, man verhake sich vielfach in Detailregelungen, und es bestehe manchmal die Gefahr, darüber das Ziel aus den Augen zu verlieren. Auf der anderen Seite bestünden jedoch sehr weit reichende Zielvorstellungen, und es sei sehr sinnvoll, diese Zielsetzungen anzustreben, um die sich in einer erweiterten Gemeinschaft stellenden Aufgaben zu bewältigen. Es sei eine gemeinsam zu lösende Aufgabe, die derzeit noch nicht erreichbaren Zukunftsvisionen mit demjenigen zu vereinbaren, was in der tagespolitischen Praxis möglich sei, und das sei ein sehr spannendes und sehr forderndes Gebiet.

Magiera dankte den beiden Referenten und schloss die Diskussion mit dem Hinweis darauf, dass es nötig sei, die Thematik in den nächsten Jahren zu verfolgen und zu vertiefen.

Governance im europäischen Mehrebenensystem

Von Helmut Schmitt von Sydow

Als Deutscher in Brüssel sollte man eigentlich versuchen, die Ausdruckskraft der deutschen Sprache voll auszuschöpfen und unnötige Fremdwörter zu vermeiden. Aber im neuenglischen Schlagwort „governance", das die auf Aktualität bedachten Veranstalter des Europa-Forums mir mit auf den Weg gegeben haben, schwingen viele unterschwellige Botschaften mit, die man im Deutschen schwer in einer Kurzformel zusammenfassen kann.

I. Was ist Governance?

Das griechische Wort *kubernân* – es bedeutet ursprünglich, einen Wagen oder ein Schiff lenken – ist in den letzten Jahren gleich zwei Mal zu neuen Ehren gekommen. Zum einen als Vorsilbe *Cyber* in der Welt der Internet-Surfer und Cybernauten; zum anderen als *governance* im Englischen und *gouvernance* im Französischen zur Bezeichnung neuer Formen des Regierens. Schon Platon hatte *kubernân* bildhaft im Sinne der Menschenführung benutzt; im XIII. Jahrhundert tauchte *gouvernance* in Frankreich auf, schwappte im XIV. Jahrhundert nach England, Portugal und Spanien über, wurde ab 1478 auch zur Kennzeichnung französischer Nordprovinzen benutzt, geriet später aber wieder in Vergessenheit, vielleicht auch, weil es mit dem *ancien régime* assoziiert wurde.

In den neunziger Jahren ist der Begriff *governance* von angelsächsischen Politologen und Wirtschaftswissenschaftlern – insbesondere aus Kreisen der UNO und der Weltbank – wieder ausgegraben worden. Im Englischen gibt es nur ein Wort für die Regierung und das Regieren, nämlich „government". Der Rückgriff auf das alte „governance" erlaubt, besser zwischen der Institution und der Tätigkeit unterscheiden zu können, und macht vor allem deutlich, dass es um eine neue Qualität des Regierens geht, nämlich um den besseren Kontakt zur Zivilgesellschaft und um das Mehrebenensystem, über das wir heute sprechen wollen. In dieser Hinsicht ist „governance" eine Bereicherung des Denkens im Angelsächsischen, jetzt wieder in die französische Sprache zurückkehrt. Im Deutschen trifft das alteingeführte Wort „Regierungskunst" den Themenbereich, aber nicht die Dynamik der neudemokratischen Entwicklung.

II. Das Weißbuch der Kommission

Letztes Jahr hat die Europäische Kommission beschlossen, im Sommer 2001 ein Weißbuch über demokratisches Regieren vorzulegen. So wie 1985 das Weißbuch über die Vollendung des Binnenmarktes zum Markenzeichen der Delors-Kommission wurde, so könnte das Governance-Weißbuch die Prodi-Kommission prägen; denn es packt zum richtigen Zeitpunkt die richtigen Themen an.

Der Bürger ist verängstigt und misstraut den Regierenden, zumal er zunehmend das Gefühl hat, gar nicht mehr zu wissen, wer ihn eigentlich regiert.

- Das *Entscheidungssystem* der Europäischen Union gilt als undurchsichtig und von anonymen Eurokraten beherrscht. Woher kommt der Veterinärausschuss, der in diesen Tagen über unsere Gesundheit „entscheidet"? Wer kennt den Unterschied zwischen Rat, Europarat und Europäischem Rat? Was haben die Länder zu sagen? Wie beseitigen wir das „demokratische Defizit"?
- Die *Erweiterung* schürt zusätzliche Ängste. Natürlich, der Kopf erkennt die wirtschaftlichen Vorteile und die moralische Verantwortung, aber der Bauch hat ein ungutes Gefühl. Werden Horden von Billiglohnarbeitern uns die Arbeitsplätze wegnehmen? Was passiert, wenn ein Ostblockland wieder dem Kommunismus anheim fällt, nachdem es schon einen festen Platz in den „allmächtigen" Entscheidungsgremien der Union ergattert hat?
- Die *Globalisierung* scheint vielen besonders unbeherrschbar. Wer ist technisch und juristisch in der Lage, das Internet zu kontrollieren und uns vor Pornographie und Gewaltverherrlichung zu schützen? Wer kann international operierenden Terroristen Einhalt gebieten? Wer regelt den Welthandel? Sind wir einer Clique multinationaler Gesellschaften ausgeliefert, die ihre Produktionsstandorte wie Figuren auf einem Schachbrett verschieben?

Angesichts so vieler Ängste und Ungewissheiten ist der Reflex verständlich, sich aus der großen Welt zu verabschieden und auf seine Region, seine Stadt, sein Dorf, seinen Bauernhof zurückzuziehen. Nur: den idyllischen Bauernhof und das Schneckenhaus gibt es nicht mehr. Wir können den Problemen nicht entfliehen, wir müssen sie anpacken und lösen. Das ist der Sinn von *governance,* das ist die Mission des Weißbuches.

Letztes Jahr noch schien die Themenauswahl begrenzt. Keiner wollte die schwierigen Verhandlungen von Nizza stören, die ganz konkrete Rechenaufgaben über Stimmenwägung und Kommissarszahl zu lösen hatte. Deshalb sollte das Weißbuch keine großen, langfristigen Vertragsreformen fordern, sondern nur die Fragen angehen, die innerhalb der geltenden Verträge gelöst werden könnten.

Seit Dezember hat sich die Perspektive radikal geändert. Denn in Nizza haben die Staats- und Regierungschefs festgestellt, dass neue Ansätze sowohl der Methode als auch des Inhalts notwendig sind.

Zum einen haben sie gesehen, dass die Methode der Regierungskonferenz an ihre Grenzen gestoßen ist. Was nützt es, wenn 15 weisungsgebundene Beamte ein Jahr lang palavern, aber die endgültigen Rechen- und Schreibaufgaben nachts um drei Uhr von Staats- und Regierungschefs gemacht werden müssen, die sich ohne Rechenmaschinen und Dokumentenübersetzer den Kopf zerbrechen, wie viele Stimmen in welcher Konstellation 62 Prozent der Bevölkerung ergeben? Die Schwerfälligkeit der intergouvernementalen Methode kontrastiert mit dem strahlenden Erfolg der Grundrechtscharta, wo ein Konvent von 62 Mitgliedern – fünfzehn Beauftragten der Staats- und Regierungschefs, einem Vertreter der Kommission, sechzehn Mitgliedern des Europäischen Parlaments und dreißig Mitgliedern der nationalen Parlamente – einen Text ausgearbeitet hat, der ohne jegliche Änderung in Nizza unterschrieben werden konnte.

Was zum anderen den Inhalt angeht, so hat Nizza gezeigt, dass man nicht über „technische" Details wie Stimmenwägung und Kommissarszahl reden kann, ohne sich über die Ziele, die Finalität der Gemeinschaft im Klaren zu sein. Aus diesem Problembewusstsein heraus haben die Staats- und Regierungschefs eine Nach-Nizza-Diskussion angestoßen, die 2004 zu einer gründlichen Reform der Verträge führen soll. Sie haben vier Themen genannt, die alle ans Eingemachte gehen:

- eine genauere, dem Subsidiaritätsprinzip entsprechende Abgrenzung der Zuständigkeiten zwischen der Europäischen Union und den Mitgliedstaaten;
- der rechtliche Status der Charta der Grundrechte der Europäischen Union;
- eine Vereinfachung der Verträge;
- die Rolle der nationalen Parlamente in der Architektur Europas.

Das Kommissionsweißbuch über *governance* erscheint also, ohne dass dies geplant gewesen wäre, zu einem ausschlaggebenden Zeitpunkt am Beginn der Reformdebatte. Wenn die Kommission die Mehrebenen-Demokratie und die Beteiligung der Zivilgesellschaft nicht nur abstrakt postuliert, sondern mit gutem Beispiel vorangeht und eine breite Grundsatzdebatte der Öffentlichkeit und der Parlamentarier aller Ebenen anstößt, so könnte sich daraus der Embryo eines Konvents des Typs entwickeln, der unter dem Vorsitz von Altbundespräsident Herzog bei der Ausarbeitung der Grundrechtscharta so erfolgreich und effizient Geschichte geschrieben hat.

III. Subsidiarität und Kompetenzkatalog

Eine dem Subsidiaritätsprinzip entsprechende Abgrenzung der Zuständigkeiten steht an erster Stelle des Reformauftrags von Nizza. Dies ist kein Zufall, sondern das Ergebnis eines deutlichen Wunsches der Bundesregierung, die ihrerseits von den deutschen Ländern gedrängt wurde.

Die Länder haben eine klare Vorstellung, was unter dieser Abgrenzung zu verstehen ist, nämlich ein Zuständigkeitskatalog wie er im deutschen Grundgesetz für das Verhältnis Bund/Länder vorgesehen ist. Der ist klar, föderal und erprobt. Das bewährte Modell kann ohne lange Diskussion von der Europäischen Union übernommen werden.

Für einen Deutschen wie mich mag diese Argumentation einleuchtend sein. Aber damit der Kompetenzkatalog ein Exportschlager wird, reicht es nicht, dass wir Deutsche überzeugt sind; es gilt vielmehr, die anderen zu überzeugen. Uns Deutschen mag eine Einigung zwischen CDU- und SPD-Ländern, zwischen Nord- und Süddeutschen als solch bahnbrechender Durchbruch erscheinen, dass wir glauben, die Zustimmung der 14 EU-Partner sei nur noch eine logische Konsequenz. Das wäre ein fataler Irrtum.

Es wäre zu einfach, so einen Katalog aus deutscher statt aus europäischer Sicht zu formulieren. Wer treuherzig sagt: „Alles was in Deutschland Landeskompetenz ist, gehört nicht nach Brüssel“ und dabei stillschweigend im Umkehrschluss unterstellt, alles was Bundeskompetenz sei, könne an die EU abgetreten werden, hat die Rechnung ohne den Wirt gemacht, in Deutschland wie in Europa.

Die Überzeugungsarbeit fängt gerade erst an, und sie muss nicht in Deutschland, sondern bei den Nachbarn geleistet werden. Die Argumente dürfen nicht auf die deutschen Interessen, sondern müssen auf die Interessen der anderen und auf deren innenpolitische Situation abstellen.

Auf offene Ohren und ehrliche Sympathie wird die Idee eines Kompetenzkatalogs nur in den Mitgliedstaaten stoßen, die bei sich zu Hause selber eine Föderation à la Bundesrepublik anpeilen. Das mag für Belgien zutreffen. Bei anderen ist das weniger sicher. Hüten sollte man sich freilich vor Beifall von falscher Seite, der von jenen kommt, die Subsidiarität im Grunde verabscheuen und zu Hause das Gegenteil praktizieren, in Europa aber einem Kompetenzkatalog zustimmen, um das Rad der Geschichte zurückzudrehen und den europäische Zusammenhalt aufzuweichen. Wer sich mit einer Freihandelszone begnügt, ist in der EFTA bestens aufgehoben, sollte aber nicht die Unionsmitglieder zwingen, sich zu einer EFTA zurückzuentwickeln.

In vielen Mitgliedstaaten ist ein Subsidiaritätskatalog keine Selbstverständlichkeit. Wer zu Hause mit Separatisten zu kämpfen hat, reagiert sogar sehr misstrauisch. Diese Staaten gilt es zu überzeugen. Auf ihre Fragen gilt es einzugehen – und auf ihre Vorurteile. Ist der Kompetenzkatalog des Grundgesetzes wirklich so klar und erfolgsgekrönt? Ist er den Deutschen nicht nach dem Weltkrieg von den Allierten aufgestülpt worden, um das Erstarken eines handlungsfähigen Deutschlands zu zäumen? Rührt der Kompetenzkatalog aus dem nostalgischen Blick auf die Nachkriegsjahre des Wiederaufbaus oder trägt er den neuen Herausforderungen der *governance* im dritten Jahrtausend Rechnung? Das sind die Fragen, die einem im Ausland gestellt werden.

IV. Subsidiarität und Demokratie

Es gibt bekanntlich zwei Definitionen von Subsidiarität. Die eine postuliert den Vorrang der unteren vor der oberen Ebene: „Was auf der unteren Ebene entschieden werden kann, darf von der oberen Ebene nicht angefasst werden." Die andere stellt auf die Effizienz ab: „Jedes Problem muss dort entschieden werden, wo es am besten gelöst werden kann. Es gibt keine Hierarchie der Ebenen."

Die Anhänger der Effizienztheorie sind im Vormarsch; denn die Vorrangstheorie läuft sich im Zeitalter des Internet tot. Wer so weit wie möglich nach unten gehen will, kann bei den Ländern, den Bezirken, den Gemeinden nicht Halt machen, sondern muss die Grundkompetenz dem Einzelbürger zugestehen. Im Zeitalter von Computervernetzung und UMTS-Handy ist es technisch kein Problem, die direkte Demokratie schon morgen einzuführen und alle Zwischenstationen überflüssig zu machen. Aber wäre die romantische Internetversion der Schweizer Landsgemeinde, wo jeder ständig über alles abstimmen kann, der Idealfall von Demokratie? Heißt Demokratie nicht auch, dass vor der Abstimmung eingehend diskutiert wird? Und kann man das nicht am besten in einem Kreis von repräsentativen Vertretern aller politischen Strömungen und aller Bürgerinteressen? Deswegen wurde die repräsentative Demokratie entwickelt, die nicht nur aus dem Bundestag besteht, sondern eben auch aus Ländervertretungen, Kreis- und Gemeindeparlamenten.

Im Weißbuch wird also wahrscheinlich die Forderung nach einem Kompetenzkatalog nicht pauschal übernommen werden, sondern Subsidiarität eher als die partnerschaftliche Ausübung gemeinsamer Kompetenzen auf allen Ebenen verstanden werden.

V. Horizontale Subsidiarität

Subsidiarität im Lateinischen, auch in der katholischen Soziallehre, heißt ja ursprünglich nicht Unter- und Überordnung mit Vorrang der unteren

Stufe, sondern bedeutet „helfen“ und „unterstützen“. Gegenseitige Unterstützung ist nicht nur ein vertikales Anliegen von unten nach oben, sondern vor allem eine horizontale Bewegung des solidarischen Schulterschlusses. Jedes Mitglied in einem Mehrebenensystem muss nicht nur mit oben und unten, sondern vor allem auch mit seinen Gleichgestellten zusammenarbeiten. Wir bräuchten keine Kompetenzkataloge und Koordinierungsinstanzen, wenn Partnerschaft und Solidarität funktionieren würden. Jeder kann seine Kompetenzen behalten, wenn er die horizontale Subsidiarität respektiert und sich bei seinen Aktionen vergewissert, welche Auswirkungen das, was er tut, auf die Nachbarn hat.

Ich betone das deswegen, weil im Rahmen der Kompetenzdiskussion auch der Vorschlag gemacht wurde, den Artikel 95 des EG-Vertrages abzuschaffen, der es erlaubt, nationale Vorschriften im europäischen Binnenmarkt zu harmonisieren, um Handelshemmnisse zu beseitigen. Dieser Vorschlag, der mit sehr guten Argumenten beispielsweise von Herrn Ministerpräsidenten *Clement* in seiner Rede am 12. Februar in Berlin vorgetragen wurde, resultiert aus der begründeten Angst, dass ein Kompetenzkatalog über Einzelthemen wie Sport, Kultur oder Daseinsvorsorge ins Leere läuft, solange der Binnenmarkt eine exklusive Vollkompetenz der Gemeinschaft bleibt und über dieses Vehikel in alle anderen Themen hineinregiert werden kann.

VI. Gegenseitige Anerkennung statt Harmonisierung

Dabei wird jedoch vielfach übersehen, dass die Tragweite des Binnenmarkt-Artikels schon weitgehend vermindert worden ist. Das Weißbuch der Europäischen Kommission über die Vollendung des Binnenmarktes hat bereits 1985 eine radikale Reform der Binnenmarktpolitik eingeleitet. Das Verdienst des Weißbuches war es nicht, knapp 300 Themen für europäische Rechtsangleichung aufgespürt, sondern auf über 3000 Richtlinien verzichtet zu haben, die nach der alten Methode der Detailharmonisierung notwendig gewesen wären.

Am Anfang einer europäischen Harmonisierung steht ja nicht der Arbeitseifer oder gar der Regelungswahn der Brüsseler Beamten, sondern ein nationales Gesetz, das ein Einfuhrhemmnis darstellt. Wenn es keine nationalen Initiativen gäbe, bräuchten wir auch keine Brüsseler Harmonisierung. Wenn der nationale Staat sein Gesetz nur auf die heimische Produktion anwenden würde und nicht auf Importe, hätten wir kein Handelshemmnis und bräuchten auch nicht einzugreifen. Mit diesem Ziel hat die Kommission in den achtziger Jahren eine Deregulierungsstrategie entwickelt, die das Gerichtsurteil „Cassis de Dijon“ zum rechtspolitischen Prinzip der gegenseitigen Anerkennung ausbaut. Wenn ein Produkt wie z. B. Fruchtlikör oder Mineralwasser in einem Mitgliedstaat wie z.B. Frankreich rechtmäßig hergestellt und vertrieben wird, dann müsste dieses Produkt eigentlich auch in allen anderen Mitgliedstaaten als ungefährlich akzeptiert werden. Mineralwasser ist kein zufälliges Beispiel, denn bis in die 80er Jahre war der Verkauf von französischem stillem Mineralwasser in Deutschland verboten; es durfte nur in Apotheken abgegeben werden, wo normalerweise keiner Mineralwasser kauft.

Wir gehen davon aus, dass die wesentlichen Ziele des Gesundheitsschutzes, der technischen Sicherheit und des Verbraucherschutzes in allen Mitgliedstaaten gleich sind und dass nur die Mittel, diese Ziele zu erreichen, unterschiedlich sind. Aber weil die Ziele gleich sind, sind auch die Mittel gleichwertig, und deswegen müssten alle legalen Produkte in allen Teilen des gemeinsamen Marktes akzeptiert werden. Dies führt zu einer Umkehr der Beweislast: Der Mitgliedstaat, der eine Ware nicht hereinlassen will, muss die Gründe dafür darlegen.

Die Praxis zeigt, dass dieses Prinzip der gegenseitigen Anerkennung in 85 Prozent der Fälle greift. Das ist zwar nicht so sichtbar und konstruktiv wie eine Richtlinie, sondern spielt sich in vielen kleinen Vertragsverletzungsverfahren ab, ist aber sehr wirkungsvoll. Nur in 15 Prozent der Fälle müssen wir überhaupt noch harmonisieren, nämlich da, wo wesentliche Ziele wie Verbraucherschutz oder Gesundheitsschutz so unterschiedlich sind, dass die Mittel nicht mehr gleichwertig sind, und wo der Einfuhrstaat mit Recht sagen kann, das Produkt, das aus einem anderen Mitgliedstaat kommt, entspricht nicht dem Mindestschutzniveau, das ich meinen Bürgern gewähren will. Nur in diesen 15 Prozent greifen wir noch mit einer Harmonisierung gemäß Artikel 95 EGV ein, nicht aus Harmonisierungswahn, sondern um die Nachzügler auf ein hohes Mindestniveau an Gesundheitsschutz, technischer Sicherheit und Verbraucherschutz zu bringen.

Damit die Strategie der horizontalen Subsidiarität im Alltag auch funktioniert, besteht seit 1983 eine Notifizierungspflicht. Jedes Jahr werden Hunderte von nationalen Gesetzen, auch Landesgesetzen, nach Brüssel gemeldet; der Regelungseifer der einzelstaatlichen Behörden übertrifft die Brüsseler Initiativen um ein Vielfaches. Meistens können wir die Probleme dadurch lösen, dass wir den Staaten sagen, bitte schreibt doch noch einen Paragraphen in euer Gesetz hinein, in dem steht: „Im übrigen werden auch Produkte akzeptiert, die in den anderen Mitgliedstaaten der Europäischen Gemeinschaft rechtmäßig hergestellt und in den Verkehr gebracht worden sind.“ Dann ist für uns das Problem erledigt. Aber wenn der Einfuhrstaat sich weigert, dann bleibt uns nur noch die Alternative, entweder ein Vertragsverletzungsverfahren gegen ein ungerechtfertigtes Handelshemmnis zu eröffnen oder zum Instrument der Rechtsangleichung zu greifen. Letzteres wollen wir so wenig wie möglich, weil Harmonisierung ein schwerfälliger

Mechanismus ist und in die Rechtsordnungen und -traditionen der Mitgliedstaaten eingreift.

VII. Staat und Wirtschaft im Mehrebenensystem

Im Übrigen gibt es noch eine zweite Bremse gegen den angeblichen Regelungswahn europäischer Richtlinien. Der „neue Ansatz" der Harmonisierung, wie er seit 15 Jahren funktioniert, schreibt vor, dass der europäische Gesetzgeber sich darauf beschränkt, die wesentlichen Erfordernisse des Gesundheitsschutzes, des Verbraucherschutzes, der technischen Sicherheit etc. festzulegen, aber die technischen Details der Selbstverwaltung der Wirtschaft überlässt.

Der „neue Ansatz" ist ein wichtiger Baustein für unser heutiges Thema, denn es geht ja bei der Subsidiarität nicht nur um das Mehrebenensystem zwischen öffentlichen Behörden, sondern auch um das Verhältnis zwischen Staat und Wirtschaft. Was von der Wirtschaft selbst gelöst werden kann, braucht nicht von Politikern und Beamten geregelt werden.

Das deutsche Erfolgsmodell der Normung – wir alle kennen das Deutsche Institut für Normung DIN – hat in Europa eine Vorreiterrolle gespielt und die Industriepolitik der Gemeinschaft wie der Mitgliedstaaten umgekrempelt. Industrienormen werden von Industrievertretern vereinbart. Dabei setzen sich z.B. die Hersteller von Papierbögen und Briefumschlägen an einen Tisch und einigen sich darauf, dass DIN A4 halt 21 mal 29,7 cm groß ist. Dann passt der Briefbogen in den Umschlag, dann passt die Schraube in die Mutter. Diese technischen Fragen können von der Selbstverwaltung der Wirtschaft gelöst werden.

Der Gesetzgeber legt nur das Ziel fest, z.B. dass die Abgase von Autos von 0,40 auf 0,15 und dann auf 0,08 vermindert werden müssen, aber wie das erreicht wird – durch einen Einweg- oder Dreiwegekatalysator, durch ein anderes Benzingemisch, durch einen zusätzlichen Filter im Auspuff –, das kann von den Fachleuten aus den Betrieben selbst ausgetüftelt werden.

„Normen" – in der europäischen Terminologie – werden nicht vom Staat erlassen, sondern von privaten Normungsorganisationen, und deshalb sind sie auch nicht verbindlich. Jeder Hersteller ist frei, so zu produzieren wie er will; er ist nicht verpflichtet, der Norm zu folgen. Aber er hat einen praktischen Vorteil, wenn er gemäß einer harmonisierten Norm produziert; denn dann hat er den Beweis erbracht, dass er die wesentlichen Erfordernisse erfüllt, die von der Richtlinie vorgegeben worden sind. Wenn er nach anderen Methoden produzieren will, so darf er das; dann trägt er freilich die Beweislast im Falle eines Schadens oder Unfalles dafür, dass sein Produkt sicher war.

VIII. Transparenz auf allen Ebenen

Ich betone den Unterschied zwischen Normen und Richtlinien, weil zu *governance* auch Transparenz gehört. Der Zufall will, dass die beiden wichtigsten europäischen Normungsorganisationen CEN (Comité Européen de Normalisation) und CENELEC (die Schwesterorganisation für elektrotechnische Geräte) ihren Sitz in Brüssel haben, wie die Kommission. Da kommt ein Journalist, der Einfachheit über Genauigkeit stellt, leicht in Versuchung, die Feinheiten zu überwischen und pauschal zu melden, „Brüssel" habe dieses oder jenes beschlossen.

Vieles, was den „Brüsseler Eurokraten" in die Schuhe geschoben wird, ist kein Rechtsakt der Europäischen Union, sondern eine private, unverbindliche Vereinbarung der Wirtschaft. Es gibt keine Rechtsangleichungsrichtlinie, in der das Wort Kondom vorkommt, wohl aber eine CEN-Norm. Die Sicherheitsdetails für Feuerwehrausrüstungen sind nicht in einer EG-Richtlinie beschrieben, sondern in einer privaten Norm, die übrigens von der Hannoveraner Feuerwehr innerhalb der europäischen Normung ausgearbeitet wurde, dann aber von Bayern und andern als Beispiel der angeblichen Regelungswut der Europäischen Kommission angeprangert wurde. Auch die Karamellverordnung, die immer noch durch die Presse geistert, war eine freie Erfindung. Als wir Ministerpräsident *Strauß*, der die griffige Steigerung von den zehn Geboten über die französische Menschenrechtserklärung zur europäischen Karamellverordnung in die Welt gesetzt hatte, seinerzeit baten, er möchte doch bitte schön seinen Vergleich dementieren, schrieb er zurück, das Problem sei nicht die zweifelhafte Existenz der Karamell-Verordnung, sondern die Tatsache, dass man Brüssel so etwas zutraue. Die Kommission solle gefälligst selber an ihrem Erscheinungsbild arbeiten.

In der Tat müssen wir an der Transparenz arbeiten. Zur *governance* im europäischen Mehrebenensystem gehört, deutlicher darzustellen, wer was macht. Der ursprüngliche Kommissionsvorschlag sieht ja oft ganz anders aus als das Endprodukt, das nach den Änderungen in Rat und Parlament, im Wirtschafts- und Sozialausschuss und im Ausschuss der Regionen herauskommt. Ich kenne keinen Vorschlag der Kommission, der durch diese Veränderungen lesbarer und einfacher geworden wäre, so wie ich keinen Agrarpreisvorschlag kenne, der nach unten korrigiert worden wäre.

Es geht darum, die Verantwortlichkeiten aufzuzeigen und die Entscheidungsverfahren zu vereinfachen, zumindest aber transparenter zu machen. Wäre es nicht möglich, dass die verschiedenen Etappen und Versionen eines Vorschlages im Internet abrufbar sind? Das gilt nicht nur für die Arbeiten der europäischen Verfassungsorgane selber, sondern auch für deren Hilfsorgane, also die Ratsgruppen, die Parlamentsausschüsse und auch die Verwaltungs- und Regelungsausschüsse der Kommission, auf die ich gleich noch zurückkommen werde als Beispiel der Vernetzung zwischen der europäischen, der nationalen und der Landesebene.

IX. Netzwerk statt Kompetenzkatalog

Die Vernetzung bedeutet bei der Wahl des Instrumentes „Richtlinie oder Verordnung", dass der europäische Gesetzgeber sich so weit wie möglich auf die Richtlinie beschränkt und Verordnungen nur da erlässt, wo es keinen Entscheidungsspielraum mehr für einzelstaatliche Regeln gibt, wie z.B. im Zollrecht. Dagegen sollte es bei technischer Harmonisierung dem Mitgliedstaat überlassen bleiben, wie er die europäischen Vorgaben in sein nationales Regelwerk einführt, ob im Handelsgesetzbuch, im Bürgerlichen Gesetzbuch, in der Steuergesetzgebung oder als Einzelgesetz. Würde man dagegen einen Kompetenzkatalog aufstellen und darin exklusive Kompetenzen der Europäischen Union festschreiben, gäbe es weniger Raum für Richtlinien, denn dann würde im Rahmen der exklusiven Kompetenzen womöglich alles über Verordnungen geregelt.

Für den Subsidiaritätsgedanken scheint insofern ein partnerschaftliches Kompetenznetzwerk hilfreicher als ein eherner Kompetenzkatalog. Statt abstrakt zu definieren, welche Lebensbereiche keinen europäischen Bezug haben und den gemeinsamen Organen vorenthalten werden sollen, gilt es, gemeinsame Aktionen so zu gestalten, dass Brüssel sich auf das Wesentliche beschränkt, den Grundsatz der Verhältnismäßigkeit wahrt und den Bundes- und Landesbehörden bei der Umsetzung mehr Freiheit und Ermessensspielraum bietet, die Ziele sachgerecht und den örtlichen Gegebenheiten entsprechend zu verwirklichen. Was bei der Durchführung gilt, gilt auch für die Konzeption europäischer Regeln. Wir müssen dafür sorgen, dass das Netzwerk mit den nationalen Behörden und den Landesbehörden enger wird.

Ein zukunftsträchtiges Mittel der Vernetzung sind die Agenturen, von denen es in der Union derzeit zwölf gibt. Von der Kommission aus gesehen stellen sie zwar nur eine horizontale Delegation dar, weil statt der Kommission nun z.B. die europäische Arzneimittelagentur in London eine bestimmte Aufgabe wahrnimmt; in der Praxis aber wirkt diese Arzneimittelagentur wie ein Verbund der 15 Arzneimittelagenturen aus den Mitgliedstaaten. Im Prinzip kann ein Hersteller sein Arzneimittel bei seiner innerstaatlichen Behörde anmelden, und wenn diese einverstanden ist und keiner widerspricht, darf das Medikament in allen Mitgliedstaaten verkauft werden. Wenn eine andere Agentur widerspricht, geht das Zulassungsverfahren nach London, wo in einem Gemeinschaftsverfahren geprüft wird, ob die Ware zugelassen werden soll oder nicht. Das Weißbuch über Regieren in Europa wird – ausgehend von den guten Erfahrungen in den Mitgliedstaaten – die Schaffung weiterer Agenturen anregen, nicht nur wegen der Kosteneinsparungen für die Wirtschaft und der Arbeitsentlastung für die Kommission, sondern auch wegen der Möglichkeit, auf hochgradiges Fachwissen aus den Mitgliedstaaten zurückzugreifen.

Ich sprach schon die Verwaltungs- und Regelungsausschüsse an. Sie wissen, dass in den europäischen Verordnungen und Richtlinien meist nur die wesentlichen Leitlinien festgelegt werden und die Formulierung von Durchführungsvorschriften und insbesondere die Anpassung an den technischen Fortschritt der Kommission übertragen wird. Es hat sich eingebürgert, die Durchführungsbefugnis der Kommission an die Anhörung eines Ausschusses zu knüpfen, der sich aus Vertretern der Mitgliedstaaten zusammensetzt. Der Ausschuss vereinigt das Sachwissen der einzelstaatlichen Behörden und dient gewissermaßen als Alarmglocke. Wenn der Ausschuss mit dem Vorhaben der Kommission einverstanden ist, kann die Kommission die Maßnahme durchführen; ist er nicht einverstanden, geht das Ganze wieder an den europäischen Gesetzgeber. Je nach Thema sind die deutschen Länder im Ausschuss vertreten. Bau z.B. ist in Deutschland Ländersache, so dass im Brüsseler Ausschuss für Bauprodukte nicht nur ein oder zwei Vertreter aus jeder Hauptstadt sitzen, sondern noch zwei oder drei weitere Vertreter aus den Landesministerien und -behörden, die für Bau- und Feuerrecht verantwortlich sind.

Diese Beteiligung der Fachleute aus Bund und Ländern gilt es zu fördern und das Netzwerk auszubauen. Freilich darf die enge Zusammenarbeit aller Ebenen und die gemeinsame Ausübung der Kompetenzen nicht die Verantwortlichkeiten verwischen, indem nationale Experten ihre Mehrheit im Ausschuss womöglich dazu missbrauchen, sich auf bürokratische und überzogene Regelungsmonster, die sie zu Hause nicht hätten erlassen können, in Europa zu verständigen und diese dann noch der Kommission in die Schuhe zu schieben. Zu den Schlüsselwörtern moderner „governance“ gehört auch „accountability“, die demokratische Verantwortlichkeit. Ihre Grundlage ist Transparenz.

Das Netzwerk ist eine mehrdimensionale Matrix aus horizontalen, vertikalen und diagonalen Linien, aus Aufgaben und Kompetenzen, aus Zielen wie Gesundheit, Umwelt und Wohlstand und aus Instrumenten wie Personen- und Warenverkehr.

X. Die Rolle der Länder und Gemeinden

Die geopolitischen Ebenen Union – Bund – Land – Bezirk – Gemeinde bilden die bedeutendste Dimension dieser Matrix.

Berechtigte Hauptforderung der subnationalen Ebenen ist es, bei der Gestaltung neuer Politiken angemessen beteiligt zu werden; in dieser Hinsicht kann der Dialog zwischen den Ebenen sicher noch verbessert werden, ohne die Verfassungsordnung der einzelnen Mitgliedstaaten anzutasten. Aber mindestens ebenso wichtig ist die Beteiligung bei der Anwendung bereits beschlossener Politiken. Eine gute Gesetzesmaschinerie ist ja wie ein Dreitaktmotor Analyse – Novelle – Anwendung ständig in Bewegung auf der Suche nach Verbesserung. In der Praxis nimmt die Anwendung den längsten Raum ein und ist bereits der Keim für Analyse und Novelle.

Die Anwendung ist eine ureigene Aufgabe der Behörden vor Ort. Die Union hat keine eigenen Zöllner und Polizisten, sondern stützt sich auf die Beamten der Mitgliedstaaten. Je offener die Union ihre Regeln formuliert – z.B. mit einer Richtlinie statt einer Verordnung – desto weiter ist der Gestaltungsspielraum der nationalen und subnationalen Behörden, die freilich nicht vergessen sollten, dass mehr Spielraum nicht weniger sondern mehr Verantwortung nach sich zieht.

Nehmen wir das Beispiel der Gewerbepolizei, im Brüsseler Jargon Marktüberwachung genannt. Wenn die Union in einer Richtlinie die Mindestanforderungen an technischer Sicherheit und Gesundheit festlegt und der einzelne Unternehmer die Wahl hat, ob er einer Norm folgt oder ob er ein anderes Mittel anwendet, um diese Richtlinie zu erfüllen, dann muss jemand – zumindest stichprobenweise – in der Fabrik oder im Supermarkt überwachen, ob die Produkte sicher sind. Leider scheinen viele innerstaatlichen Behörden auf Vollzugsebene zu glauben, bei europäischen Richtlinien ginge sie der Vollzug nichts an oder sei zumindest nicht vorrangig. So geschieht es, dass im Supermarkt ein Teddybär ausgestellt und verkauft wird, dessen Glasauge zu klein oder lose ist und von einem Kind verschluckt werden kann. Viele Käufer glauben, wenn eine Ware die CE-Marke trage, sei die Sicherheit garantiert. In Wirklichkeit ist diese Marke kein Qualitätszeichen, sondern ein Hilfsmittel für die Gewerbepolizei. Im Regelfall stempelt der Hersteller nämlich selber die Marke auf seine Ware und versichert damit im Wege der Selbstzertifizierung die banale Tatsache, dass seine Ware dem Gesetz entspricht. Das Wesentliche am CE-Zeichen ist die danebenstehende Identifizierungsnummer, die es der Polizei erlaubt, den Hersteller ohne langwierige Recherchen ausfindig zu machen und die Produktion sofort an der Quelle blockieren zu können, statt alle Grenzen dicht zu machen. Diese Marktüberwachung wird vielfach nur sehr nachlässig vorgenommen, und insbesondere Billiganbieter aus Asien profitieren davon, indem sie ihr Produkt über einen laxen Mitgliedstaat in den Gemeinsamen Markt einführen und dann unter dem Deckmantel des freien Warenverkehrs überall hin weiterverkaufen. Hier ist mehr Mitarbeit nicht nur von den Bundesbehörden, sondern auch den Landes-, Kreis- und Gemeindebehörden gefragt.

Das Weißbuch über gutes Regieren in Europa wird deshalb die Rolle und Verantwortung der innerstaatlichen Verwaltungen und Gerichte für die bessere Anwendung und die Glaubwürdigkeit des Europarechts betonen. Die Europäische Kommission ist zwar verfassungsgemäß die Hüterin der Verträge, sie sieht darin aber kein Monopol der Rechtsaufsicht, sondern begreift sich auch als Koordinierungscenter für die Überwachung. Gerade im vorausschauenden Blick auf die Erweiterung der Union und die notwendige Stärkung des Verwaltungsapparates in den Beitrittsländern sind Partnerschaften ein probates Mittel. So wie es im Rahmen der deutschen Wiedervereinigung Partnerschaften beispielsweise zwischen Hessen und Thüringen gegeben hat, bauen wir jetzt mit den mittel- und osteuropäischen Beitrittskandidaten Partnerschaften auf. Es braucht keine Kommissionsbeamte – wir hätten auch nicht genügend –, um den Rumänen oder Polen zu erklären, wie die Bauprodukte-Richtlinie funktioniert, welches Mineralwasser zugelassen ist und inwieweit Teddybären kontrolliert werden müssen. Das wird von jeweils zwei oder drei Fachleuten aus den Mitgliedstaaten gemacht, die sich dazu bereit erklärt haben. Oft sind es pensionierte Beamte, die das Thema aus eigener Praxis kennen, die – vielleicht auch in einem der vorhin erwähnten Kommissionsausschüsse – europäische Erfahrung gesammelt haben und die nach ihrer Pensionierung ihre Kenntnisse nicht verrosten lassen, sondern gerade weil sie so viel Erfahrung besitzen, besonders geeignet sind, den mittel- und osteuropäischen Kandidatenländern zu erklären, was die Richtlinien bedeuten und wie man sie im Alltag am besten durchführen kann.

XI. Offene Koordination

Mit der Methode der offenen Koordination wird versucht, die Zusammenarbeit im Mehrebenensystem zu verbessern, den Erfahrungsaustausch zu fördern und gemeinsame Ziele und Leitlinien zu konzertieren. Es gibt bisher kein allgemeines Konzept für diese Methode; sie wird von Fall zu Fall angewandt, derzeit z.B. im Bereich der Bildungs- und Arbeitsmarktspolitik und vorher schon zur Festlegung der drei Stufen, die zur Wirtschafts- und Währungsunion geführt haben.

Manche haben Angst, dass über solches *softlaw* die strengen Verfahrensvorschriften des EG-Vertrages ausgehebelt werden oder gar in Bereiche eingedrungen wird, die nicht zur Gemeinschaftskompetenz gehören. In Wirklichkeit geht es nicht um Koordination als Institution oder neues Machtinstrument, sondern eher um den gemeinsamen Lernprozess, das Abbauen von Misstrauen und das horizontale Nebeneinanderleben. Gegenseitiges Kennenlernen und Verständnis sind das Entscheidende. Die innerstaatlichen Fachleute zusammenzubringen und ihnen zu zeigen, dass sie für dieselbe Sache arbeiten, dieselbe Ausbildung und dieselben Ziele haben, ist schon ein großer Erfolg der europäischen Integration. Wenn das in offener Zusammenarbeit funktioniert, dann braucht man keine tiefer gehende Koordination und Vergemeinschaftung. Zum guten Europäischen Regieren gehört, die Vorteile und Grenzen der offenen Koordinierung besser zu formulieren und die regionalen und örtlichen Akteure einzubeziehen, so dass „Mini-Europas" geschaffen werden können an der Ostsee, im Alpengebiet, im Rheintal und anderswo.

Denn das Mehrebenensystem macht nicht bei den Ländern halt, sondern Europa betrifft auch die Städte und Gemeinden. Lassen Sie mich das Beispiel der Straßen- und Untergrundbahnen wählen, das ich aus eigener Anschauung kenne. Jahrzehntelang hatten wir uns um dieses Lokalthema nicht gekümmert, denn eine Straßenbahn fährt nur im Stadtbereich, so dass es keinen europäischen Harmonisierungsbedarf zu geben schien. Vorrangiger war, dass die internationalen Hochgeschwindigkeitszüge trotz verschiedener Stromsysteme und Signalanlagen über die Grenzen fahren können. Bei allem glitzernden Flair von TGV und ICE darf man aber nicht vergessen, dass diese wirtschaftlich nur 15 Prozent des Eisenbahnmarktes ausmachen, während Straßenbahnen und U-Bahnen 40 Prozent darstellen. Die wirtschaftliche Bedeutung der Branche und ihr Potenzial werden noch deutlicher, wenn man an den Weltmarkt und insbesondere an die Millionenstädte in China denkt, die noch keine U-Bahn haben. Die Wettbewerbsfähigkeit der europäischen Industrie leidet im Augenblick darunter, dass jede europäische Stadt ihr eigenes Straßen- und U-Bahn-System hat. Verschiedene Aspekte wie Beschleunigungsvermögen, Wendekreis und auch Vertragsbedingungen – z.B. die Dauer der Vertragspflicht, die Nachbesserungspflicht, die Frage, welche Service-Dienstleistungen erbracht werden müssen oder wer die Vorfinanzierung übernimmt – werden von Stadt zu Stadt verschieden ausgeschrieben. Die Fabrikanten stehen vor der unangenehmen Alternative, entweder für jede Nachfrage eine kostenintensive Sonderproduktion aufzulegen oder die strengsten Vorschriften aller Ausschreibungen zusammenzunehmen und Bahnen herzustellen, die übermäßig gut und teuer sind. In dieser Lage haben sowohl die Industrie als auch die Städte die Bitte an die Kommission herangetragen, einen Koordinationsprozess in Gang zu bringen; denn wenn die Beteiligten sich auf einige gemeinsame technische und vertragliche Regeln einigen, dann können Rationalisierungseffekte entstehen, die sowohl die Industrie wettbewerbsfähiger machen als auch die Haushalte der öffentlichen Hand und der Straßenbahnbetreibergesellschaften spürbar entlasten. Deswegen hat die Kommission vor drei Jahren nach gutem deutschen Vorbild in Gymnich ein Dutzend Vertreter der großen Herstellerfirmen, der Zulieferer und einiger Bahngesellschaften zusammengeführt, einfach als Moderator, damit jemand ohne Prestigeprobleme die Initiative zum Dialog ergreift. Unser Anstoß hat so gut funktioniert, dass die Teilnehmer anschließend alleine weitergearbeitet und Untergruppen für die technischen, die Finanz- und die Vertragsprobleme eingesetzt haben. Ein

Jahr später trafen sich in London bereits über 120 Teilnehmer zu einem umfassenden Kongress, auf dem vor allem mehr Städte und mehr Zulieferer vertreten waren.

Es zeigt sich, dass Probleme von den Beteiligten selbst gelöst werden können, ohne dass eine Richtlinie von Brüssel notwendig ist, und dass eine Zusammenarbeit im Mehrebenensystem so organisiert werden kann, das sie als Netzwerk funktioniert und nicht hierarchisch orientiert ist.

XII. Deutsche Länder im europäischen Mehrebenensystem

Wer das Mehrebenensystem nur hierarchisch-institutionell angeht und glaubt, die Regionalisierung der Europäischen Union durch einen Kompetenzkatalog sei der Königsweg zur Stärkung der deutschen Länder im europäischen Einigungsprozess, unterliegt womöglich einem Trugschluss.

Bayern hat zehn Millionen Einwohner, genauso viel wie Belgien; die Exportkraft von Nordrhein-Westfalen ist genauso groß wie die Exportkraft von Spanien. Die deutschen Länder verkaufen sich so gesehen unter Wert, wenn sie sich auf eine Ebene mit den Regionen Wallonien oder Andalusien stellen. Damit die Bayern ein ähnliches Gewicht in Europa bekommen wie die Belgier, bedarf es weniger eines Kompetenzkataloges als einer gerechten Zusammensetzung der Unionsorgane; und um zu wissen, ob man dazu die Stimmenzahl in Rat, Kommission oder Parlament korrigieren soll, muss man sich über die langfristigen Verfassungsziele und -strukturen der Integration im Klaren sein. Wer vertritt die Staaten und wer die Bevölkerung?

Im zusammenwachsenden Europa bekommen die Länder nicht weniger, sondern mehr Aufgaben. Die Milchmädchenrechnung, ein Europabeamter mache fünfzehn nationale Beamte in den Mitgliedsregierungen überflüssig, geht nicht auf. Das gilt nicht nur für die beim Bund Beschäftigten, sondern erst recht für die Beamten der Landesregierungen, Regierungsbezirke, Landratsämter und Stadt- und Gemeindeverwaltungen. Die Arbeit vor Ort wird nicht weniger, aber die Perspektiven erweitern und die Möglichkeiten verbessern sich. Die Verantwortung und die Karrierechancen eines deutschen Beamten hängen nicht davon ab, in welcher Behörde, sondern in welchem Bewusstsein er arbeitet. Es gilt, sich zu informieren und europäisch zu denken.

Deshalb danke ich Ihnen für Ihre Aufmerksamkeit und die Einladung zu diesem Forum. Durch Ihre Teilnahme haben Sie gezeigt, dass Sie an Europa interessiert sind, dass Sie sich informieren und dass Sie zu den Gewinnern der europäischen Integration zählen werden.

Bericht über die Diskussion im Anschluss an das Referat von Helmut Schmitt von Sydow

Leitung: Karl-Peter Sommermann

Von Silke Löhr

Professor Dr. *Karl-Peter Sommermann* eröffnete die Diskussion, indem er nochmals auf den Zusammenhang zwischen der Governance-Debatte auf europäischer und auf globaler Ebene hinwies. Regierungsrat *Wolfgang Rausch,* Referent in der Verwaltung des Sächsischen Landtags, äußerte sodann die Befürchtung, in dem Weißbuch der Kommission könne sich ein Kompetenzkatalog mit einer konkreten Kompetenzabgrenzung befinden. Vor diesem Hintergrund fragte er Professor Dr. *Helmut Schmitt von Sydow,* ob er bereits eine Vorstellung vom Inhalt des Weißbuches habe und inwieweit diese positiv zu bewerten sei, insbesondere vor dem Hintergrund einer weiteren Abgrenzung der Kompetenzen. Eine Konkretisierung des Subsidiaritätsprinzips sei beispielsweise ein erster Schritt, er fordere keinen Kompetenzkatalog nach den Maßstäben des Grundgesetzes, wolle aber das große Interesse der deutschen Länder an den Kompetenzfragen nochmals betonen. Nach Ansicht von Dr. *Sven Hölscheidt* ist die Rolle des EuGH hier von besonderer Bedeutung, sei es doch zu erwarten, dass er – wie bereits in der Vergangenheit mehrfach geschehen – zugunsten der europäischen Ebene judiziere. Daher habe er die Befürchtung, dass der EuGH, unabhängig vom Zustandekommen der Kompetenzabgrenzung, letztlich wieder zugunsten der europäischen Ebene entscheide. Man müsse auch beachten, dass der Kompetenzkatalog des Grundgesetzes keinen weiteren „Damm" gegen eine vermehrte Abwanderung der Kompetenzen auf die bundesstaatliche Ebene bilde, da das Bundesverfassungsgericht relativ großzügig zu Art. 72 und Art. 74 Nr. 11 GG judiziert habe.

Schmitt von Sydow wies darauf hin, dass das Weißbuch erst im Mai aufgrund der Berichte der einzelnen Arbeitsgruppen geschrieben werde. Es gebe augenblicklich keine Arbeitsgruppe, die sich explizit mit dem Erstellen eines Kompetenzkatalogs bzw. einer Kompetenzabgrenzung beschäftige. Mehrere Arbeitsgruppen in den Bereichen 3 und 4 seien allerdings dabei, Vorschläge abzugeben, wie eine verbesserte Zusammenarbeit auf den Ebenen der Gemeinschaft, einschließlich der Länderebene, aussehen könne.

Die eine Hälfte des Weißbuches beinhalte die horizontale und vertikale Delegation, den Netzwerkaufbau sowie die offene Koordinierung, die andere Hälfte beschäftige sich schwerpunktmäßig mit der eigenen Gesetzgebung und der globalen Dimension. Die grundsätzliche Problematik der horizontalen und vertikalen Kompetenzabgrenzung spiele aber in jeder Arbeitsgruppe eine Rolle. Es müsse auch beachtet werden, dass ein Katalog zwar möglicherweise etwas Gutes sei, seine positiven Eigenschaften aber auch nach außen gut verkauft werden müssten. Dies erfordere ein Eingehen auf die Interessen der anderen und nicht nur auf die eigenen. Bewusst provokativ warf er ein, dass doch alles, was in die Bundeskompetenzen fiele, nach Brüssel transferiert werden könne und alle Materien der Landeskompetenz bei den Mitgliedstaaten verbleiben sollten. Dies sei zwar das aus Ländersicht verständlichste Kriterium, aber nicht das, was unbedingt nach außen angewandt werden könne und womit man andere Mitgliedstaaten überzeuge. Die Ausrichtung der Rechtsprechung des EuGH sei keine Rechtsprechung, die Kompetenz und Machtverhältnisse angehe, sondern sich ausrichte an der Zielrichtung des Vertrages. Es gehe nicht so sehr darum, wo sich die Kompetenz befinde, sondern um die Wirkung der Maßnahme, die aufgrund dieser Kompetenz ausgeübt werde. Wenn die deutschen Länder weiterhin eine Gesetzgebung praktizieren, die kein Einfuhrhemmnis darstellt, dann werde dies auch vom EuGH akzeptiert. *Schmitt von Sydow* hob hervor, dass er die Rechtsprechung des EuGH nicht in dem Sinne verstehe, dass dieser versuche, nach Brüssel mehr Macht zu ziehen, sondern dass er dafür sorge, dass die EU, d.h. der freie Verkehr von Waren und Dienstleistungen, funktioniere, was das maßgebliche Kriterium sei.

Ministerialrat Dr. *Hermann Franz,* Europareferent im Ministerium des Innern und für Sport Rheinland-Pfalz, stellte die Frage, ob die Außenstellen nur die Kommission in der Form, wie sie ihre Arbeit organisiere, beträfen, oder ob die Länder durch die Zwischenschaltung der Außenstellen Kompetenzen verlören. Darüber hinaus wünschte er eine Erläuterung des Begriffs „Zivilgesellschaft“, der zwar einerseits aus der französischen Sprache stammen könne und sich daher erklären ließe, sein genauer Inhalt sei jedoch nicht deutlich.

Schmitt von Sydow wies darauf hin, dass die Außenstellen keine zusätzliche bürokratische Zwischenebene darstellten, sondern zur Vereinfachung und zur Delegation von Aufgaben der Kommission auf praxisnähere Behörden gedacht seien. Das schließe aber nicht aus, dass letztendlich die Verantwortung bei der Kommission behalten werde. Die Kommission habe bereits mit konzeptionellen Aufgaben derart viel zu tun, dass die Verwaltung von Einzelfragen zu weit gehe. Bedenken bestünden von Seiten des Europäischen Parlaments, dass eine anonyme und unkontrollierbare Entscheidungsstruktur entstehen könne. Nicht die Schaffung einer zusätzlichen Behörde, sondern die Übertragung der Entscheidungsfindung auf die Personen, die mit der Sache arbeiten und davon etwas verstehen, gehöre zu den Zielen. Das Wort „Zivilgesellschaft“ komme aus dem Französischen, es habe dort aber eine positive Konnotation, die in anderen Sprachen verloren gehe. Gemeint sei hier, dass in einem demokratischen Entscheidungsprozess neue Akteure beteiligt werden müssen. Zivilgesellschaften seien alle diejenigen, die sich außerhalb des Verfassungssystems etabliert haben, z.B. häufig die Nicht-Regierungsorganisationen (NGOs). Nicht vernachlässigt werden dürfe allerdings die Frage, ob Bürgerinitiativen, d.h. nicht demokratisch gewählte Vertreter der Gesellschaft, überhaupt repräsentativ seien. Ausgangspunkt dieser Überlegungen sei das Ziel, die Ängste der Bürger abzubauen, die sich oft in NGOs artikulierten, da die Bürger sich in den traditionellen Verfassungsorganen nicht repräsentiert fühlten.

Uwe Ram, Referatsleiter in der Wirtschaftsbehörde der Freien und Hansestadt Hamburg, ergänzte zur Zivilgesellschaft, dass diese in den Gesellschaftswissenschaften bereits seit über 10 Jahren ein Diskussionsthema sei. Er sehe die Einbeziehung nicht demokratisch legitimierter Organe als problematisch an, insbesondere vor dem Hintergrund der Vergabe von Entwicklungshilfemitteln. Diese sollten nur dann vergeben werden, wenn durch das staatliche System gewährleistet sei, dass sie auch zweckgemäß – zum Nutzen der Bevölkerung – eingesetzt werden.

Professor Dr. Dr. *Klaus König,* Deutsche Hochschule für Verwaltungswissenschaften Speyer, wies auf die Notwendigkeit hin, den Beweggrund für die Neuorganisation unter dem Vorzeichen von Governance zu suchen. Diese Intention beruhe wohl, soweit er es beurteilen könne, auf negativen Erfahrungen. Weltbank und Vereinte Nationen seien aus negativen Erfahrungen geboren und stellten nun Konzepte des Positiven dar. Anders die Europäischen Gemeinschaften, deren Gründung auf einen Schatz an positiven Erfahrungen zurückgehe. Die Frage sei nun, ob man die vorhandenen Erfahrungen im bisherigen Sprachgebrauch belasse oder ob man sie neu organisiere, natürlich auch unter Berücksichtigung der vorhandenen negativen Erfahrungen. *König* hob die Bedeutung eines Netzwerks hervor, besonders im internationalen Bereich, wo es noch nicht die Möglichkeiten der Hierarchisierung gebe wie in der EU. Dies sei ein sinnvolles Konzept, das man sich für die EU fruchtbar machen müsse. Der Begriff der Zivilgesellschaft sei nicht nur in Bezug auf die NGOs von Bedeutung, sondern auch, weil man in den Entwicklungsländern mit der Demokratie in reiner Vorstellung nicht so weit gekommen sei, d.h. man müsse gewisse Rückzugspositionen ausmachen. Der Begriff der politischen Partizipation werde vor diesem Hintergrund besonders bedeutsam. In Afrika sei z.B. nicht nur die Caritas sehr einflussreich, sondern auch nationale regionale Organisationen, wie Frauengruppen etc. *König* sah es als durchaus sinnvoll an, in der Situation, in der sich Europa momentan befinde, die Erfahrungswerte neu zu organisieren und auf solche Kategorien zu bringen.

Regierungsdirektorin *Angela Zander,* Referentin im Innenministerium Mecklenburg-Vorpommern, stellte die Frage, wie die Arbeitsgemeinschaften von der Kommission eingesetzt würden und wie sie zu ihren Zielen kämen.

Ministerialdirigent *Gerd Künzel,* Abteilungsleiter Soziales im Ministerium für Arbeit, Soziales, Gesundheit und Frauen des Landes Brandenburg, bemerkte zur Kompetenzliste und der Befürchtung, dass es zur Einschränkung von Länderkompetenzen komme, solche Entwicklungen gäbe es auch auf nationaler Ebene, wie z. B. im Sozialversicherungsrecht die Richtlinienkompetenz von Bundesverbänden der Krankenkassen und Pflegekassen. Es würden auf Bundesebene Regelungen getroffen, die bis zur Ebene des Bundessozialgerichts als wirksam anerkannt würden. Die Frage, ob dies möglicherweise der Kompetenzordnung des Grundgesetzes widerspreche, werde nicht ernsthaft gestellt. Neben den alten Schemata gäbe es in Deutschland Ansätze, andere Schienen aufzubauen, und dies solle zur Nachdenklichkeit anregen, zumal Kataloge nicht immer zweckmäßig seien, angesichts der Frage, wie viel man auf der Oberebene regeln müsse und inwieweit Durchführungsverantwortung zu delegieren sei.

Heide Swiecikowski, Referentin beim Bevollmächtigten der Freien Hansestadt Bremen beim Bund für Europa und Entwicklungszusammenarbeit, führte aus, dass Governance auch sehr viel mit der Neugestaltung der Verträge zu tun habe. Vor diesem Hintergrund sei die Neuordnung der Verträge eine wichtige Aufgabe. Im übrigen interessiere sie, ob der Vorentwurf des Europäischen Hochschulinstituts in Florenz im Zuge der Governance aufgegriffen werde.

Schmitt von Sydow erläuterte, dass, als am Ende der finnischen Präsidentschaft die letzte Regierungskonferenz einberufen wurde, die Anregung ausgesprochen wurde, eine Vereinfachung der Verträge in Angriff zu nehmen. Dies sei aber am Widerstand von Dänemark und Großbritannien gescheitert. Im Januar vorigen Jahres habe die Kommission den Auftrag an das Hochschulinstitut gegeben, eine Vereinfachung der Verträge zu durchdenken. Das Ergebnis sei ein Entwurf, der in knapp 100 Artikeln die wesentlichen Vorschriften des EGV enthalte. Es handele sich lediglich um eine Zusammenfassung aus EURATOM-Vertrag, EGV, EGKS-Vertrag, EUV, EEA etc. Seiner Ansicht nach scheine es ein guter brauchbarer Entwurf ohne inhaltliche Änderung zu sein, der zur Vereinfachung der Lesbarkeit beitrage. Das Problem eines solchen Grundvertrags werde teilweise in einem Vorgriff auf eine Verfassung gesehen. Dahinter stehe auch die Überlegung, dass dieser Grundvertrag in Zukunft nur durch die Zustimmung aller Mitgliedstaaten geändert werden könne. In Nizza sei eine Vereinfachung der Verträge beschlossen worden, allerdings ohne eine Veränderung des Inhalts zu bewirken. Der Entwurf von Florenz entspreche dieser Anforderung und er sei eine gute Ausgangsbasis für weitere Verhandlungen.

In Beantwortung der Frage von Frau *Zander* wies *Schmitt von Sydow* darauf hin, dass die Arbeitsgruppen der Kommission interne Arbeitsgruppen seien, die rein aus Kommissionsbeamten bestehen und mit der Arbeit an dem Weißbuch beschäftigt seien. Um Zivilgesellschaft nicht nur zu predigen sondern auch zu praktizieren, habe die Kommission beschlossen, Anhörungen durchzuführen, die seit Ende Februar angelaufen seien. Das Weißbuch selbst werde aufgrund der 12 Berichte geschrieben, stehe aber unter der Verantwortung der Kommission und werde auch von dieser verabschiedet, so dass die Kommissare noch korrigieren können.

Zu den Ausführungen von *König* ergänzte *Schmitt von Sydow,* dass sich die internationale Entwicklung als sehr gut herausgestellt habe, so dass man jetzt versuchen werde, die positiven Denkanreize neu einzubeziehen, aber gleichzeitig auf die Erfolge der Gemeinschaftsmethode hinweisen werde. Das Initiativmonopol habe weniger mit der Initiative zu tun, sondern es habe seinen Wert darin, dass die Kommission später im Verfahren ihren Vorschlag wieder zurückziehen könne. Weder der Rat noch die Kommission könnten etwas alleine tun, die Gemeinschaftsmethode beruhe auf ihrer Zusammenarbeit. Die Tatsache, dass die Kommission einen Vorschlag wieder zurückziehen könne, sei eine Grundvoraussetzung dafür, dass im Rat mit Mehrheit abgestimmt werden könne. Womit man wieder bei der Frage nach der Aufgabe der Kommission wäre, ob diese ein Sekretariat des Rates zu sein habe oder das Gemeinschaftsinteresses gegen das Zentrifugalinteresse im Rat zu verteidigen habe. Das Besinnen auf die Vor- und Nachteile der Gemeinschaftsmethode sei notwendig, um zu überlegen, wie eine europäische Verfassung im Endeffekt aussehen solle. Ein Aufbau nach nationalen Vorbildern käme nicht in Frage, sondern man müsse sich nach einem System der checks and balances richten, wo sich nationales und Gemeinschaftsinteresse gegenüberstehen.

Sommermann dankte dem Referenten und schloss die Diskussion.

Verwaltung und Governance im Mehrebenensystem der Europäischen Union: Resümee und Perspektiven

Von Karl-Peter Sommermann

Mit dem Vortrag von Herrn *Schmitt von Sydow* sind zum Abschluss unseres Forums noch einmal Entwicklungsperspektiven der Europäischen Union deutlich geworden. Bemerkenswert ist dabei, dass sich die Perspektiven um den kaum ins Deutsche zu übersetzenden Begriff „Governance" ranken, der mittlerweile auf organisatorische und verfahrensmäßige Grundsätze der Ausübung von hoheitlichen oder auch wirtschaftlichen Gestaltungsbefugnissen unterschiedlicher sozialer und politischer Gebilde bezogen wird. Sollte es möglich sein, über diesen derzeit noch vagen und eher heuristischen Begriff der „Governance" auch die Finalitätsdebatte voranzutreiben?

Bei der Behandlung der Finalitätsfrage zu Beginn unseres Forums zeigten die Referenten eine erstaunlich übereinstimmende Zurückhaltung gegenüber Aussagen über die anzustrebende politisch-institutionelle Gestalt der Europäischen Union. Viel Nüchternheit beherrscht derzeit überhaupt die Europadebatte. Der Zeitgeist scheint größeren Visionen nicht förderlich zu sein. Ganz anders war dies bekanntlich in den ersten Jahren nach dem Zweiten Weltkrieg, als Modelle einer europäischen Integration entwickelt wurden. Im Jahr 1946 entwarf *Winston Churchill* in seiner Zürcher Rede das Ziel der Vereinigten Staaten von Europa – freilich nur Kontinentaleuropas, ohne eine beschränkende Einbindung der Großmacht England. Herr *Monar* machte in seinem Vortrag deutlich, dass an Vergleichbares heute in England nicht gedacht wird, ja bereits das Wort „Verfassung" auf nationale Empfindlichkeiten trifft. Für die französische Sicht hat Herr *Capitant* die Skepsis in der öffentlichen Diskussion gegenüber dem Begriff der Föderation hervorgehoben, wonach allenfalls über eine Föderation der Nationalstaaten gesprochen werden darf. Dabei war es nicht nur *Walter Hallstein,* der in den sechziger Jahren ein solches Ziel formulierte, sondern vor ihm bereits, im Jahre 1950, *Robert Schuman,* der in Übereinstimmung mit *Jean Monnet* die geplante Europäische Gemeinschaft für Kohle und Stahl, die sog. Montanunion, als erste Etappe einer europäischen Föderation begriff. Herr *Tsatsos* formulierte übergreifend und für unsere Diskussion konsensstiftend, dass eine endgültige Finalität der Europäischen Union nicht zu bestimmen sei.

Dennoch liegt auf der Hand, dass die europäische Integration ohne Ziele nicht auskommt. Herr *Schmitt von Sydow* hat in diesem Sinne Klarheit über die nächsten Integrationsschritte gefordert. Gemeint sind Zwischenziele, deren praktische Verwirklichung plausibel gemacht werden kann. Dabei geht es nicht nur um die in Art. 2 EG-Vertrag und Art. 2 und 3 EU-Vertrag genannten materiellen Ziele wie die Förderung des wirtschaftlichen und sozialen Fortschritts oder ein hohes Maß an Umweltschutz, sondern durchaus um institutionelle Veränderungsperspektiven. Unsere Diskussion war auch hier durch einen großen Pragmatismus gekennzeichnet. Die Tatsache, dass wir uns bei der Beschreibung des aktuellen Zustands der Europäischen Union weiterhin mit eher unbeholfen wirkenden Begriffen wie „Staatenverbund" begnügen, zeigt, dass wir uns noch in einem transitorischen Prozess befinden, dessen Ausgang wir nicht voraussagen können und auch nicht determinieren wollen. Man wird an *Alexis de Tocqueville* erinnert, der, nachdem er die Vereinigten Staaten von Amerika bereist hatte und sich über die Einordnung der politischen Gestalt derselben unschlüssig blieb, in seinem Werk „De la démocratie en Amérique" (1835) die Schwierigkeit, eine Konkordanz zwischen Phänomenen und Sprache herzustellen, wie folgt ausdrückte: „L'esprit humain invente plus facilement les choses que les mots" (Der menschliche Geist erfindet leichter die Dinge als die Worte).

Im Ergebnis hat unsere Diskussion durch Verzicht auf die Erörterung der notwendig in Antinomien führenden Streitfrage, ob die Europäische Gemeinschaft/Europäische Union als Staatenbund, Staatenverbund, Bundesstaat oder auch Gebilde *sui generis* zu qualifizieren ist, dazu ermuntert, die verkrusteten Positionen in der Finalitätsdebatte zu verlassen und über institutionelle Fortentwicklungen jenseits der Frage nach Staat oder Nichtstaat nachzudenken. Der von der Kommission aufgegriffene Governance-Begriff erlaubt, die EU und die Mitgliedstaaten und deren Untergliederungen als ein mehrstufiges System zu betrachten, dessen institutionelle und prozedurale Elemente im Interesse hoher Funktionsfähigkeit und Problemlösungskapazität immer besser aufeinander abzustimmen sind. Damit fügt sich die europäische Diskussion zugleich in die globale Governance-Debatte, die – innerhalb von Staaten, Internationalen Organisationen und auch Wirtschaftsunternehmen geführt – unverdächtig ist, Präjudizierungen hinsichtlich der endgültigen rechtlichen Gestalt inter- bzw. supranationaler Gemeinschaften vorzunehmen. Es geht vielmehr um Strukturprinzipien der Rechtsstaatlichkeit bzw. *rule of law* oder der Demokratie, um Fragen wie Transparenz oder Bürgerbeteiligung. Bei der Fortentwicklung derartiger Prinzipien konvergieren die Interessen der Unionsbürger. Die Referate des zweiten Tages unseres Forums und des heutigen Morgens haben gezeigt, dass es hier nicht um isoliert auf gemeinschaftsrechtlicher oder auf mitgliedstaatlicher Ebene zu lösende Fragen geht. Herr *Hölscheidt* hat vor Augen geführt, dass der

Europäische Gerichtshof immer höhere Maßstäbe an die ordnungsgemäße Umsetzung von Richtlinien stellt, wobei die Rechtsklarheit für Bürger, die deutliche Ausweisung von Rechtspositionen, welche das Gemeinschaftsrecht vorsieht, leitendes Prinzip ist. Frau *Böhm* hat die besonderen Schwierigkeiten eines Bundesstaates behandelt, in dem für die Umsetzung des Gemeinschaftsrechts verschiedene Ebenen zuständig sind und damit jedenfalls innerstaatliche Ausgleichsmechanismen gefunden werden müssen, welche die Verantwortungszurechnung auch in den Folgen absichert. In welche Richtung sich die Entscheidungsverfahren der Union in einem erst in jüngerer Zeit vergemeinschafteten und durch die geplante Osterweiterung besonders betroffenen Bereich im Interesse der Funktionsfähigkeit des Systems entwickeln sollten, hat Herr *Schnapauff* gezeigt. Die im Sinne einer funktionsgerechten Aufgabenerledigung bereits gefundenen Formen und Verfahren der Zusammenarbeit in den Bereichen Justiz und Inneres hat Herr *Loeper* im einzelnen nachgewiesen.

Institutionelle und prozedurale Reformbedarfe namentlich im Hinblick auf die Sicherung eines fairen Wettbewerbs wurden in den Referaten von Herrn *Borchardt* und Herrn *Koenig* sichtbar. Im Bereich der Wettbewerbsaufsicht, insbesondere auch der Beihilfenaufsicht ist im Sinne der Governance-Debatte zu fragen, ob die Europäische Gemeinschaft/Union nicht mittel- oder langfristig einen eigenen Verwaltungsunterbau benötigt. Die Diskussion über die Frage der Verbesserung der Beihilfenaufsicht durch die Schaffung von Außenstellen der Kommission in den Mitgliedstaaten ist ein Zeichen für die Aktualität des Themas. Angesprochen ist damit zugleich der weitere Ausbau des Gemeinschaftsrechtsvollzugs durch eigenständige Agenturen, wie sie bekanntlich im US-amerikanischen Föderalismus die Vollzugsebene des Bundes prägen. Bereits heute muss die Kommission in den wenigen Angelegenheiten, in denen sie zugleich selbst Vollzugsorgan ist, erhebliche Personalkapazitäten aufwenden. Von Herrn *Borchardt* war am Rande der Tagung zu erfahren, dass in der Generaldirektion Wettbewerb zwischen 150 und 200 Personen allein mit der Behandlung der von den Mitgliedstaaten nach Art. 87 ff. EGV eingereichten Notifizierungen beschäftigt sind. Dass das Geschäft erleichtert würde, wenn in einer Außenstelle und damit häufig auch mit größerer Sachnähe die Notifzierungen geprüft werden könnten, liegt auf der Hand. Dieser Vorteil müsste freilich gegen mögliche Gefährdungen der Unparteilichkeit und Gleichförmigkeit der Behandlung der Notifizierungen abgewogen werden.

Auf der Grundlage der Konzeption eines Systems von Multi-level-governance kann die Reformdiskussion über die Weiterentwicklung der institutionellen und prozeduralen Instrumente, wie gesagt, nahezu ohne Leidenschaft hinsichtlich der Finalität der Union geführt werden. Insofern ist es geschickt, wenn die Brüsseler Kommission mit dem bald erscheinenden Weißbuch zur Governance in der Europäischen Union Leitlinien für die Institutionenentwicklung definiert und damit eine wichtige Diskussionsgrundlage für den nächsten Konvent legt. Es ist konsequent, dass die Grundrechtsdiskussion, die zur Verabschiedung der (vorerst) nicht verbindlichen Grundrechte-Charta geführt hat, nunmehr durch eine institutionelle Debatte, welche die Organisation der Europäischen Union auf die weitgesteckten grundrechtlichen und sonstigen materiell-rechtlichen Zielsetzungen abstimmt, ergänzt wird. Die Einsicht, dass ein freiheitliches Gemeinwesen sowohl die Garantie individueller Rechte als auch die Einhaltung ihnen dienender Organisationsprinzipien benötigt, wurde bereits in Art. 16 der französischen Erklärung der Menschen- und Bürgerrechte von 1789 formuliert: „Toute société dans laquelle la garantie des droits n'est pas assurée, ni la séparation des pouvoirs déterminée, n'a point de constitution." Sie ist Gemeingut aller Verfassungsstaaten Europas. Auf sie kann auch in einem Gemeinwesen, welchem zur Zeit noch niemand Staatlichkeit zusprechen will, welches aber den Rechtskreis des Bürgers immer stärker prägt und auf ihn einwirkt, nicht verzichtet werden.

Diese Einsicht lag als Selbstverständlichkeit auch unserer Diskussion zugrunde. Zur konkreten Ausgestaltung haben die Referenten viele neue Ideen vorgetragen, und die Teilnehmer haben in den Diskussionen verdeutlicht, dass ihre Erkenntnisse aus der praktischen Arbeit der Ministerialverwaltung zu konzeptionellen Überlegungen anregen, die weit über das hinausgehen, was das Tagesgeschäft des Einzelnen ausmacht.

Zum Schluss möchte ich zugleich im Namen von Herrn Kollegen *Magiera* unseren Mitarbeitern danken, die für einen reibungslosen Ablauf des Forums alles Nötige veranlasst haben, Frau *Betz,* Frau *Weschka* und einmal mehr Herrn *Holzwart*. Sie haben nicht nur logistische Hilfe, sondern in der Vorbereitung auch eine große fachliche Unterstützung geleistet. Ein besonderer Dank gilt nicht zuletzt dem Tagungssekretariat und der Technik.

Wir wünschen Ihnen allen einen guten Heimweg und dass Sie morgen, beflügelt durch das Europa-Forum, mit neuen Ideen Ihre Arbeit wieder aufnehmen.

Verzeichnis der Autoren und Diskussionsleiter

Prof. Dr. *Monika Böhm,* Universität Marburg

Dr. *Klaus-Dieter Borchardt,* Juristischer Dienst der Europäischen Kommission, Brüssel

Prof. Dr. *David Capitant,* Universität Lille II/Paris I – Panthéon-Sorbonne

Priv.-Doz. Dr. *Sven Hölscheidt,* Regierungsdirektor, Deutscher Bundestag, Berlin

Prof. Dr. *Christian Koenig,* LL.M., Direktor des Zentrums für Europäische Integrationsforschung, Universität Bonn

Dr. Jürgen *Kühling,* LL.M., Zentrum für Europäische Integrationsforschung, Universität Bonn

Dr. *Friedrich Löper,* Ministerialrat, Bundesministerium des Innern, Berlin

Prof. Dr. *Siegfried Magiera,* M.A., Deutsche Hochschule für Verwaltungswissenschaften Speyer

Prof. Dr. Dr. *Jörg Monar,* M.A., Director of the Centre for European Politics and Institutions, Leicester

Priv.-Doz. Dr. *Matthias Niedobitek,* Forschungsinstitut für öffentliche Verwaltung bei der Deutschen Hochschule für Verwaltungswissenschaften Speyer

Prof. Dr. *Helmut Schmitt von Sydow,* Direktor, Europäische Kommission, Brüssel

Dr. *Klaus-Dieter Schnapauff,* Ministerialdirektor, Bundesministerium des Innern, Berlin

Prof. Dr. *Karl-Peter Sommermann,* Deutsche Hochschule für Verwaltungswissenschaften Speyer

Prof. Dr. *Dimitris Th. Tsatsos,* Mitglied des Ausschusses für konstitutionelle Fragen, Europäisches Parlament